扬帆起航：大学生职业生涯规划

王春阳　王艳芳　王树杰　主编

中国纺织出版社有限公司

内 容 提 要

本书是根据当前大学生严峻的就业形势，为使大学生顺利就业，对在校大学生进行系统、全面和多方位的职业生涯规划教育而编写的教科书。本书贴近实际、注重实用，坚持理论与实践相结合、理论指导与技能指导相结合的原则，具有鲜明的时代特色。全书内容分为七章，主要为：职业生涯规划概述、自我认知、职业技能、深入探索职业世界、职业素质、职业决策、职业生涯规划的制订与实施。

本书可作为高等院校职业生涯规划的教材使用，也可供职场人士阅读借鉴。

图书在版编目（CIP）数据

扬帆起航：大学生职业生涯规划 / 王春阳，王艳芳，王树杰主编. -- 北京：中国纺织出版社有限公司，2022.8

ISBN 978-7-5180-9767-8

Ⅰ．①扬…　Ⅱ．①王…②王…③王…　Ⅲ．①大学生—职业选择　Ⅳ．①G647.38

中国版本图书馆 CIP 数据核字 (2022) 第 143978 号

责任编辑：张　宏　　责任校对：高　涵　　责任印制：储志伟

中国纺织出版社有限公司出版发行
地址：北京市朝阳区百子湾东里 A407 号楼　邮政编码：100124
销售电话：010—67004422　传真：010—87155801
http://www.c-textilep.com
中国纺织出版社天猫旗舰店
官方微博 http://weibo.com/2119887771
三河市宏盛印务有限公司印刷　各地新华书店经销
2022 年 8 月第 1 版第 1 次印刷
开本：787×1092　1/16　印张：13
字数：259 千字　定价：98.00 元

凡购本书，如有缺页、倒页、脱页，由本社图书营销中心调换

PREFACE
前言

  大学生就业工作是关系千家万户切身利益的民生工程，是高校人才培养质量的试金石，是学校可持续发展的生命线，更是广大学生及其家庭幸福的关键点。事关社会主义现代化建设，事关社会和谐稳定。近年来，随着高校毕业生人数的持续增加，高校毕业生就业工作面临着前所未有的巨大压力。尤其是随着高等教育从精英教育向大众教育转型，劳动力市场供求关系的结构性变化，让"最难就业季"成为残酷的现实，大学生就业问题成为公众关注的热点。如何提高高校毕业生的就业竞争力，提高学生的综合素质成为一个需要深入思考的问题。

  职业生涯的成败对人的一生有着决定性的影响，大学教育的重要任务之一就是为大学生学业发展和职业发展创造条件，给他们提供探索自我、发展自我、成就自我的机会，毕业后能够开创出有成就感和自我实现感的职业生涯。提前对大学生早期职业生涯进行规划，有助于促进他们在校期间的个性化发展，及早开展职业规划也有利于他们选择适合自己的职业和调整择业心态，实现职业生涯目标。

  职业生涯规划是对未来做出的决定。无论就业还是创业，都是一种决定，"我们的决定，决定了我们"。"认清环境，了解自我，慎选目标，力行计划"是对职业生涯规划最恰当的诠释。本书从自我认知入手，详细解读职业生涯探索及决策方法，以及职

业生涯规划书的编撰，引导帮助学生了解认识自我、了解职业技能、探索职业世界，做出具体的职业生涯规划，逐步提高个人的职业素质，为未来的就业与创业打下坚实的基础。

本书以大学生在职业发展过程中的实际需要为出发点，以大学生的视角和语言为载体，穿插大量名人名言和真实案例，为大学生的职业发展提供最为实际的指导。

本书具有以下特点：

1. 内容针对性强，提升就业竞争力的导向明确

严格按照教育部提出的大力做好大学生就业指导工作的要求，以提升学生的就业竞争力为导向，对本书的内容选择与编排进行了适度创新。具体表现在：针对职业规划过程中大学生们要注意的关键问题提出解决方法，内容具体而实用，为广大读者提供求职择业与职业发展方面的有效帮助，最终提升他们的求职择业竞争力和良好的职业发展能力。

2. 理论知识与典型案例相结合，体现应用型人才培养特色

在理论取舍上，以应用型人才培养为标准，对职业规划的相关理论进行精选和梳理，在厘清基本概念、意义及应用方法的基础上，与实际案例有机结合，通过"案例＋分析"的方式进行内容构建，增强了本书的实用性和可操作性。

3. 着重教学实效，紧贴学生实际

内容包括对大学生学业生涯的设计、生涯规划的制订、学习计划的实施，特别是在学生自我规划书设计方面给予具体的指导，指出学生应如何面对涉及学业生涯及个人成长的一些重要问题，紧贴学生实际。本书还特别注重实际操作，涉及大量测评工具与方法的使用和介绍。

在编写过程中，我们参阅了大量的相关书籍，借鉴了近年来在大学生职业生涯规划方面的最新成果，并在全书布局上进行了新的探索。全书涉及面广、适应性强、专业度高，是各类高等院校理想的大学生职业生涯规划教材。既便于教学，也便于自学，还可作为关心大学生职业生涯规划问题的社会各界人士的参考读物。

由于编者水平有限，编写时间仓促，本书难免有不足和疏漏之处，恳请有关专家、广大师生批评指正。

编　者

2022 年 3 月

CONTENTS
目录

第一章
职业生涯规划概述

名人名言

一次幸运并不可能带给一个人一辈子好运，人生还需要自己来规划。

——杨澜

路是脚踏出来的，历史是人写出来的，人的每一步行动都在书写自己的历史。

——吉鸿昌

学习目标

1. 了解职业生涯规划的含义、由来及特点
2. 了解职业生涯规划的种类
3. 充分理解职业生涯规划对大学生发展的意义
4. 理解职业生涯规划的基本理论

案例导入 ▶▶▶

不同目标，不同人生——哈佛大学关于人生目标的实验

哈佛大学曾经对一群智力、学历、环境等条件都差不多的年轻人做了一项非常著名的关于目标对人生发展影响的跟踪调查，调查结果如表所示。

人生目标对人生发展的影响

目标清晰程度	人数比例	25年后的职业发展状况
没有目标	27%	他们几乎都生活在社会的最底层，他们的生活都过得很不如意，常常失业，靠社会救济；常常抱怨他，抱怨社会
目标模糊	60%	他们几乎都生活在社会的中下层。他们能安稳地生活与工作，但都没有什么特别的成绩
比较清晰的短期目标	10%	他们大都生活在社会的中上层。他们的共同特点是：能够不断实现那些短期目标，生活质量稳步上升；成为各行各业不可缺少的专业人士，如医生、律师、工程师、高级主管等
十分清晰的长期目标	3%	他们几乎都成了社会各界顶尖的成功人士。25年来，他们几乎不曾更改过自己的人生目标，始终朝着一个方向不懈地努力。他们中不乏白手创业者、行业领袖、社会精英

为什么一群智力、学历、环境等条件都差不多的年轻人，25年之后的职业发展结果却表现出了这么大的差异呢？根本原因在于有些人目标清晰、明确，而有些人目标模糊，甚至没有目标。目标引领未来，目标促进行动。没有目标的生活，就像没有舵的船，很容易随波逐流，人就会变得浑浑噩噩，因此，一个人要想获得成功，确定一个明确的发展方向或阶段性目标是非常重要的。

第一节 职业生涯规划的含义

生命对于每个人只有一次，珍贵而不可重来，因此，可以说人生就是不可逆的单程旅行。在人的一生中，花费在工作中的时间几乎占到人生的一半，拥有成功的职业生涯才能拥有完美人生。身在象牙塔中的我们，应该尽早确立"职业生涯"的概念，树立"谋业"意识，职业规划需要从入校读大学的第一天开始，与大学期间的学习生活同步。只有这样，到了毕业时才不会"临时抱佛脚"，出现"就业难"的恐慌。

一、职业生涯规划的含义

（一）生涯的含义

在汉语中，"生"即"活着"，"涯"为"边际"，"生涯"即"一生"的意思。在国外，生涯即 career，即人生的发展道路，或指个人一生的发展过程，也指个人一生中所扮演的系列角色和职位。国外学者对这一概念有众多解释，多数学者接受了美国学者舒伯的论点。

职业生涯规划

舒伯认为，生涯是指一个人终其一生所经历的所有职位的整体历程。之后他又进一步指出，生涯是生活中各种事件的演进方向和历程的总和，它统合了人一生中的各种职业和生活角色，也就是生活广度和生活宽度，并由此表现出个人独特的自我发展组型；它是人生自工作伊始至退休为止的一连串有酬或无酬职位的综合，甚至包括如副业、家庭和公民的角色等。生涯具有终身性、独特性、发展性和综合性的特点，具有丰富的内涵和特性。除了工作和职业外，它还涵盖了人一生所从事的各种活动。

（二）职业生涯的含义

与职业不同，职业生涯是个发展的概念，是一个动态的过程。它不仅包括可以实际观察到的连续从事的职业发展的各个阶段，还包括个人对职业生涯发展的见解和期望。

个人终生发展的历程是一个漫长的过程。个人可以遵循传统观念，一生只从事一种职业，持续而稳定地在该岗位上晋升、增值，也可以根据个人的兴趣、能力、价值观以及工作环境的变化而经历不同的岗位、职业甚至行业。当然，大多数人还是希望从事一种相对稳定、适合自己的职业。

职业生涯是个人发展的基础，又是个人发展的历程体现。个体职业生涯规划并不是一个单纯的概念，它和个体所处的家庭环境以及社会环境存在着密切的关系。

人的职业生涯大体可以分为以下六个阶段。

1. 职业准备阶段（一般从 14、15 岁开始，延续到 18～22 岁）

这是一个人就业前学习专业、职业知识和技能的时期，也是素质形成的主要时期。但在职业生涯的起点上，许多人是盲目的，甚至是由别人（通常是家长或老师）代替做出决策的。

2. 职业选择阶段（一般集中在 18～30 岁）

这一阶段的主要特征是从学校毕业走上工作岗位，是人生事业发展的起点。在这一时期，人们要根据社会需要和自身素质及愿望做出职业选择。这是职业生涯的关键阶段。如果选择失误，可能会导致职业生涯不顺利；浪费一段时间后再次选择，还可能会顾此失彼，丢掉其他的工作机会。

3. 工作初期——职业适应阶段（一般在就业后 1～2 年）

这一时期是对走上工作岗位人员的素质检验阶段。具备岗位要求素质者能够顺利适应所选职业；素质较差或不能满足职业要求者，则需要通过培训教育来达到职业要求；自身的职业能力、人格特点等素质与工作岗位要求差距较大且难以与职业要求相适应者，则需要重新选择职业；而个人素质超过岗位要求、个人兴趣与现职业类别很不相符者，也可能需要重新对职业进行选择。

4. 工作中期——职业稳定阶段（一般从 20～30 岁开始，延续到 45～50 岁）

这一时期是人的职业生涯的主体阶段。一般发生在成年和壮年时期，且占生命过程的绝大部分时间。这一阶段可能存在着不同的状况，诸如发展稳定、遭遇发展瓶颈、面临中年危机、取得阶段成功等。对于大部分人来说，这一阶段应该致力于某一领域的深入发展，以求做专做精。一个人除非有特别的才干和抱负，40 岁左右应该是职业扎根的时候，不宜再更换职业。因此，成年人往往倾向于稳定的职业甚至特定的岗位。此时的个人精力有限，适合的"充电"方式只有短期培训和实践积累。即使真的处于职业生涯的瓶颈口和转折点，需要重新调整职业和修订目标，也应在 45 岁以前完成。在职业稳定期，如果从业者的素质能够得到发展和提高，潜力得以体现，就可能会抓住机会，逐步取得成果，成为某一领域的出色人才，并获得职业生涯的成功。因此，这一阶段的职业生涯策略应重点围绕扩大工作视野、带新人和提升领导（指导）能力来进行。

5. 工作后期——职业素质衰退阶段（一般从 45～50 岁开始，延续到 55～60 岁）

在这一时期，由于生理条件的变化，能力缓慢减退，心理需求逐步降低，因而多求稳妥。一般来说，在这一阶段上升的空间已经很小，应该规划退休前的策略，制订退休后的目标转移方案了。也有一些中年人，随着年龄的增长，知识、经验反而呈现出越来越丰富的现象，这使他们的素质进一步提高，出现第二次创造高峰，直至巅峰。这些人往往是所从事职业领域里的专家权威或专业方面的学术带头人。

6. 职业结束阶段

这是由于人们年老或其他原因而结束职业生涯历程的时期。

对于个人而言，选择稳定和适合自己的职业是非常重要的。在上述六个阶段中，职业稳定阶段历时最长，职业选择阶段最为关键，职业准备阶段在一定程度上决定着选择方向与稳定性。

（三）职业生涯规划的含义

职业生涯规划简称生涯规划，又叫职业生涯设计，是指个人发展与社会和组织的发展相结合，在对自己的内外环境因素等各种职业生涯主客观条件进行测定、分析、总结的基础上，对自己的兴趣、爱好、能力、特点进行综合分析与权衡，并结合时代特点，根据自己的职业倾向，确定最佳的职业奋斗目标，并为实现这一职业生涯目标制订出行之有效的具体安排计划与措施。

职业生涯设计的目的绝不仅仅是帮助个人按照自己的资历条件找到一份合适的工作，实现个人目标，更重要的是帮助个人真正了解自己，筹划未来，拟定一生的发展目标，根据主客观条件设计出合理且可行的职业生涯发展目标。职业生涯规划要求一个人能根据自身的兴趣、特点，将自己定位在一个能发挥长处的位置，最大限度地实现自我价值。

二、职业生涯规划的特点

（一）独特性

每个人的职业生涯发展都是独一无二的，这是因为每个人的个性特点、兴趣爱好和特长、专业素养、知识结构等都有所不同。大学生在进行职业生涯设计时，应根据自身的兴趣、能力及所处的阶段等因素制订不同的设计方案，注重充分发挥自己的个性特长，使职业定位准确，设计方案科学。

（二）发展性

职业生涯是一个连续不断的动态发展过程，职业生涯规划是个体在职业发展中不断调整和完善的产物。通过不断的职业经验积累，人们可以不断地转换职业和角色，以实现个体人生价值的最大化。因此，职业生涯规划应有弹性，可以随着外部环境和自身条件的变化来调整自己的职业发展目标。

（三）系统性

职业生涯是个体的职业经历，但个体的职业生涯离不开家庭、学校、单位等各组织的影响，个体的职业发展是个人和他人、个人和组织、个人与社会互动的结果。只有把职业生涯融入社会，才能实现职业发展，否则就可能成为"空中楼阁"。

（四）目标性

虽然职业生涯的发展过程充满了各种偶然因素，但从长远角度来看，职业生涯发展是可以提前规划的。每个人都可以根据自己的情况，规划好自己的职业生涯，以期实现自己的职业梦想。每个大学生都可以根据自身条件，勾画出丰富多彩的人生职业生涯道路，通过奋斗去实现自己的职业理想。

（五）不可逆转性

在职业发展过程中，每个人都可以转换职业角色，但是个人的成长是一个自然发展的过程，它必须遵循从生到死、由盛而衰的规律，必须经历从青春期到老年期的人生过程。这一过程是任何人都无法逾越和逆转的。

所以，大学生应该充分认识到职业生涯的这一重要特征，把握住人生的最佳黄金时机，科学地规划好最佳的人生道路，及早实现自己的职业梦想。

三、职业生涯规划的种类

按照规划的时间维度，职业生涯规划可以划分为短期规划、中期规划、长期规划和人生规划四种类型。

（一）短期规划

短期规划是指 2 年以内的规划，主要是确定近期目标，规划近期应完成的任务。如对专业知识的学习，2 年内掌握哪些业务知识，等等。

（二）中期规划

中期规划一般涉及 2～5 年内的职业目标和任务，如规划到不同业务部门做经理，规划从大型公司部门经理到小公司做总经理，等等。中期规划是最常用的一种职业生涯规划。

（三）长期规划

长期规划是指 5～10 年的规划，主要是设定较长远的目标，以及为实现此目标应采取的具体措施。如规划 30 岁时成为一家中型公司的部门经理，40 岁时成为一家大型公司的副总经理，等等。

（四）人生规划

人生规划是指整个职业生涯的规划，时间长达 40 年左右，设定整个人生的发展目标和阶梯。如规划成为一个有数亿元资产的公司董事。

个人职业生涯规划从短期到中期，再到长期，直至整个人生规划，如同上台阶一样要一步步地发展。但在实际操作中，跨度时间太长的规划由于环境和个人自身的变化难以把握，而时间跨度太短的规划意义又不大，所以，一般人们把个人职业规划的重点放在 2～5 年内的中期规划，这样既便于根据实际情况设定可行目标，又便于随时根据现实的反馈进行修正或调整。

📖 **阅读**

职业生涯发展最忌讳的 12 种心态

每个大学生都应该有自己的职业生涯规划，但是千万不要有以下 12 种心态，不然会让你的职业生涯变得困难曲折。

1. 总觉得自己不够好

这种类型的人虽然聪明、有历练，但是一旦被提拔，反而毫无自信，觉得自己不能胜任。此外，没有往上爬的野心，总觉得自己的职位已经太高，或许低一两级比较适合。这种自我破坏与自我限制的行为，有时候是无意识的。但是，身为企业中高级主管，这种无意识的行为会让企业付出很大的代价。

2. 非黑即白看世界

这种类型的人眼中的世界非黑即白。他们相信，一切事物都应该像有标准答案的考试一样，客观地评定优劣。他们总是觉得自己在捍卫信念、坚持原则。但是，这些原则别人可能完全不以为意。结果，这种人总是孤军奋战，常打败仗。

3. 无止境地追求卓越

这种类型的人要求自己是英雄，也严格要求别人达到他的水准。在工作上，他们要求自己与部属"更多、更快、更好"。结果，部属被拖得精疲力竭，纷纷"跳船求生"，留下来的人则更累，最终离职率节节升高，造成企业的负担。这种人适合独立工作，如果当主管，必须雇用一位专门人员在他对部属要求太多时大胆不讳地提醒他。

4. 疏于换位思考

这种类型的人完全不了解人性，很难了解恐惧、爱、愤怒、贪婪及怜悯等情绪。他们在通电话时，通常连招呼都不打，直接切入正题，缺乏将心比心的能力，他们想把情绪因素排除在决策过程之外。这种人必须为自己做一次"情绪稽查"，了解自己对哪些感觉较敏感；问朋友或同事，是否发现自己忽略别人的感受；搜集自己行为模式的实际案例，重新演练整个情境，改变行为。

5. 无条件地回避冲突

这种类型的人一般会不惜一切代价避免冲突。其实，不同意见与冲突，反而可以激发活力与创造力。为了维持和平，他们压抑感情，结果，导致他们严重缺乏面对冲突、解决冲突的能力。到最后，这种解决冲突的无能可能会蔓延到婚姻、亲子、手足与友谊关系。

6. 过度自信，急于成功

这种类型的人过度自信，急于成功。他们不切实际，找工作时，不是500强企业则免谈。进入大企业工作，他们大多自告奋勇，要求负责超过自己能力的工作。任务未能达成，仍不会停止挥棒，反而想用更高的功绩来兑现之前的承诺，结果成了常败将军。这种人大多是心理上缺乏肯定，必须找出心理根源，才能停止不断挥棒的行为。除此之外，也必须强制自己"不作为，不行动"。

7. 被困难"绳捆索绑"

他们是典型的悲观论者，喜欢杞人忧天。采取行动之前，会想象一切负面的结果，并为此感到焦虑不安。这种人工作时会遇事拖延，按兵不动，因为太在意羞愧感，甚至担心会出状况，让他难堪。这种人必须训练自己，在考虑任何事情时，必须控制心中的恐惧，让自己变得更有行动力。

8. 强横压制反对者

他们言行强硬，毫不留情，就像一台推土机，凡阻挡去路者，一律铲平。因为横冲直撞，攻击性过强，不懂得绕道的技巧，结果可能阻碍自己的职业生涯。

9. 天生喜欢引人注目

这种类型的人为了某种理想奋斗不懈，在稳定的社会或企业中，他们总是很快表明立场，觉得妥协就是屈辱。如果没有人注意他，他们会变本加厉，直到有人注意他为止。

10. 不懂装懂

工作中不懂装懂的人喜欢说："这些工作真无聊。"但他们内心的真正感觉是："我做不好任何工作。"他们希望年纪轻轻就功成名就，但是他们又不喜欢学习、求助或征询意见，认为这样会令人觉得他们"不能胜任"，所以他们只好装懂。此外，他们要求完美却又严重拖延，导致工作严重瘫痪。

11. 管不住嘴巴

有的人往往不知道有些话题可以公开交谈，而有些内容只能私下说。这些人通常都是好人，没有心机，但在讲究组织层级的企业，管不住嘴巴的人，只会断送事业生涯。他们必须随时为自己竖立警告标示，提醒自己什么可以说、什么不能说。

12. 我的路到底对不对

这种类型的人总是觉得自己失去了职业生涯的方向。"我走的路到底对不对？"他们总是这样怀疑。他们觉得自己的角色可有可无，跟不上别人，也没有归属感。

第二节　职业生涯规划的基本理论

从 20 世纪初美国的职业辅导运动以来，职业生涯辅导建立起了一系列理论模型，为个人做出有关职业和生活的正确决定提供支持。各种理论试图通过不同的途径来揭示个人在社会角色和生涯发展方面的问题。

在这里，主要介绍的是对我们的探索和实践具有较大影响的三个基本理论。

一、帕森斯的特质因素理论

特质因素理论是美国职业指导专家帕森斯（Frank Parsons）提出的，是职业生涯管理理论中最早的职业辅导理论，也是用于职业选择与职业指导的经典性理论之一，因此帕森斯被誉为"职业指导之父"。

1909 年，帕森斯教授所著的《选择职业》一书，第一次系统阐述了科学的职业指导理论，即特质因素理论，提出选择职业的三大要素或条件：①应清楚了解自己的态度、能力、兴趣、智谋、局限和其他特征；②应清楚了解职业选择成功的条件、所需知识，在不同职业工作岗位上所占的优势、不利、补偿、机会和前途；③上述两个条件的平衡。当时，这虽称不上是正式的理论，但对职业指导工作产生了深远的影响，并成为职业指导理论的基石。

根据特质因素理论，在职业选择过程中应按三步走：第一步，分析个人的特质，即评价个人的生理和心理特征；第二步，分析各种职业对人的要求；第三步，人职匹配，个人在了解自己的特点和职业要求的基础上，选择一项既适合自己的特点，又有可能获得的职业。帕森斯认为职业与人的匹配分为两种类型：①条件匹配。如所需专门技术和专业知识的职业与掌握该种特殊技能和专业知识的择业者相匹配，或者脏、累、险等劳动条件很差的职业，需要吃苦耐劳、体格健壮的劳动者与之匹配。②特长匹配。即某些职业需要具有一定的特长，如具有敏感、易动感情、不守常规、有独创性、个性强、理想主义等人格特性的人，宜于从事审美性、自我感情表达的艺术创作类型的职业。

特质因素理论产生百余年来，三要素模式被认为是职业设计的金科玉律。但该理论也有其局限性：第一，在长期的实践中，人们发现尽管一些职业的录用标准得以确定，心理测量的工具日臻完善，技术水平不断提高，但因职业种类繁多，并且职业发展演化迅速，难以确定各种职业所需要的个人特质。第二，心理测量工具的信度和效度也不尽如人意，受多种因素的影响，以此为基准的人职匹配过于客观化，而对人本身的诸如态度、期望、人格、价值观等择业主体的主观因素重视不够，这样的人职匹配是粗疏的，尤其是毕业生在择业环节上完全实现人职匹配更是难以实现的。第三，理论中的静态观点和现代社会的职业变动规律不相吻合，它只是强调了什么样的个人特质适合做什么工作，却忽视了社会因素对职业设计的影响和制约作用。而且就目前我国的毕业生来说，由于受应试教育及统一培养模式的影响，个人特质不明显、个性不突出，同时社会发展也未达到人职匹配的要求。

二、霍兰德的人格类型理论

20世纪60年代，美国职业指导专家霍兰德在帕森斯观点的基础上，结合当时的人格心理学概念，认为职业选择是个人人格在工作世界的表露和延伸，即人们在工作选择和经验中表达自己的个人兴趣和价值。此外，根据自己多年的职业咨询经验，霍兰德发现，个人会被某些满足其需要和角色认同的特定职业所吸引。因此，我们可以根据个人对职业的印象和推论，将人们和环境加以特定的归类，而个人对自我的观点与其职业偏好间的一致性，则构成了霍兰德所称的"典型个人风格"。比如，具有社会职业个性倾向的人会偏好在能与他人密切互动的环境中工作。

（一）基本原则

（1）职业选择是个人人格的延伸和表现。

（2）个人的兴趣组型即人格组型。

（3）同一职业团体内的人有相似的人格，因此他们对很多的情境与问题会有相类似的反应方式，从而产生类似的人际环境。

人可区分为六种人格类型：现实型、研究型、艺术型、社会型、企业型和传统型，个人的人格属于其中的一种。人所处的环境也可以相应地分为六种类型，即现实型、研究型、艺术型、社会型、企业型和传统型。个人的人格与工作环境之间的适配和对应，是职业满意度、职业稳定性与职业成就的基础。

基于以上观点，霍兰德提出了四项核心假设和三个辅助假设。

（二）四项核心假设

假设一：在我们的文化里大多数人可以被归纳为六种类型：现实型（Realistic Type，R）、研究型（Investigative Type，I）、艺术型（Artistic Type，A）、社会型（Social Type，S）、企业型（Enterprising Type，E）和传统型（Conventional Type，C），这六种类型按照一个固定的顺序可排成一个六角模型（RIASEC）。

假设二：社会环境中有六类职业：现实型（R）、研究型（I）、艺术型（A）、社会型（S）、企业型（E）和传统型（C），这六大职业类型与兴趣类型同样按照一个固定的顺序可排成一个六角模型（RIASEC）。图1-1所示为兴趣六角模型。

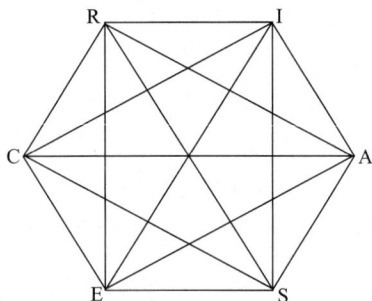

图1-1 兴趣六角模型（RIASEC）

假设三：人总是寻找适合个人人格类型的环境，锻炼相应的技巧与能力，从而表现出各自的态度及价值观，面对相似的问题，扮演相似的角色。

假设四：一个人的行为表现，是由他的人格与他所处的环境交互作用决定的。

（三）三个辅助假设

假设一：一致性，指类型之间在心理上一致的程度。譬如，现实型和研究型在某些性质上有共通的地方，表现为不善交际、喜欢做事而不善于与人接触、较男性化等，我们称这两种类型的一致性较高。反之，传统型和艺术型的一致性较低，因为两者所具有的特点是完全不同的，如前者顺从性强，后者独创性强。各类型的一致性程度可以用它们在六角模型上的距离表示：一致性高的，它们在六角模型上的位置是临近的，如 RI、RC 等；一致性中等的，它们在六角模型上的位置是相隔的，如 RA、RE 等；一致性低的，它们在六角模型上的位置是相隔较远的，如 RS 等。

假设二：区分性，某些人或某些职业环境的界定较为清晰，较为接近某一类型，而与其他类型相似甚少，这种情况表示区分性良好；若某些人与多种类型相近，则表示他们区分性较低。

假设三：适配性，指人格类型与职业类型的匹配程度。适配性的高低，可以预测个人的职业满意度、稳定性及职业成就。如研究型的人需要有研究型的职业环境，只有这种职业环境才能给他所需要的机会与奖励。具体的人格类型和职业环境的适配可以详见表 1-1，人格类型与职业环境的适配。

表 1-1　人格类型与职业环境的适配

人格类型	特征	职业类型
现实型（R）	喜欢从事户外工作或操作机器。通常比较现实，身强体壮，擅长机械和体力劳动。具有传统的价值观，倾向于用简单、直接的方式来处理问题，不善于用言语表达自己的情感	通常是那些对物体、工具、机器及动物等进行操作的工作，如制造、机械、农业、技术、林业、特种工程师、渔业、野生动物管理和军事工作等
研究型（I）	喜欢研究那些需要分析、思考的抽象的问题，如数学、物理、生物和社会科学等。这一类型的人虽然常隶属于某一研究团体，但他们喜欢独立工作，一般会以复杂、抽象的方式看待世界，并倾向于用理性和分析的方式来处理问题。性格特征为聪明、好奇，具有创造性和批判性	通常是指那些对物理学、生物学或文化知识进行研究和探索的职业。主要有实验室工作人员、生物学家、化学家、社会学家、工程设计师、物理学家和程序设计员等

续表

人格类型	特征	职业类型
艺术型（A）	喜欢自我表达，喜欢在写作、音乐、艺术和戏剧等方面进行创作。他们通常会尽力避免那些过度模式化的环境，喜欢将自己完全投注在自己所制定的项目中。性格特征是善于表达，有直觉力，具有想象力和创造力，具有表演、写作、音乐创作和演讲等天赋，与他人交往更富于情感和表达	通常指那些进行艺术、文学、音乐和戏剧创作的职业。主要有作家、艺术家、音乐家、诗人、画家、演员、戏剧导演、作曲家和乐队指挥等
社会型（S）	喜欢与人合作、关心他人幸福，愿意帮助别人解决困难、传达信息。性格特征为易合作、友好、仁慈、随和、机智、善解人意等	主要是那些与人打交道的工作，如教导、培训、治疗或启发人的心智等。主要有教学、社会工作、宗教、心理咨询和娱乐等
企业型（E）	喜欢领导和控制别人，追求高出平均水平的收入，希望成就一番事业。这样的人多从商或从政。管理型的人通常精力充沛、自负、热情、自信，具有冒险精神，能控制形势，擅长表达和领导	通常是指那些通过控制、管理他人而达到个人或组织目标的职业。主要有商业管理、律师、政治领袖、推销商、市场经理或销售经理、体育运动策划者、采购员、投资商、电视制片人和保险代理人等
传统型（C）	喜欢规范化的工作和活动，喜欢整洁有序，乐意在组织中处于从属地位、跟随大流。性格特征为细心、顺从及依赖、有序、有条理、有毅力、效率高等	通常是指那些对数据进行细致有序的系统处理的工作，如会计、银行出纳、图书管理员、秘书、档案文书、录入、档案管理、信息组织和机器操作等

三、舒伯的生涯发展理论

20世纪五六十年代，美国心理学家舒伯（Donald Super）等人提出了"生涯"的概念，使生涯规划不再局限于职业指导的层面。舒伯认为，职业发展是人生成长的一部分。他认为，人的心理是发展的，因而人也会朝着职业成熟的方向发展，个体职业发展的过程可以分为五个不同的阶段。

（一）成长阶段（0～14岁）

这个时期的儿童和少年是通过受学校和家庭中的重要人物的影响而发展其自我概念的。这一阶段的早期，需要和幻想占据主导地位。随着逐渐参与社会和了解现实，兴趣和能力也逐渐变得重要起来。这一阶段具体分为三个成长期。一是幻想期（10岁以前），这一时期的儿童以需要为中心，在空想中完成职能，如在游戏时，扮演幻想中的角色。二是兴趣期（11～12岁），此时，兴趣成为影响儿童职业抱负和活动的主要因素。三是能力期（13～14岁），这时的少年开始更多地考虑能力、任职的资格和必要的训练对其未来职业选择的影响。

（二）探索阶段（15～24岁）

这一阶段的青年开始尝试不同的职业角色，调查不同的职业，扩展业余活动，有的已经开始寻求非全日制工作。个人的需要、兴趣、能力、价值观和对工作机会的把握变得十分重要，他们开始做出尝试性的职业决策。在这一阶段，他们不断地改变着自己的职业期望。这一阶段也有三个时期。一是试验期（15～17岁），个人对需要、能力、价值、雇用机会都有所考虑，并据此进行试验性的职业选择，常采用想象、讨论、选课、工作等方式加以尝试。二是过渡期（18～21岁），青年分别进入劳动力市场或专门的训练机构，试图补充对自我概念的看法。三是尝试期（22～24岁），选定一种似乎适合自己特点的工作，并在该领域中开始工作，试图把它作为终身职业。

（三）建立阶段（25～44岁）

这一阶段的特点是：已经找到了一个合适的工作领域，并努力在其中确立永久的地位。这一阶段包括两个时期。一是尝试期（25～30岁），由于认识到原以为合适的领域其实并不满意，在没有确定为终身的工作之前，可能要变换一至两次工作领域。二是稳定期（31～44岁），在职业模式确定后，则致力于工作的稳定，在职业领域中设法保持职业生活。

（四）维持阶段（45～64岁）

这一阶段，人们在工作领域中已经取得了一定的地位，他们主要考虑的是如何维持这一地位，一般不再寻求新的工作领域，而是朝着既定的目标前进。

（五）衰退阶段（65岁以上）

这一阶段的特点是：个人的身体和心理能力逐渐衰退，工作活动的范围开始缩小，以致停止，即将结束职业生涯。

1976～1979年，舒伯又发展了"生涯发展"理论，加入了角色理论，提出了一个生活广度、生活空间都更佳的生涯发展观，并以"生涯彩虹图"（见图1-2）表示。

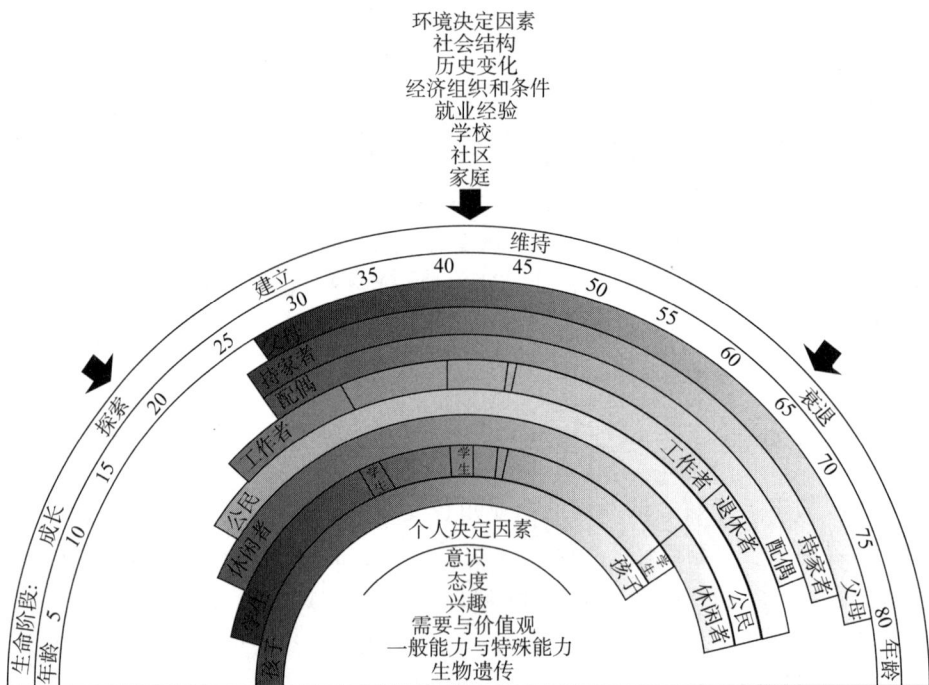

图 1-2　生涯彩虹图

生涯彩虹图可以很好地表示各个角色的变化，现在的大学生正处于探索阶段，应该在学校教师的指导、帮助下，通过参加各种各样的社会实践活动，进行探索职业生涯的重要阶段。在这个时期，我们应该像海绵一样不断地汲取知识、信息、经验的养分，在学习、生活、工作中多动手、多动脑，不断尝试、总结，找出自己职业生涯的目标。

第三节　职业生涯规划对于大学生人生发展的意义

凡事预则立，不预则废。做任何事情，事先谋虑准备就会成功，否则就要失败。职业生涯规划对于企业和个人来说至关重要。借用保尔·柯察金的一句名言："人最宝贵的是生命，生命对于人只有一次。人的一生应该这样度过：当他回首往事时，他不会因虚度年华而悔恨，也不会因过去碌碌无为而羞愧……"

一、职业生涯规划对个人生活的意义

没有规划的人生，就像没有目标和计划的航行，燃料用尽，陷在大洋里喊救命。职业规划对个人生活的意义，归纳起来主要集中在以下五个方面。

（一）职业规划可以帮助个人清晰认识自我

一个人通过学习并学会职业规划，将可以更认真地审视自身的兴趣、爱好，认识自身的个性特质，把握自己的职业倾向和职业定位，分析个人现有的和潜在的优劣势，扬长避短，充分发挥自身现有的价值并使其持续增值。

（二）职业规划可以帮助个人确立合理目标

一个有职业规划的人，将会更好地评估个人职业目标与现状之间的距离，并努力去实现职业目标。"盲人骑瞎马，夜半临深池。"没有目标的人生注定不会是成功的人生。要使自己能够在将来的工作中取得成绩、获得成功，必须学会给自己确定目标和努力方向，职业规划正好可以提供这样一种解决方案。通过职业规划，一个人将能够更加清楚自身的兴趣、爱好，明确职业倾向，树立客观、科学的人生目标，一旦有了目标一个人也就有了前进的方向，就会为目标的实现投入更多精力和时间，不断努力去争取成功。

（三）职业规划可以帮助个人提升竞争力

在工作中遇到困难是不可避免的，而通过自我职业规划，就可以提前对可能遇到的种种困难有一定的思想准备，可以更加合理地分配自己的精力和时间，把现阶段的工作做得更好。职业规划可以帮助一个人学会如何运用科学的方法，采取切实可行的步骤和措施，不断增强自己的职业竞争力。

（四）职业规划可以帮助个人实现自我价值

一个人有了职业规划、明确了职业目标之后，就可以为这个目标不断努力，根据自身的职业兴趣、性格特点、能力倾向以及所学的专业知识技能等因素，发挥个人的专长，开发自己的潜能，制定切实可行的措施，把自己定位在一个最能发挥自己长处的位置，以便最大限度地实现自我价值，最后获得事业的成功。应该说，人生的价值不仅仅体现在地位和财富上，更体现在自我发展和自我实现上。

（五）职业规划可以帮助个人实现和谐发展

一个人的生活是由工作和家庭两部分共同组成的，只注重工作，忽略了家庭生活，是没有益处的。通过自我职业规划，一个人可以将工作分解成一个又一个连续的发展阶段，不必在工作上耗费过多的精力，而是让工作为个人过上更加充实的生活服务。也就是说，学会职业规划，可以把个人、家庭和事业更好地统合在一起。良好的职业规划能够使我们不仅考虑到个人职业的发展，取得事业上的成功，也会更加合理地利用工作之外的时间处理好个人爱好、特长发展之间的关系，使其和谐统一、共同发展。

二、职业生涯规划对大学生的意义

对大学生而言，职业生涯规划就是在自我认知的基础上，根据个人的专业特长与知识结构，结合社会环境与市场环境，对将来要从事的职业以及要达到的职业目标所做的方向性的方案。大学期间是一个人职业生涯规划的黄金阶段，对个人的未来职业走向和职业发展具有十分深远的影响，职业生涯活动将伴随我们大半生，拥有成功的职业生涯才能实现更加完美的人生。因此，职业生涯规划对于大学生的成长成才，创造价值，实现幸福感、成就感及人生理想等都具有特别重要的意义。

（一）职业生涯规划有利于大学生自我定位和人职匹配

好的职业生涯规划是大学生成长、成才、成功的开始。古语讲，"凡事预则立，不预则废"，通过做好职业生涯规划，大学生将对自身的个性特点、工作能力、兴趣爱好等有一个客观、全面的了解，更能摆正自己的位置，清楚自己的优势与劣势，从而确定职业发展目标，实现个性与职业之间的匹配。正如古语所说的"知己知彼，百战不殆"，大学生要想在社会上寻找到自己合适的职业位置，就要正确认识自我。

（二）职业生涯规划有利于鞭策大学生努力学习、奋发进取

职业生涯规划能帮助大学生挖掘并发挥潜能，不只是认识和了解自己，估计自己的能力、智慧及性格，还能明确自身优势，正确设定自身的职业发展目标，并制订相应的职业行动计划，使自己的才能得以充分发挥，实现自我价值及职业发展目标。大学生制订和实现职业生涯规划必须是具体的、可实现的，就像一场比赛，随着时间的推移，一步一步地实现规划，思维方式和工作方式渐渐进步。职业生涯规划还能对大学生起到内在的激励作用，使大学生产生学习、实践的动力，激发其不断为实现各阶段目标和终极目标而进取的动力。

（三）职业生涯规划有利于大学生树立职业目标与职业理想

职业生涯规划会帮助大学生评估自身职业目标的可行性，引导大学生付出努力去实现职业目标与职业理想。职业生涯规划还能让大学生的职业目标和前进的方向清晰，使大学生为目标的实现投入更多精力和时间，不断努力去实现职业目标、职业理想，并获得成功。

（四）职业生涯规划有利于增强或提升大学生的核心竞争力

职业生涯规划可以帮助大学生运用各种科学方法，采取切实可行的措施来提升大学生的个人素质、就业能力与技巧，增强大学生的核心竞争力，引领大学生实现职业目标，增大职业成功的可能性。

（五）职业生涯规划有利于大学生进行准确的职业发展决策

职业生涯的规划能让大学生在职业探索和发展中少走弯路，节省时间和精力，可以解决好职业生涯中的"四定"——定向、定点、定位、定心，尽早确定自身的职业目标，把握自己的职业定位，保持平稳和正常的心态，按照自己的目标和理想有条不紊、循序渐进地推进。

📖 **阅读**

职业生涯的 9 点忠告

（1）无论你现在或将来从事什么职业，对职业负责这一点切不可忘记。你一定要认真敬业，勇承重担，兢兢业业，恪守职责。

（2）切记和谐融洽的人际关系非常重要。实践证明，与同事关系融洽将使工作效率倍增。

（3）要优化你的交际技能。优良的交际技能可提高你谋职就业的成功概率。

（4）要善于发现变化并适应变化。不管周围环境以及你人生某一阶段出现怎样的变化，你都应该善于发现其中的各种机遇并驾驭这些机遇。

（5）要灵活。未来时代的工作者可能要经常转换职业角色，这就要求你要善于灵活地从一个角色迅速转换到另一个角色，这样方能适应时代环境的变化。

（6）要善于学习新技术。

（7）要勤于学习各种指南性知识简介。目前各大学、社会研究机构和其他组织开办了各种实用性较强的半日、一日或两日即可学完的知识简介科目，这类指南性知识简介科目的试学可能是预探新领域"水深度"的最简便易行的方法。

（8）摒弃各种错误观念。当你考虑某个新兴职业或新兴产业时，一定要更新观念，以防被错误思维误导。

（9）要不断开拓进取，不断开发新技能。未来的社会将不仅需要专业化知识，还需要通用化和灵活性技能。一名专业工作者若能借助专业知识和通用技能综合武装自己，便能适应未来的挑战和竞争。换句话说，为你未来职业考虑，绝不应只"低头拉车"，只了解某一种专业知识，你还应同时"抬头看路"，看看这种专业知识在未来社会是否还将为人们所需。一般说来，以长远眼光看问题，多掌握几种技能要比只精通一门狭窄的专业知识更有前景。

📖 **案例分析**

没有职业方向的烦恼

生物学毕业的大学生小林是一个有三年多丰富工作经验的女生，先后在某外企和某餐饮业做客户工作，然而现在的她满脸疲惫和郁闷。她说："我已经失业 4 个月了，真烦人。4 年前，我大学毕业，学的是生物专业。但我不喜欢，更不想以此为职业。"她说："我英语好，在学校里多年的社团工作经验让我具备了很强的沟通、交际能力。毕业后，顺利通过三轮面试，成为一家外企的总经理助理，工资水平属于同学中的佼佼者，大家都很羡慕我，但只有我自己知道我的工作无聊。每天都有处理不完的琐碎事情，感觉自己根本不会有什么出路，更不会学到新东西。"于是，在一年合同期限满的时候，小林毅然离开了那里。不久，小林在报纸上看到一家刚刚进入中国的跨国餐饮集团在招聘人员，觉得很新鲜，就去试试，结果被安排到市场部门工作，直接接触客户。这个工作小林一干就是两年多。

可是，小林逐渐发现，由于接触的客人大多层次不高，让人觉得自己的档次也下降了不少，况且，这个企业人际关系复杂，一点都不正规，自己没有背景，要想升职几乎是不可能的，辞职，再一次摆在她的面前。在仔细考虑了一段时间后，小林决定辞职，给自己放了三个月的长假，调整好了心态和身体，准备寻找新的工作。

然而，四个月过去了，她邮寄的简历超过了70份，也在各大网站上发了许多求职信，甚至不提工资，不问待遇，让她意想不到的是，她只得到了几个回复，并在简单的一两轮面试之后，就没有了下文。

【思考】

（1）小林的问题出在哪里？她为什么会频繁转换岗位？

（2）小林的经历对你有什么启示？

小林的问题到底出在哪里？有关专家认为，小林的问题在于没有职业方向，职业定位不清楚。小林的第一份工作是文秘，的确，文秘工作枯燥、烦恼，小林觉得没意思，她选择了放弃。其实，这份工作，在积累了足够经验的前提下，是可以向行政人员或者人力资源管理方向进一步发展的。可是，小林耐不住寂寞，只做了浅显的积累便离开了这一领域。小林第二份工作是餐饮管理，这份工作和文秘不相关，她做了一段时间又不想做下去了。其实，她继续在餐饮行业做下去，也是可以向餐饮管理方向发展的。但很可惜，刚入行了解了一点相关知识和经验，小林又离开了。由于没有职业方向，职业定位不清楚，小林后来找工作，在投递简历时内容没有针对性，使她几个月也没有找到工作，因为，如果连你自己都不知道想做什么，用人单位又如何选择呢？

实践训练

"撕思人生"游戏

教师为每一位同学准备好一张白纸，将学生进行分组，并按人数发放白纸。每一位同学在领到老师所发的白纸上先画一条长线段，在起点写上自己的出生日期和年龄——0岁，在终点标注出自己预测的死亡年龄。在线段的适当位置上标注出现在的年龄，并将这之前的线段撕下来。在剩下的线段上写出你认为今后的人生中最迫切想要实现的三件事。在线段的适当位置标注出想功成名就的年龄，然后将这以后的线段撕下来。

思考：剩下的部分有多少？手中拿的这段时间是什么？有多少我们可以用来努力学习和工作的时间？

第二章
自我认知

名人名言

虽然我们做了几十年的研究，但预测个人选择最有效的办法却是询问这个人自己想做什么。

——约翰·霍兰德

每个人都有他隐藏的精华，和任何人的精华不同，它使人具有自己的气味。

——罗曼·罗兰

学习目标

1. 了解价值观，掌握探索价值观的方法
2. 了解兴趣在职业中的作用，掌握霍兰德职业兴趣类型理论
3. 了解什么是性格，掌握性格测评的工具
4. 理解能力的概念及探索能力的方法

案例导入 ▶▶▶

蚯蚓的目标阶梯

蚯蚓是我从小到大的朋友。蚯蚓不是他的原名，但由于他长得黑矮瘦弱，因此得名。18岁分开后，我为生活四处奔波，蚯蚓却上了大学，什么事都挺顺当。在这分开的十年里，我们几乎每隔两三年见一次面。每一次我都喜欢问他同一个问题：你将来的目标是什么？得到的答案总是不相同。

18岁，高中毕业典礼上：我发誓要当李嘉诚第二！我要当中国首富（好大的口气）！

20岁，春节老同学聚会上：我想创立自己的公司，30岁时拥有资产2000万元。

23岁，在某工厂当技术员，第二职业是炒股：我正在为离开这家工厂而奋斗，因为在这里工作太没前途了。我将全力炒股，三年内用5万元炒到300万元。

25岁，炒股失意而情场得意，开始准备结婚：我希望一年后能有10万元，让我风风光光地结婚（挺现实的想法）。

26岁，不太风光的结婚典礼上：我想生一个胖小子，不久的将来我能当个车间主任就行，别的不想了（是不是结婚就会使人成熟）。

从上面的小故事可以看出，蚯蚓显然没有对自己的人生进行合理的规划，刚开始的时候当技术员，但他没有去细心研究技术，而是去炒股，想赚到300万元，后来炒股失败忽而又想当车间主任。最后可能技术也不是很精通，担心下岗名单中不要有他的名字。他这样一个没有规划的人生，显然是很容易失败的。如何规划好自己的人生呢？首先是要加强自我认知，人贵有自知之明，只有正确认知自我，才能规划精彩人生。

第一节　自我认知概述

一、自我认知的含义

早在古希腊时期，哲学家苏格拉底就喊出了"认识你自己"的口号，这标志着人类自我意识的觉醒，开始进行自我认知。所谓自我认知，是指认知主体的我对客体的我进行感觉和观察，从而形成一定的自我概念，并形成自我评价。

二、自我认知的内容

自我认知包括对生理自我的认知（如性别、身高、外貌等）、心理自我的认知（如兴趣、气质、性格及能力等）、社会自我的认知（如社会角色、人际关系、在群体中的地位等），并以此形成"我是什么样的人"的概念。

三、自我认知的方法

（1）自我比较。通过自我比较来认识自己的方式通常有两种：一是与过去的自己相比，看自己进步与否；二是与理想中的自我相比，看自己还存在哪些差距，但要注意理想中的自我应切合实际。

（2）与他人比较。为避免自我评价的主观性，还应该学会与他人进行比较。但应注意两点：一是选择合适的标准，如果以容貌和出身同别人比较，是没有意义的；二是比较的对象应该是与自己条件类似的人，不切实际、相差悬殊的比较只会打击自己的自信心，而没有任何益处。

自我认知的方法

（3）借助他人评价。一个人对自己的认识难免有偏差，因此有必要根据他人的评价、他人对自己表现出的言行态度来认识自己。需要注意的是，由于受多种因素的影响，别人对你的评价也不一定都是完全正确的，我们还应结合自我比较、与他人比较等，对自己进行全面、客观的认识。

四、自我认知的意义

人既是生物的，又是社会的。生物意义上的人有不同的遗传基因和变异，对于自我来说，它具有一定的不可改变性，不以自我的意志作为其存在的前提；社会意义上的人是时代、制度、文化和发展等的产物。自我既是内在的，又是外在的。每一个人都有判断的主观性，即受情感、情绪、理性与非理性的干扰。对于"我是谁"的回答，当人处在不同心境的时候，答案是不同的，甚至对立的。人在自我认知与相互认知时，常常将现实的、理想的、可能的、希望的、偏见的、幻想的等交织在一起。因此，正确地认知自我具有非常重要的意义。

（一）有利于接纳自我

自我接纳是个体对自身以及自身所具有的特征所持有的一种积极的态度。自我接纳的人能欣然接受自己的现状，不因自身的优点而骄傲，也不因自己的缺点而自卑。自我接纳不仅是一种面对人生的积极态度，也是自信的起点，还是促进我们健康成长的前提。在现实生活中，如果自我被扩大，就容易产生虚荣心理，形成自满和自我陶醉。这种人喜欢炫耀、哗众取宠，不能客观地评价自己。如果自我被贬低，就容易产生无能心理，认为自己无用，一无是处。这种人本来可能才华出众，成绩超群，却自我贬低，"非不为，是不能也"的自欺欺人的自我退缩伤害了自我。只有正确地认知自我才能实现自我接纳。

（二）有利于正确处理各种关系

进入大学，对学生来说是一个新的起点，他们对周围的人和物有新鲜感，希望认知自己、他人和新的集体。正确认知自我，才能增强自尊自信，才能确定合理的奋斗目标，才会取得成功。良好的自我认知对一个人的成功起着关键性的作用。你认为自己是怎样的人，就会怎样去表现，这两者是一致的。你觉得自己是个有价值的人，你就会做有价值的事，去拥有一些有价值的事物。你觉得自己一文不值，你就不会得到有价值的事物。一个非常自卑而没有信心的人，对自己的优点和长处常常是漠视、忽略的，觉得自己什么都不行，就会不思进取，永远一事无成；一个非常自负而不懂谦逊的人，对自己的优点和长处常常是夸大渲染的，自视过高，就会自以为是，变得很盲目；一个过分自怜而显得沮丧的人，对自己的需求、动机实现的可能性缺乏合乎实际的认识，就会放弃希望和努力；一个过分自尊而有虚荣之嫌的人，对自己的形象太过在意，就会放不下不必要的架子。所有这些都与不能直面真实的自我有关。所以古希腊哲人说："认识你自己！""我是谁""我是一个什么样的人"，这是人类从古至今都在思考的问题。

（三）有利于进行职业生涯规划

自我认知是职业生涯规划的前提。只有了解自我，才能有针对性地明确职业方向。只有全面地了解自我认知的内容，掌握正确的自我认知的方法，才能对自我进行深层次剖析，了解自己的能力倾向与大小，明确自己的优势和劣势，根据过去的经验选择、推断未来可能的工作方向，从而清楚"我是谁""我能干什么"。这就为选择职业目标、准备职业能力、正确进行职业生涯规划打下了基础。自我认知越来越受到社会各界的广泛关注，例如，招聘时就很注重考察应聘者对自己是否有深入切实的自我认识，会要求应聘者说明自己的优缺点、兴趣爱好和最值得列举的经历等，这也是组织留住人才，结合组织发展规划为员工设计生涯规划的需要。

第二节　性格探索

"知人者智，自知者明。"对每个人而言，清晰地了解自己是一项重大的人生课题。大学阶段，正是形成自我观念的关键时期，是我们认识自我、理解自我和发展自我的黄金年代。职业生涯的发展，要从自我探索起步，只有"知己知彼"，才能"百战不殆"。只有清晰地认识了自己，生涯发展的道路才能逐渐明朗，才能走出一条真正适合自己的道路。

一、性格概述

（一）性格的含义

性格是人格的核心，是人在现实的、稳定的态度和习惯化了的行为方式中表现出来的个性心理特征，是一种与社会相关最密切的人格特质。性格表现了人们对现实与周围世界的态度，对自己、对别人、对事物的态度，具有稳定性，一旦形成较难改变。但在特殊情况下也可以发生变化，如生活中某些重大打击会使一个人的性格变得跟从前判若两人。

（二）性格类型

从不同角度和侧面可以对性格类型进行不同的划分，如按照知、情、意在性格中的表现程度，可分为理智型、情绪型和意志型三种。理智型的人可以理智支配自己的行动。情绪型的人，情绪体验深刻，举止容易受情绪左右。意志型的人具有较明确的目标，行为主动。

按照个体的心理倾向，性格类型可分为外倾型和内倾型。外倾型的人心理活动倾向于外部，活泼开朗，善于交际，感情易于外露，处事不拘小节，独立性较强，但有时粗心、轻率。内倾型的人心理活动倾向于内部，一般表现为感情含蓄，处事谨慎，自制力强，交往面窄，适应环境比较困难。

按照个体独立性程度，性格类型可分为独立型和顺从型。独立型的人不易受外来事物的干扰，他们具有坚定的信念，能独立地判断事物，发现问题、解决问题，在紧急和困难的情况下不慌张，易于发挥自己的能力，但有时会把自己的意志强加于人，固执己见，不易合群。顺从型的人，随和、谦虚，易与人合作，但独立性较差，易受暗示影响，容易接受别人的意见，在紧急情况下易惊慌失措。

（三）性格的结构

如果玩过魔方，你一定知道这个由相互连接的可灵活转动的小方块组成的彩色立方体，它会随着你的操作变化成复杂的图形，直到最终回归到当初的原始状态。性格也如魔方一样具有复杂的结构，它由许多不同特点的要素组成，这些要素相互制约、相互影响，从而形成个人独特的性格特征。

性格的结构可从以下两方面来剖析。

1. 性格的静态特征

性格的静态特征由态度特征、认知特征、情绪特征及意志特征构成。

（1）性格的态度特征。性格的态度特征指的是个体处理社会各方面关系的特征，它决定了一个人对人生的选择方式。包括：①对社会、集体、他人的态度特征，如忠于祖国、大公无私、漠不关心等；②对工作、劳动、学习的态度特征，如兢兢业业、刻苦勤奋、敷衍了事等；③对待自己的态度特征，如谦虚谨慎、狂妄自大等。

性格的态度特征往往会影响到职业的选择和成就。自私、对公益事业漠不关心、轻视社会行为规范的人，可能就不太适于从事与人打交道的职业，如教师、服务员、公关人员、外交人员等。

（2）性格的认知特征。性格的认知特征是指人们在感知（感觉、知觉）、记忆、想象和思维等认识过程中所表现出来的个别差异。主要表现在四个方面：①感知方面，如主动感知型和被动感知型；②记忆方面，如直观形象记忆型和逻辑思维记忆型；③想象方面，如幻想型和现实型；④思维方面，如独立型和依赖型等。

偏好独立思考，有着丰富想象力与创造性的人更适合开放的工作环境，不受约束地工作，如设计师，各类艺术创作的职业；而倾向于被动感知，喜欢接受任务的人则更适合按部就班地工作，如文员、会计、档案管理员等。

（3）性格的情绪特征。性格的情绪特征是指人在情绪活动时所表现出来的性格特征，主要反映在情绪活动的强度、稳定性、持续性以及主导心境等方面的个别差异。

具体表现在四个方面：①情绪活动的强度，是指情绪对人的行为的感染程度、支配程度以及情绪受意志控制的程度。如有的人情绪强度难以控制，情绪一经引起就比较强烈；有的人冷静处事，情绪不易受感染。②情绪活动的稳定性，是指情绪的起伏和波动程度。如有的人情绪易波动，为一件小事就可能大发雷霆；有的人情绪稳定、持久，荣辱不动声色。③情绪的持续性，是指情绪发生后产生作用时间的长短。如有的人情绪活动一旦发生，持续时间很长，对人的各方面影响较大；有的人情绪活动持续时间短暂，一经发泄，就烟消云散。④主导心境，是指人的经常性的情绪体验。如有的人总是愉快乐观；有的人总是多愁善感。

性格的情绪特征影响着人们的职业选择。情绪稳定而持久的人适合于精密细致的工作，如医生、会计等，而情绪易冲动的人就不太适合了。

（4）性格的意志特征。性格的意志特征指的是个体对自我行为的自觉调节方式及水平方面的性格特征。具体表现在四个方面：①行为目的方面的意志特征，如目的明确或盲目，独立或易受暗示等；②行为的自觉控制水平方面的意志特征，如主动性、自制性等；③在长期或经常性的行为中所表现出来的意志特征，如持之以恒、虎头蛇尾等；④在紧急情况或困难状态下表现出来的意志特征，如勇敢或怯懦等。

性格的意志特征同职业的选择与成就也有着密切的关系。坚韧的人适宜从事要求耐力很强的工作，比如外科医生、科学研究人员、运动员等。

性格静态特征的几个方面彼此关联、相互制约，有机组成一个整体。一般来说，性格的态度特征是性格的核心，直接表现出了一个人对事物所特有的、比较恒常的倾向，也决定了性格的其他特征。

2. 性格的动态特征

（1）性格的共同性与独特性。性格是在一定历史时代的社会生活条件下形成的。在一定的经济、政治、文化条件中，形成了性格的典型性，即共同性。另外，构成性格的基本要素不是孤立静止地存在，而是以独特的组合方式结合成一个整体，从而造就了千差万别的独特性格，这就是性格的独特性。

（2）性格的完整性与矛盾性。性格各构成要素之间的相互联系、相互制约决定着性格结构的完整统一性。例如，一个对社会、对集体有高度责任感的人，一般对工作、学习也是认真负责、脚踏实地的。因此，我们可以根据一个人的某种性格特征去推断他的另一些性格特征。然而，性格结构在完整统一中又会表现出矛盾性，会导致人在某些活动中的行为表现并非反映他内心的真实的态度。例如，有些虚伪狡猾的人会表现出温文尔雅的礼貌行为，但实质上并非代表他对别人的尊重。因此，必须从多角度、多场合去全面了解人的性格。

（3）性格的稳定性与可变性。性格一旦形成就具有了相对稳定性，改变起来不是轻而易举的，这是因为习惯化的行为方式，其形成过程需要多次的刺激与反应之间的联结，并最终形成较为固定的联系。这也是为什么许多学生都明白粗心大意对学习不利，但想克服却很困难。

如果说气质具有先天性特征，那么性格更多地受到后天条件作用的影响。虽然一经形成就比较稳定，但这并不意味着性格是一成不变的，一个人生活环境的重大变化也会带来性格特征的改变。

二、塑造良好的性格

性格不是先天赋予的，而是在先天素质的基础上通过家庭、教育、社会环境的影响，以及自身的积极活动，才逐渐形成的。性格是可以改变的，人们通过实践活动的磨炼和自我修养，可以改变或发展自己的性格以符合职业的要求。

（一）良好性格的特点

1. 正确的态度

热爱生活、自强不息、勤俭节约、正直朴实、谦虚谨慎、有礼貌、尊重他人、助人为乐、勤奋踏实、责任心强、开拓进取和执着追求等。

2. 坚强的意志

遇到困难坚持奋进，对自己的行为有明确的目标，有较强的纪律性和自我约束力，做事有恒心，有毅力，能坚持不懈地完成。

3. 积极的情绪

情绪活动比较适度，经常保持愉快、乐观的心境，精神饱满地面对生活。能比较好地控制自己的情绪波动，能比较好地处理突发事件等。

4. 健全的心智

有强烈的求知欲，学习的主动性强，虚心学习，能正确面对学习的艰苦性，又有取得成功的自信心，并能为实现目标不断地积累成果，不轻易放弃，有进取心，能较好地处理失败所带来的问题，可以较好地克服自卑感，有责任感，还能忍辱负重等。

（二）良好性格的作用

第一，良好性格帮助形成健康的人格；第二，对工作有积极作用，是事业取得成功的保证；第三，良好性格是处理关系的润滑剂；第四，良好性格促进身心健康发展。

（三）良好性格的培养和塑造

1. 确立积极向上的人生观

人的性格归根到底要受世界观、人生观的制约与调节，人有了坚定的人生目标与生活信念，性格就自然会受到熏陶，表现出乐观、坦荡、自信等良好的性格特征。反之，如果失去了人生目标和生活的勇气，性格也会变得孤僻和古怪。

2. 正确分析自己的性格特征

个人需要对自己的性格特征进行科学的分析与评价，使自己的性格得到不断的磨炼，从而形成良好的性格。分析的过程，是一个深化自我认识的过程，是性格不断完善与发展的重要环节。

3. 加强性格自我教育

自省、自警、自立是性格自我教育的三个阶段，是三种良好方法。自省就是要通过内心的自我检查、自我分析、自我解剖，对性格进行反思，不断总结优点，改正缺点，获得进步；自警就是要经常给自己以警示、提醒，自我警戒，自我约束。如针对自己的性格弱点选择相关的、引人向上和激人奋进的正确的名言警句，作为自己的座右铭，用以提醒和勉励自己，从而陶冶性格；自立就是有意识地进行自我磨炼，锻炼意志品质，不断提高自己、完善自己。

4. 重视在实践中磨炼性格

性格体现在行动中，也要通过实践、通过实际行动来塑造。在实践中检验和判断性格，到实践中去培养磨炼性格，乃是个人完善性格的根本途径。

5. 重视环境对性格的影响

个体应把自己置身于集体的监督之中，积极参加集体活动，遵守集体纪律，维护集体荣誉，利用集体教育的力量培养自己优良的性格。

6. 扬长避短

性格的优点和缺点常常是相对而言的，这就需要在发挥性格优势的同时，注意克服性格的弱点。扬长，就是要善于发挥自己性格的优势，充分发挥它的作用；避短，就是要承认自己的性格弱点，正视自己的性格弱点，同时努力克服自己性格的弱点，且坚持不懈，持之以恒，从而扬长避短，塑造良好的性格，以期实现性格与职业的匹配。

三、为性格找准职业

不同的职业需要不同的性格，不同的性格对应不同的职业。任何一种性格，一旦找准了位置，就会大放光芒。

(一) 认清自己的性格

一个人的一生可以扮演很多角色。但是，只有一种角色能让你真正成功。这就是做你自己。每一个人都应该时常花点时间想一想自己是什么样的人：从容不迫还是紧张焦虑？喜欢交际还是羞涩腼腆？杂乱无章还是有条不紊？会什么？有什么？想要什么？能够做什么？了解自己的性格是人生的第一课。

通过大量的事例，我们可以明白这样一个道理：性格和特长会影响一个人的职业取向。因此，聪明的我们应当在规划自己的职业生涯时，首先充分了解、分析自己的性格特征及特长是什么，找到适合自己发挥的岗位和拟订适合自我发展的职业道路（不能明明适合做财务而偏去做销售，明明适合做职业经理人而偏去创业做老板），这样才能事半功倍，找到真正属于自己的成功事业。

当然，我们在应聘工作的时候要考虑性格的因素，企业在招聘员工的时候也要考虑性格因素。企业最大的资源就是人力资源，找到适合的人，安排在适合的岗位是人力资源工作的首要任务，那么在招聘工作中，如何充分考虑应征人员的性格特征是否与岗位匹配、是否与企业文化匹配也就显得很重要了。

性格决定了我们怎样去做一件事情，是依赖事实和经验，还是相信直觉和灵感；是把握细节，还是把握整体风格；是客观的、公正的，还是主观的、仁慈的……这些特征组合成了我们对人对事的态度和行为方式，进而决定了我们适合什么样的工作。

(二) 了解他人的性格

选择与自己性格相适应的职业，选择与自己性格相反的合作者。许多人不喜欢与自己性格相反的人相处。其实，这是一个错误，职业要选择与自己性格相适应的，合作者则一定要选择与自己性格相反的人。与跟自己性格互补的人合作不但能产生心理上的吸引力，而且能够通过取长补短，促进自己的优势（提高互补性），减少自己的劣势（增进相似性）。当个人的优势被提升、劣势被抑制时，个体的性格才能使群体的命运呈良性发展，个体的思想才能成为群体的意志。

个性类似于心理学上的人格，是指一个人总的精神面貌，它是通过个人的生活道路而形成的，反映了人与人之间稳定的差异的特征。个性是我们人人都在使用但又较难理解其确切内涵的一个词，气质与性格作为其中两个重要的部分，是不可或缺的。它既是气质基础，又是后天性格刻画的结果，它是心理学研究个别差异时除能力之外的另一个重要方面。从心理学的角度说，它与能力是决定人生成败的两大因素，但二者功能不同：能力助人获得机会，但使人成功的却是个性。所谓"性格决定命运"，正是在这个意义上说的。

了解他人可以从了解他人的气质入手。气质是指人们心理活动的速度、强度、稳定性和灵活性等方面的心理特征。个体一出生，就具有由生理机制决定的某种气质。我们可以观察到，新生儿有的爱哭闹，四肢活动量大；有的则比较安静，较少啼哭，活动量小。

这种先天性的生理机制构成了个体气质的最初基础（见表 2-1），在儿童的游戏、作业和交往活动中表现出来。同时，由于环境的影响，在个体生长发育过程中气质也会发生改变。

表 2-1　气质类型

气质类型	高级神经活动类型	神经过程的特性					气质特性			
		强度	均衡性	灵活性	感受性	耐受性	敏捷性	可塑性	兴奋性	倾向性
多血质	活泼型	强	均衡	灵活	低	高	快	可塑	高而不强	外倾
黏液质	安静型	强	均衡	不灵活	低	高	迟缓	稳定	低而强烈	内倾
胆汁质	兴奋型	强	不均衡	灵活	低	高	快	不稳定	高而强烈	外倾明显
抑郁质	抑郁型	弱	不均衡	不灵活	高	低	慢	刻板	高而体验深	严重内倾

1. 胆汁质，又称不可遏制型

胆汁质的神经活动特点是强而不平衡型（冲动型），感受性低，有一定耐受性，反应快而不灵活，情绪兴奋性高，抑制能力差，外倾性明显，行为有一定的可塑性。

胆汁质的行为特点是兴奋而热烈，精力充沛，能经得住强刺激；行为果断，有魄力；善于主动与人交往，乐群性高；直率急躁，情绪难以控制；思维、语言、动作反应快，但不灵活、不准确；性情粗犷，宽宏大量。

2. 多血质，又称活泼型

多血质的神经活动特点是强而平衡、灵活型（活泼型），感受性低，耐受性高，反应快而灵活，情绪兴奋性高，外倾性明显，行为可塑性大。

多血质的行为特点是活泼好动；善于交往，容易适应新环境；容易接受新事物，兴趣易转移；情绪发生快，但体验不深刻；思维敏捷，随机应变，热情奔放。

3. 黏液质，又称安静型

黏液质的神经活动特点是强而平衡、安静型（不灵活型），感受性低，耐受性高，反应速度缓慢，具有稳定性，情绪兴奋低，内倾性明显，行为有可塑性。

黏液质的行为特点是安静稳重，交往适度；善于忍耐，能克制自己；注意力稳定不易转移；情绪慢而微弱，不易外露；思维、动作反应慢而且不灵活。

4. 抑郁质，又称脆弱型

抑郁质的神经活动特点是弱型（抑制型），感受性高，耐受性低，速度慢，刻板而不灵活，情绪兴奋性低而体验深，内倾性特别明显，行为可塑性小。

抑郁质的行为特点是羞涩好静但孤立；情绪发生慢不外露，体验特别深，即使是微不足道的小事也容易引起情绪波动；动作反应慢但准确；注意自己的内心世界，有内秀。

每个人都有着不同的气质，气质并没有好坏之分，任何一种气质类型的人都既有优点又有不足。四种气质在工作中也是各有利弊，关键在于认识到自己及他人的优缺点，适当地扬长避短。气质类型、特征及适合的职业如表2-2所示。

表 2-2　气质类型、特征及适合的职业

气质类型	特征	适合的职业
胆汁质	精力旺盛，坦率，刚直，情绪易激动	导游、营销人员、节目主持人、外事接待员等
多血质	反应迅速，情绪发生快而多变，动作敏捷，有朝气，活泼好动，喜欢与人交往，注意力容易转移，兴趣易变化	外交人员、驾驶员、纺织人员、医生、律师、运动员、新闻记者、警察等
黏液质	稳重、安静、踏实，反应迟缓，情绪不易露，注意力稳定不易转移，忍耐力强	法官、管理人员、出纳员、话务员
抑郁质	情感体验深刻，善于察觉细节，外表温柔懦弱，孤独、行动缓慢，但对事物的反应有较高的敏感性	校对员、打字员、检查员、化验员、保管员、机要秘书

（三）做好前期规划

只有当性格与职业相匹配，并有能力相支撑时，才能实现自身价值最大化。因此，在选择职业时，先进行自我审视评估、性格测评，了解自己的职业气质、能力，分析自己的优劣势，结合自己的教育背景、工作经验，进行职业生涯的发展规划。或者知道"自己要做什么""自己能做什么"，结合自己的价值观和理念，进行职业目标的设定以及策划，并进行反馈评估，不断调整自己的方法，完善自己的职业生涯规划。

人是在学习和工作中不断成熟的，而性格与职业有着密切的和根本性的联系。人的成熟从心理性格角度表现为适应社会，有着良好的人际关系，等等。在适应社会过程中遇到性格与职业选择错位也是非常普遍和正常的。关键是自己如何针对自身的弱点，努力弥补不足，从而学会控制自己的情绪。当然，这里的"控制"不是"压抑"自己的个性，而是"压制"那些冲动的、不理智的和盲目的情绪。

性格决定着一个人的交际关系、婚姻选择、生活状态、职业取向以及创业成败等，从而基本上决定着一个人的命运。因此，成功与失败无一不与性格有着密切的关联，性格决定着人的一生是悲剧、平庸，还是建功立业、身世显赫。

每个人都有其独特的性格特点，只是有些人的性格更适合在事业上的成功，有些人的性格更有助于家庭的团结，有些人的性格更有利于结交五湖四海的朋友。

性格是一种无形的力量，更是一种资产。只要能扬长避短，选择最适合自己性格特长的事情去做，就一定会成功。一个人的性格决定了他对各种事物的不同态度，处理问题的不同方式，从而得出不同的结果，产生不同的人生境遇。

如果热衷于商业，那就不要去从事艺术类的职业；如果你倾心于艺术，那就远离商业。否则，你会在矛盾中生存，一生都不会快乐。原因很简单，这是由你的性格所决定的。

顺应自身的性格，你就能找到成功的道路；逆着自己的性格，你将与成功绝缘。每个人都有属于自己的性格，每种性格都有其擅长的职业。无论你是哪一种性格，你都应接受它并发挥自己的特长，这样才能肩负起身上所赋予的使命，才能开启通往成功的大门。

四、MBTI 性格理论及测评

（一）MBTI 性格理论

目前，心理学家已经开发出很多种有关性格的分类方法，如 16PF、大五人格、九型人格等。在职业选择与发展领域，应用最广泛的是基于著名心理学家荣格的心理类型理论而开发的"迈尔斯—布瑞格斯心理类型指标"（Myers-Briggs Type Indicator，简称 MBTI）。

MBTI 性格类型理论认为，人的性格可以分为四个维度，每个维度有两个方向，如表 2-3～表 2-6 所示。这四个维度中，外倾（E）—内倾（I），表示我们与外界相互作用的程度及自己的能量被引向何处，反映态度和心理能量的倾向；感觉（S）—直觉（N），表示我们自然注意到的信息类型，反映某种与获取信息相关的心理功能或知觉过程；思考（T）—情感（F），表示我们做决定和得出结论的方法，反映某种与个体作判断相关的心理功能或判断过程；判断（J）—知觉（P），表示我们喜欢以一种较固定的方式生活（或做决定），还是以一种更自然的方式生活（或获取信息），反映与外界相处时的态度或倾向。

表 2-3　MBTI 测评能量倾向对照表

能量倾向：你的能量获得途径是什么？（E—I 维度）	
外倾（E）	内倾（I）
注意力和能量主要指向外部世界的人和事，从与人交往和行动中得到活力	注意力和能量集中于自己的内心世界，从对思想、回忆和情感的反思中得到活力
◆关注外部环境	◆关注自己的内心世界
◆喜欢用谈话的方式进行沟通	◆更愿意用书面方式沟通
◆通过谈话形成自己的意见	◆通过思考形成自己的意见
◆用实际操作或讨论的方式能学得更好	◆用思考、用头脑中"练习"的方式学得最好
◆兴趣广泛	◆兴趣专注
◆好与人交往、善于表达	◆安静而显得内向
◆先行动，后思考	◆先思考，后行动
◆在工作和人际关系中都积极主动	◆当情境或事件对他们具有重要意义时才会采取主动

表 2-4　MBTI 测评接受信息对照表

接受信息：你如何获取信息？（S—N 维度）	
感觉（S）	直觉（N）
用自己的五官来获取信息。喜欢收集实实在在的、确实已出现的信息。对于周围所发生的事件观察入微，特别关注现实	通过想象、无意识等超越感觉的方式来获取信息。喜欢看整个事件的全貌，关注事实之间的关联。想要抓住事件的模式，特别善于看到新的可能性
◆着眼于当前的实际情况	◆着眼于未来的可能
◆现实、具体	◆富于想象力和创造性
◆关注真实的、实际存在的事物	◆关注数据所代表的模式和意义
◆观察敏锐，并能记住细节	◆当细节与某一模式相关时才能记得
◆经过仔细周详的推理一步步得出结论	◆靠直觉很快得出结论
◆通过实际运用来理解抽象的思维和理论	◆希望在应用理论之前能对之进行澄清
◆相信自己的经验	◆相信自己的灵感

表 2-5　MBTI 测评处理信息对照表

处理信息：你是如何做决定的？（T—F 维度）	
思考（T）	情感（F）
通过分析某一行为或选择的逻辑后果来做出决定。会将自己从情境中分离出来，对事件的正反两方面进行客观地分析。从分析和确认事件中的错误并解决问题中获得活力。目标是要找到一个能应用于所有相似情境的标准或原则	喜欢考虑对自己和他人来说什么是重要的。会在头脑中将自己放在情境中所牵涉的所有人的位置上试图理解别人的感受，然后在此基础上根据自己的价值判断做出决定。从对他人表示赞赏和支持中获得活力。目标是创造和谐的氛围，把每个人都当作一个独特的个体来对待
◆好分析的	◆善于体贴他人、感同身受
◆运用因果推理	◆受个人价值观的引导
◆以逻辑的方式解决问题	◆衡量决定对他人产生的后果和影响
◆寻求一个合乎真理的客观标准	◆寻求和谐的气氛和积极的人际交往
◆爱讲理的	◆富于同情心的
◆可能显得不近人情	◆可能会显得心慈手软
◆公平意味着每个人都能得到平等的待遇	◆公平意味着每个人都被作为独特的个体来对待

表 2-6　MBTI 测评行动方式对照表

行动方式：你如何与外部世界打交道？（J—P 维度）	
判断（J）	知觉（P）
喜欢将事情管理得井井有条，过一种有计划的、井然有序的生活。喜欢做出决定，完成后继续下面的工作。生活通常会比较有规划、有秩序，喜欢把事情敲定下来。按照计划和日程安排办事对他们来说很重要。从完成任务中获得能量	喜欢以一种灵活、自发的方式生活，更愿意去体验和理解生活而不是去控制它。详细的计划或最后决定会使他们感到被束缚。愿意对新的信息和选择保持开放直到最后一分钟。足智多谋，善于调节自己适应当前场合的需要，并从中获得能量
◆有计划的	◆自发的
◆喜欢组织管理自己的生活	◆灵活
◆有系统、有计划	◆随意
◆按部就班	◆开放
◆爱制订短期和长期的计划	◆适应，改变方向
◆喜欢把事情敲定落实	◆不喜欢把事情确定下来，以留有改变的可能性
◆力图避免最后一分钟才做决定或完成任务的压力	◆最后一分钟的压力会使他们感到精力充沛

（二）MBTI 性格类型的划分

在实用生活中，每个维度的两个方面你都会用到，只是其中的一个方面你用得更自然、更容易、更快、更舒适，就好像每个人都会用到左手和右手。同样，性格类型就是你用得更自然、更容易、更快、更舒适的那种。四个维度各有两个方面，个体对这四个维度的偏好的不同组合就构成了 16 种性格类型，如表 2-7 所示。

表 2-7　性格的类型划分

性格类型	性格表现
ISTJ	安静、严肃，通过全面性和可靠性获得成功；实际，有责任感；决定有逻辑性，并一步步地朝着目标前进，不易分心；喜欢将工作、家庭和生活都安排得井井有条；重视传统和忠诚
ISFJ	安静、友好、有责任感和良知；坚定地致力于完成他们的义务；全面、勤勉、精确、忠诚、体贴，留心和记得他们重视的人的小细节，关心他们的感受；努力把工作和家庭环境营造得有序而温馨
INFJ	寻求思想、关系、物质等之间的意义和联系；希望了解什么能够激励人，对人有很强的洞察力；有责任心，坚持自己的价值观；对于怎样更好地服务大众有清晰的远景；在目标的实现过程中有计划而且果断坚定
INTJ	在实现自己的想法和达成自己的目标时有创新的想法和非凡的动力；能很快洞察外界事物间的规律并形成长期的远景计划；一旦决定做一件事就会开始规划直到完成为止；多疑、独立，对于自己和他人能力和表现的要求都非常高
ISTP	灵活、忍耐力强，是一个安静的观察者；一旦有问题发生，就会马上行动找到实用的解决方法；分析事物运作的原理，能从大量的信息中很快地找到关键的症结所在；对于原因和结果感兴趣，用逻辑的方式处理问题，重视效率
ISFP	安静、友好、敏感、和善，享受当前；喜欢有自己的空间，喜欢能按照自己的时间表工作；对于自己的价值观和自己觉得重要的人非常忠诚，有责任心；不喜欢争论和冲突；不会将自己的观念和价值观强加到别人身上
INFP	理想主义，对于自己的价值观和自己觉得重要的人非常忠诚；希望外部的生活和自己内心的价值观是统一的；好奇心重，很快能看到事情的可能性，能成为实现想法的催化剂；愿意理解别人和帮助他们实现潜能；适应力强，灵活，善于接受，除了有悖于自己的价值观的
INTP	对于自己感兴趣的任何事物都能找到合理的解释；喜欢理论性的和抽象的事物，热衷于思考而非社交活动；安静、内向、灵活、适应力强；对于自己感兴趣的领域有超凡的集中精力深度解决问题的能力；多疑，有时会有点挑剔，喜欢分析

性格类型	性格表现
ESTP	灵活、忍耐力强、实际，注重结果；觉得理论和抽象的解释非常无趣；喜欢积极地采取行动解决问题；注重当前，自然不做作，享受和他人在一起的时刻；喜欢物质享受和时尚；学习新事物最有效的方式是亲身感受和练习
ESFP	外向、友好、接受力强；热爱生活、人类和物质上的享受；喜欢和别人一起将事情做成功；在工作中讲究常识和实用性，并使工作显得有趣；灵活、自然不做作，对于新的任何事物都能很快地适应；学习新事物最有效的方式是和他人一起尝试
ENFP	热情洋溢、富有想象力；认为人生有很多的可能性；能很快地将事情和信息联系起来，然后很自信地根据自己的判断解决问题；总是需要得到别人的认可，也总是准备着给他人赏识和帮助；灵活、自然不做作，有很强的即兴发挥的能力，言语流畅
ENTP	反应快、睿智，有激励别人的能力，警觉性强、直言不讳；在解决新的、具有挑战性的问题时机智而有策略；善于找出理论上的可能性，然后再用战略的眼光分析；善于理解别人；不喜欢例行公事，很少会用相同的方法做相同的事情，倾向于一个接一个地发展新的爱好
ESTJ	实际、现实主义；果断，一旦下决心就会马上行动；善于将项目和人组织起来将事情完成，并尽可能用最有效率的方法得到结果；注重日常的细节；有一套非常清晰的逻辑标准，系统性地遵循，并希望他人同样遵循；在实施计划时强而有力
ESFJ	热心肠、有责任心、合作；希望周边的环境温馨而和谐，并为此果断地执行；喜欢和他人一起精确并及时地完成任务；事无巨细且都会保持忠诚；能体察到他人在日常生活中的所需并竭尽全力帮助；希望自己和自己的所为能受到他人的认可和赏识
ENFJ	热情、为他人着想、易感应、有责任心；非常注重他人的感情、需求和动机；善于发现他人的潜能，并希望能帮助他们实现；能成为个人或群体成长和进步的催化剂；忠诚，对于赞扬和批评都会积极地回应；友善、好社交；在团体中能很好地帮助他人，并有鼓舞他人的领导能力
ENTJ	坦诚、果断，有天生的领导能力；能很快看到公司或组织程序和政策中的不合理性和低效能性，发展并实施有效和全面的系统来解决问题；善于做长期的计划和目标的设定；通常见多识广，博览群书，喜欢拓宽自己的知识面并将此分享给他人；在陈述自己的想法时非常强而有力

（三）运用 MBTI 性格类型理论注意事项

（1）测试结果展示的是你的性格倾向，而不是你的知识、技能、经验。

（2）每一种性格倾向（性格类型）都既有优点也有缺点，没有绝对的"好"与"差"之分，但不同特点对于不同的工作存在"适合"与"不适合"的区别，从而表现出具体条件下的优势、劣势。

（3）不要试图改变你的性格类型，而应该通过深入、系统地把握自己的优势、劣势，"扬性格和天赋之长""避性格和天赋之短"，选择最适合自己的职业发展路径。

第三节　兴趣探索

人们常说：如果人能从事自己感兴趣的工作，那么人生就是完美的。的确，兴趣能给人带来兴奋感和创造力。了解兴趣的内涵，探索自己的兴趣所在，并通过职业兴趣测验找到适合自己的和感兴趣的职业。

一、兴趣概述

（一）什么是兴趣

爱因斯坦说过："兴趣是最好的老师。"获得诺贝尔物理学奖的华人丁肇中也认为："兴趣比天才更重要。"实践证明，在影响个人职业生涯规划与发展的众多主观因素中，兴趣就像一双无形的手，所起的作用很大。那么，什么是兴趣？兴趣又是怎样发展和影响个人职业生涯的呢？

什么是兴趣

兴趣是个体以特定的事物、活动及人为对象，所产生的积极的和带有倾向性、选择性的态度和情绪。当一个人对某一个事物产生浓厚的兴趣时，他一定会对这个事物保持充分的注意，并进行积极的探索活动。

人们会对感兴趣的事物给予优先注意和积极的探索。每个人在观察这个世界的时候，都有不同的关注点，人们总是选择优先注意自己感兴趣的事物，长此以往，会形成不同的个性特征。例如，有些爱美的女士喜欢关注身边人佩戴的首饰，能够非常敏锐地发现他人配饰方面非常细微的变化，而很多男士可能与这些人共处很久，也没有意识到周围人在配饰细节上的变化。这些女士因为对配饰感兴趣，这方面的知识就会迅速地积累，远远超过那些男士的观察水平。

在从事感兴趣的活动时，个体能够感受到积极的情绪体验。正是参与过程中愉快、满足的积极体验，才使得个体不断地主动从事这些活动。所以，兴趣是一种自觉自愿的心理和行为倾向，是人们的主观喜好，是人们爱做的事、想做的事、感到快乐的事。例如，如果一个人对绘画感兴趣，他就会经常涂涂画画，主动参加一些绘画活动，在绘画的过程中感到愉悦、放松和乐趣，甚至能够沉浸其中，废寝忘食。

（二）兴趣的分类

人的兴趣是多种多样的，但概括起来又可以分为两大类。

第一，按照兴趣的内容可以分为物质兴趣和精神兴趣。物质兴趣主要是指人们对舒适的物质生活（如衣、食、住、行方面）的兴趣和追求。精神兴趣主要是指人们对精神生活（如学习、研究、文学艺术）的兴趣和追求。就大学生来说，由于人生观和世界观尚未完全形成，无论物质兴趣还是精神兴趣都需要师长进行积极的引导，以防止在物质兴趣方面的畸形发展以及在精神兴趣方面的消极发展。

第二，按照兴趣的性质可以分为直接兴趣和间接兴趣。直接兴趣是指对活动过程的兴趣。例如，有的大学生想象力丰富，富于创造性，喜欢制作各种模型，在制作过程中全神贯注，表现出浓厚的兴趣。间接兴趣主要是指对活动过程所产生的结果的兴趣。例如，有的大学生在业余时间喜欢跳舞，但是他并不是对跳舞本身感兴趣，而是为了塑造身材、强身健体，甚至为了结交朋友，扩大社交圈。直接兴趣和间接兴趣是相互联系、相互促进的，如果没有直接兴趣，很多活动的过程就很乏味、枯燥，而如果没有间接兴趣的支持，也就没有目标，过程就很难长久地持续下去，因此，只有把直接兴趣和间接兴趣有机地结合起来，才能充分发挥一个人的积极性和创造性，才能持之以恒、目标明确、取得成功。

（三）兴趣探索的意义

子曰："知之者不如好之者，好之者不如乐之者。"短短一句话，为我们揭示了兴趣的重要性。正如约翰·霍兰德所说："虽然我们做了几十年的研究，但预测个人职业选择最有效的方法却是询问这个人自己想做什么。"职业生涯规划中，兴趣的重要性主要体现在以下几个方面。

1. 兴趣引领职业选择的方向

兴趣探索

研究表明，从长期看职业选择是个体人格的表现，每个人都有适合自己的职业。兴趣是人格的重要组成部分，是职业选择时的重要参考，引领着我们职业选择的方向。职业生涯发展阶段中，对职业的认识始于少年时期的幻想和兴趣，大学阶段的任务是将兴趣具体化、特定化。

很多大成就者都是按照自己的兴趣选择职业才取得成功的。陈景润是一个天才，喜好思考和研究，毕业后选择教师职业，但教学效果一般，后来去了研究所，取得了巨大成功。是什么促使陈景润变得成功的呢？是兴趣。如果我们在入职之前就明白自己的兴趣，也许会更加明晰自己的职业选择，可以少走弯路。

2. 兴趣增强职业发展的动力

据相关研究，如果一个人对某一工作有兴趣，则能发挥他全部才能的80%～90%，并且长时间保持高效率工作，而不感到疲倦。而对工作没有兴趣的人，只能发挥其全部才能的20%～30%，也容易筋疲力尽。兴趣能增强我们的需要并激发强烈的动机。若对一项工作充满兴趣，那么我们会持续思考，不断发现问题并解决问题，即便遇到艰难和险阻，体验到的也不是畏惧而是克服困难、迎难而上的快意。

兴趣是一种强大的精神力量，它可以使人集中精力去获得知识，并创造性地开展工作。纵观古今，横观中外，许多名家大师都从兴趣之中走上了事业的巅峰。达尔文热衷于探究自然奥秘，创作了影响历史进程的《物种起源》；门捷列夫痴迷于化学迷宫，从看似杂乱无章的化学元素中发现了震惊世界的元素周期律……

日常生活中，我们能经常看到兴趣所起的这种巨大动力。喜爱绘画的你，拿起画笔就不知早晚；爱好读书的他，捧起书本便如饥似渴……兴趣是快乐之源，是激发个体追求事业成功的动力所在。

3. 兴趣提高职业满意的程度

根据霍兰德的理论，个体的职业兴趣可以影响职业满意程度。调查也表明个人对职业的满意程度很大程度上取决于个人兴趣和职业环境的匹配程度。

二、兴趣的培养

虽然职业兴趣一旦形成，便具有了一定的稳定性，但根据实际需要，还是可以通过多种途径努力去改变、发展和培养的，在培养职业兴趣时，可以从以下几个方面努力。

1. 培养广泛的兴趣

具有广泛兴趣的人，不仅对自己职业领域的东西有浓厚的兴趣，对其他方面也有一定的兴趣。这样的人眼界比较开阔，解决问题时也可以从多方面得到启发，在职业选择上有较大的余地。兴趣范围狭窄、涉足面小的人，对新事物的适应性就要差一些，在职业选择上所受的限制也会多一些。

2. 重视培养间接兴趣

直接兴趣是由于对事物本身感到需要而引起的兴趣，间接兴趣则不是对事物本身的兴趣，而是对于这种事物未来的结果感到需要而产生的兴趣。人在最初接触某种职业时，往往对职业本身缺乏强烈的兴趣，需要从间接兴趣着手培养直接兴趣。可以通过了解某项职业的发展机会来引起兴趣，也可以通过实践逐步提高间接兴趣。

3. 要有中心兴趣

人的兴趣应广泛，但不能浮泛，还要有一定的集中爱好。既广泛又有重点，才能学有所长，获得更多的知识。如果只具有广泛性而无中心职业兴趣，人往往会学识肤浅，没有确定的职业方向，这样难以有所成就。所以，还应着意培养自己在某一方面的职业兴趣，促进自己的发展和成才。

4. 积极参加职业实践

只有通过职业实践，才能对职业本身有深刻的认识和了解，才能激发自己的职业兴趣。职业实践活动内容十分丰富，包括生产实习、社会调查、参观访问以及组织兴趣小组等。每一个人都可以通过参加各种职业实践活动调节和培养兴趣，根据社会和自我需要，有意识地培养和发展兴趣，为事业的成功创造条件。

5. 通过客观评价自己的能力来确定职业兴趣

对某项职业有浓厚的兴趣是成功的前提，但还必须具备该职业所要求的能力。因此，在培养职业兴趣的同时也要客观地评价自己的能力，看自己是否适合该职业，在此基础上形成的职业兴趣才是长久的。

6. 保持稳定的职业兴趣

应该在某一方面有持久稳定的兴趣，这样才能投入更多的热情和精力，深入钻研相关内容，才能在事业上有所发展、有所建树。

7. 培养切实的职业兴趣

兴趣的培养不能忽略外界为其展开和深入发展所提供的客观现实条件。否则，只能是画地为牢，自缚手脚。

三、影响兴趣形成的因素

职业兴趣是一个人积极探究某种职业或者从事某种职业活动所表现出来的特殊个性倾向，它使人对某种职业给予优先的注意，并具有向往的情感。职业兴趣不是天生的，它的形成与人们所处的历史条件、实践活动和自身能力有着密切的关系，受家庭的、社会的、自身的诸多因素的影响。

1. 家庭环境

家庭作为最基本的社会单元，对每个人的心理发展都有着重要的作用，因此求职者职业心理发展具有很强的社会化特征，家庭环境的熏陶对职业兴趣的形成具有十分明显的导向作用。大多数人从幼年起就在家庭的环境中感受其父母的职业活动，随着年龄的增长，逐步形成自己对职业价值的认识，使得求职者在选择职业时不可避免地带有家庭教育的印迹。家庭因素对职业取向的影响主要体现在择业趋同性与协商性等方面，一般情况下，求职者对于家庭成员特别是长辈的职业比较熟悉，在职业兴趣和职业选择上产生一定的趋同性影响；同时，受家庭群体职业活动的影响，个人的选择决策或多或少产生于家庭成员协商的基础上。

2. 社会舆论

社会舆论对求职者职业兴趣的影响主要体现在政府政策导向、传统文化、社会时尚等方面。政府就业政策的宣传是主导的影响因素，传统的就业观念和就业模式往往也制约个人的职业选择，而社会时尚职业则始终是求职者特别是青年人追求的目标。如当前计算机行业和旅游业都得到较大发展，对这两个职业有兴趣的人的数量也增长得很快。

3. 受教育程度

求职者自身接受教育的程度是影响其职业兴趣的重要因素。任何一种社会职业从客观上对从业人员都有知识与技能等方面的要求，而求职者本人的知识与技能水平的高低在很大程度上取决于其受教育程度。一般意义上，求职者的学历层次越高，接受职业培训的范围越广，其职业取向领域就越宽。

4. 职业需求

职业需求是一定时期内用人单位可以提供的不同职业岗位对从业人员的总需求量，它是影响求职者职业兴趣的客观因素。职业需求越多、类别越广，求职者选择职业的余地就越大。职业需求对求职者的职业兴趣具有一定的导向性，在一定条件下，它可强化求职者的职业选择，或抑制求职者不切实际的职业取向，也可引导求职者产生新的职业取向。

四、兴趣职业和职业生涯的影响

职业心理学家认为，选择职业，兴趣比能力更重要。兴趣是人们从事职业活动的强有力的动力之一。实践证明，如果对工作有兴趣，即使是枯燥的工作，也会充满乐趣；相反，如果从事的是不感兴趣的工作，在心理上便是一种负担，就会无精打采，勉强应付，也很难做出什么成绩。因此，兴趣是影响职业选择的重要因素之一。

职业兴趣是职业生涯规划的内因。职业兴趣对职业生涯规划的影响主要表现在三个方面。

1. 兴趣可以影响人的职业定位和择业选择

兴趣影响对未来的选择。职业兴趣一旦形成，就会对人的行为产生一定的导向作用，使人积极寻求满足实现职业需要的途径和方法。人的早期兴趣对未来职业活动起着准备作用，对人的职业认识和职业选择起着不可忽视的作用。

兴趣可以使人集中精力去获得所喜欢的职业知识，启迪智慧并创造性地开展工作。当一个人对某种职业发生兴趣时，他就能发挥整个身心的积极性；就能积极地感知和关注该职业的知识、动态，并且积极思考，大胆探索；就能情绪高涨，想象力丰富；就能增强记忆效果，增强克服困难的意志。反之，"强按牛头不喝水"，是不会取得良好效果的，当然也就很难在该职业上发挥个人的优势、做出巨大的贡献了。正像我们在日常生活中喜欢从事自己感兴趣的活动一样，具有一定兴趣类型的人更倾向于寻找与此有关的职业，特别是在外界环境限制较小时，更倾向于选择自己感兴趣的职业。被勒令退学的爱迪生，在发明的王国里却显示了杰出的才华。在课堂上"智力平平"的达尔文，在大自然的怀抱里却显得异常聪明和敏锐，成为"进化论"的创始人。是什么使他们变得聪明了呢？是兴趣。谁找到了自己最感兴趣的工作，谁就等于踏上了通向成功的道路。

2. 兴趣能够开发人的能力，激发人的探索欲与创造力

一个人对某一方面的工作有兴趣时，枯燥的工作会变得丰富多彩，趣味无穷。兴趣使工作不再是一种负担，而是一种享受。因为兴趣可以调动人的全部精力，以敏锐的观察力、高度的注意力、深刻的思维和丰富的想象力投入工作，促进其能力的发挥，兴趣和能力的合理结合会大大提高工作效率。古今中外著名科学家、艺术家、文学家，他们之所以能对人类做出贡献，莫不是由于他们的创造兴趣与对事业的责任感相结合，凝成一股强大的力量，推动他们孜孜不倦地努力才成功的。

3. 兴趣可以增强人的职业适应性和稳定性

兴趣是工作动力的主要源泉之一。对于一个人来说，对工作感兴趣就愿意钻研，就会出成就——这正是兴趣的所在。一般来说，兴趣是我们职业生涯适应的一个基本方面，可以为职业生涯选择提供有效的信息。兴趣主要用于预测我们的工作满意感和工作稳定性，工作满意是职业生涯适应的一大标志。在其他条件相似的情况下，从事自己感兴趣的职业不但让我们感到满意，而且能够让我们的工作单位感到满意，并由此保持工作的长期性和稳定性。此外，多方面的兴趣可以使人善于应付多变的环境。如需变换工作，只要自己感兴趣，就能够很快地学会这项工作，并能够在新的岗位很快地熟悉和适应新的工作。因此，兴趣是职场成功的一个重要因素，它能够将我们的潜能最大限度地调动起来，使我们长期专注于某一方向，做出艰苦的努力，取得令人瞩目的成绩。

第四节　能力探索

一般认为，能力有两种含义：一是指已经发展出来或是表现出来的实际能力，如能打篮球，会开汽车，可以用英语进行口头与书面交流等。二是指潜在能力，即各种实际能力展现的可能性。在现实生活中，潜在能力和实际能力是紧密相连、不可分割的。潜在能力是实际能力形成的条件和基础，而实际能力是潜在能力的外在展现，潜在能力只有在遗传的基础上，通过学习才能变成成熟的实际能力。

能力探索

一、能力概述

大学生选择职业目标时，除了要考虑自身兴趣外，还要问问自己"在有兴趣的职业中，哪些是我能做的，哪些是我擅长做的"。每个人的能力不同，优势有别，择业的关键在于择己所长，扬长避短，选择符合自己优势能力的工作，这样才能发挥出最大能力。

（一）能力的概念

能力是指人们成功地完成某种活动所必须具备的个性心理特征。它总是和人们的某种活动相联系，并表现在活动中。能力是看不见、摸不着的，它必须借助外在的活动才能表现出来。我们了解一个人的能力必须"听其言，观其行"。比如，一个人只有具备较好的曲调感、节奏感和想象力，并且歌声优雅动听，我们才能说他具有音乐能力。掌握活动的速度和成果的质量被认为是能力的两种标志。

（二）能力的分类

1. 按能力的内容可以分为一般能力和特殊能力

一般能力，又称普通能力，是指大多数职业活动所共同需要的能力，如观察能力、记忆能力、思维能力、想象能力等，其中抽象概括力是一般能力的核心。平时我们所说的智力，就是指一般能力。人们不管要完成什么活动，几乎都需要这些能力的参与。

特殊能力，又称专门能力，是指从事特定职业活动所必须具备的能力，如音乐能力、绘画能力、数学能力、写作能力、汽车驾驶能力等。特殊能力只在特殊活动领域内发生作用，是完成特定活动必不可少的能力。

一般能力是各种特殊能力形成和发展的基础，而特殊能力的发展有助于促进一般能力的发展。事实上，每一项工作是否能做好，都取决于一般能力与特殊能力是否能结合好。有的职业需要特殊能力多一些，例如，救生员就需要有特殊的游泳能力，而对很多职业而言，专业技能并不复杂，一般能力、个人素质对于成功与否显得更为重要，如办事员、秘书等。

2. 按能力的功能可以分为认知能力、操作能力和社交能力

认知能力是指接收、加工、储存和提取信息的能力。如观察能力、记忆能力、思维能力、想象能力都被认为是认知能力。它是人们成功地完成活动最重要的心理条件。

操作能力是指人们操纵、制作和运动的能力。如劳动能力、表演能力、运动能力、实验操作能力等。操作能力是在操作技能的基础上发展起来的，因此操作能力又是顺利掌握操作技能的重要条件。

社交能力是指人们在社会交往活动中表现出来的能力。如理解和满足他人意愿的能力、组织协调能力、言语感染能力、关系管理能力、处理意外事件的能力等。社交能力对人际交往和信息沟通具有重要作用。

3. 按能力参与职业活动的性质可以分为模仿能力和创造能力

模仿能力是指仿效他人的言谈举止而引起的与之相类似行为活动的能力。如学写字时的临摹、儿童模仿父母说话等。模仿是动物和人类的一种重要学习能力。美国心理学家班杜拉认为，模仿是个体行为社会化的基本历程之一。

创造能力是指产生新思想和创造新事物的能力。具有创造能力的人往往能突破思维定式、传统观念和行为习惯，提出新思想，做出新产品。美国心理学家吉尔福特将创造力定义为发散思维能力，即对规定的刺激产生大量的、变化多端的而又独特的反应的能力。发散思维能力在行动上主要表现为流畅性、变通性和独特性三种特性。

模仿能力和创造能力是互相联系的。创造能力是在模仿能力的基础上发展起来的，人们通常总是要先学会模仿，然后才能创造。因此，可以说模仿是创造的前提和基础，而创造是模仿的发展。

（三）能力的个体差异

影响能力的因素有很多，先天遗传素质是能力形成和发展的自然前提和基础，后天的环境和教育对能力的形成和发展具有十分重要的作用，所以能力是先天素质和后天环境教育相互作用的结果。所谓个体差异，是指个体在成长过程中因受遗传和环境的交互影响，而在身心特征上显示出彼此的不同。人与人之间在能力上的差异主要表现在：能力类型的差异、能力发展水平的差异、能力表现早晚的差异。

1. 能力类型的差异

在现实生活中，人在不同方面所表现出来的能力差异是很大的。如有的人擅长记忆，有的人擅长理解，有的人擅长思维。同样是记忆力，也有个体差异。有的人习惯于视觉记忆，如画家能记住他看过的很多景象，并能凭借记忆把很多细节画出来；有的人习惯于听觉记忆，如音乐家在听到优美的旋律以后，能凭记忆把曲子弹奏出来；还有的人习惯于在运动中参与记忆，如运动员通过训练，能记住动作的要领。

2. 能力发展水平的差异

人与人在能力发展水平上存在明显的差异。对智力的研究表明，不同智力水平的人在人口中所占的百分比是不同的。总体来说，是呈两头小、中间大的正态分布。

3. 能力表现早晚的差异

从能力发展的情况看，有的人成熟得早，有的人成熟得晚。我们通常把在儿童时期就表现出非凡智力或特殊才能的情况叫"早慧"。还有一些人，才能显现得比较晚，即所谓"大器晚成"。需要强调的是，无论是"早慧"还是"晚成"，都需要个人的主观努力，不然即使是天才，也会夭折。

4. 人的能力不存在优劣之分

人的能力是存在差异的，从天才到愚钝，中间有很多层次的能力类型。但这些能力差异并不意味着一些人先天低劣于另一些人，每个人在能力方面都有自己的强弱项，关键是把具有不同才能的人匹配到最适合的职业岗位上去，以便做到人尽其用。因此，一方面，作为个人，我们必须评估自己掌握的技能，善于剖析自己的强势和弱势，避开自己的弱点，注重发展自己的特长；既不能过高估计自己的能力，选择一些与自己的学识和能力相差太大的工作，也不能妄自菲薄，对自身能力认识不充分，以致"大材小用"。另一方面，从发展的眼光来看，每个人都有可以挖掘的潜能，都可以通过不断的学习和实践来培养自己的能力，完善自己的发展。因此，为了正确地评估自己的能力水平，不仅要考虑当前已经具备的能力，还要善于发现自身所蕴含的潜能。

5. 不同工作对个体的不同要求

在职业活动中，各种职业都有自身所需要的特殊能力，也就是说不同的工作要求员工运用不同的心理能力和体质能力。比如装配工人的手脚协调能力、管理人员的人机协调能力、教师的口头表达能力等；比如信息加工工作，较高的总体智力水平和言语能力是必要的保证。从管理的角度来看，问题在于了解人们的能力在哪些方面与工作不匹配，并通过有效的选拔程序或对工作进行微小调整使其与在职者的能力更为匹配，如改变所使用的设备、重新安排任务。

6. 进行培训与开发

依据能力差异，进行培训与开发，使自己或员工在外界条件变化时，依然有足够充分的技术水平和工作能力，与这种变化保持适应性。

二、影响能力发展的因素

能力的形成与发展受多种因素的影响，既包括先天素质，也包括后天因素，后天因素是指环境、教育和实践活动等。能力是这些因素交织在一起相互作用的结果。

（一）先天素质的影响

先天素质是人们与生俱来的解剖生理特点，它包括感觉器官、运动器官以及神经系统和脑的特点，它是能力形成和发展的自然前提和物质基础。没有这个基础，任何能力都无从产生，也不可能发展。听觉生来就欠缺者，无法形成与发展音乐才能；视觉的先天或后天丧失，会使人无法发展绘画才能；而早期脑损伤或脑发育不全的人，其智力发展就会受到严重影响。

我们虽然承认先天素质在能力形成中的作用，并承认先天素质具有遗传性，但并不是说能力完全是由遗传决定的。这是因为：

第一，先天素质本身就不完全是通过遗传获得的，有些是因胎儿期受到母体环境各种变异的影响，如孕妇的营养缺乏、疾病、药物和辐射等，都会给儿童的智力形成和发展带来危害。这些危害是由先天因素而非遗传因素造成的。

第二，先天素质只能为能力提供形成与发展的可能性，并不能预定或决定能力的发展方向。例如，人的手指长短是由遗传决定的，手指长为学弹钢琴提供了良好的自然条件，但这并不意味着将来就一定能成为钢琴家，因为成为钢琴家还需要许多主客观条件。又如，个子矮的人不利于排球场上拦网，但如有较好的弹跳力和灵活性，就能弥补个子矮这一无法改变的先天劣势而成为出色的拦网手。因此，先天素质并不等于能力本身。

第三，同样的先天素质可能发展出多种不同的能力，而良好的先天素质如果没有受到适宜的培养和训练，那么能力也不可能得到应有的发展。

（二）环境与教育的影响

一个人能朝什么方向发展，发展水平的高低、速度的快慢，主要取决于后天的教育条件。家庭环境、生活方式，家庭成员的职业、文化修养、兴趣、爱好以及家长对孩子的教育方法与态度等，对儿童能力的形成与发展都有极大的影响。例如，歌德小时候，父亲就对他有计划地进行多方面的教育，经常带他参观建筑物，并讲解城市的历史，以培养他对美的欣赏力和对历史的兴趣。他的母亲也常给他讲故事，每讲到关键之处便停下来，留给歌德去想象，待歌德说出自己的想法后，母亲再继续讲。歌德从小就受到良好的家庭教育，这为他以后能成为世界著名的大诗人打下了基础。

在各种教育条件中，学校教育在学生能力发展中起主导作用。学校教育是有计划、有组织、有目的地对学生施加影响，因此，不但可以使学生掌握知识和技能，而且在学习和训练的同时促进了学生能力的发展。在教育教学中发展学生的能力并不是无条件的、绝对的、自发的，而是需要依赖教育教学内容的正确选择、教学过程的合理安排、教学方法的恰当使用等。

（三）实践活动的影响

能力表现在所从事的各种活动中，并在活动中得到发展。一个有绘画才能的人，只有在绘画活动中才能施展自己的能力；一个有管理才能的人，只有在管理岗位上才能显示出自己的能力。当一个人能顺利完成某种活动时，也就或多或少地表现出他在这方面的能力。

实践活动是人与客观环境相互作用的过程，是人所特有的积极主动的活动形式。前面提到的素质、环境和教育是能力形成的重要因素，但这些因素只有在实践活动中才能影响能力的形成与发展，因此可以说，实践活动是能力形成与发展的必要条件。

我国汉代唯物主义哲学家王充就曾提出过"施用累能"和"科用累能"的思想。前者是说能力是在使用中积累的，后者是指从事不同职业活动可以积累不同的能力。许多关于劳动、体育、科研等实践活动影响能力形成的研究，充分证明了这一点。例如，油漆工在长期的工作中，辨别漆色的能力得到充分发展，他们可以分辨的颜色达四五百种；陶器和瓷器工人听觉很灵敏，他们可以根据轻敲制品时发出的声音，来确定器皿质量的优劣。同样，人的自学能力是在学习活动中形成与发展起来的，人的组织能力也是在长期的社会实践中逐渐形成的。人的各种能力，脱离了具体的实践活动是无从提高和发展的。

有关研究和实践表明，要成功地完成某种复杂的活动，仅仅具备一种能力是不够的，通常需要多种能力的完美结合。能力高的人之所以取得较好的发展，是因为他的心理特征与活动的要求相符合。任何活动都是复杂的和多方面的，它们对人的智力和体力提出了不同的要求，如果一个人能力的某种结合符合活动的要求，那么这个人就能顺利地高水平地从事某种活动，表现出某种能力。反之，就很难从事这种活动，表现出没有能力。

三、能力与职业选择

在职业领域中，能力是影响人们职业活动效果的基本因素。一方面，人们只有具备与职业相关的能力素质，才有可能从事某项工作，能力水平越高，工作表现越好；另一方面，人们只有对自己的职业能力有充分的认识和判断，才能"量体裁衣"地找到适合自己的工作。合适的工作有利于促进个人职业能力的进一步发展，两者相互促进，带来职业上长足的发展。

（一）技能的分类

在具体的职业领域，常常涉及技能的概念。技能是经过学习和练习后培养形成的能力。有学者将技能分为三种类型：专业知识技能、自我管理技能和可迁移技能。

1. 专业知识技能

专业知识技能是指一般需要通过教育或者培训获得的具有一定专业性和系统性的知识或能力。大学生所进行的专业学习，所涉猎的广泛的学习科目，一旦被吸收和掌握，就形成了专业知识技能。专业知识技能一般用名词来表示。

2. 自我管理技能

自我管理技能经常被看作个性品质，因为它们被用来描述或说明人具有的某些特征。这些特征是能够通过主观努力培养和训练的，能够帮助个人更好地适应周围的环境。自我管理技能常以形容词或副词的形式出现。

3. 可迁移技能

可迁移技能是指能够触类旁通的技能，也被称作通用技能。其特征是它们可以从生活中的方方面面，特别是工作之外得到发展，却可以迁移应用于不同的工作之中。可迁移技能通常用行为动词表示，包括人际沟通能力、团队协作能力、情绪管理能力、时间管理能力、问题解决能力等软性的素质技能。

在职业规划中，当需要勾画出个人最核心的技能的时候，可迁移技能是需要被最先和最详细叙述的。因为它们是我们最能持续运用和最能够依靠的技能。事实上，专业知识技能的运用都是在可迁移技能基础之上的。

（二）能力与职业的匹配

对于广大尚未进入职场的大学生而言，在选择职业前要充分考虑自己的能力与职业的匹配度，如果不考虑自己的能力，盲目选择职业的话，将无法发挥出自己的潜力，甚至阻碍职业发展。在选择职业时应遵循以下几个原则。

1. 根据自己能力的类型选择匹配的职业

人的能力有类型的差异，那么职业也可分为不同的类型。在选择职业前应注意能力类型与职业类型的匹配程度。就思维能力来看，有人擅长形象思维，比如，喜欢画画的人就比较擅长形象思维；有人擅长逻辑思维（抽象思维），比如，喜欢数字游戏的人就比较擅长逻辑思维；有人擅长具体行动思维。擅长形象思维的人比较适合从事文学、艺术方面的职业；抽象推理型的人比较适合从事哲学、数学等理论性较强的职业和工作；动作思维型的人则比较适合从事机械修理等方面的工作。

2. 能力水平要与职业层次一致

就同一种职业而言，由于所承担的责任不同又分成不同的层次，相应地对人的能力水平也有不同的要求。因而，个人在根据自己的能力类型确定了职业类型后，还应进一步根据自己目前的能力水平确定相匹配的职业层次。比如，对于一个有志于从事销售工作的应届毕业生而言，选择第一份工作应该是基层销售人员。如果他应聘某企业的销售总监，以他的经验和能力显然是无法胜任的，而且也不会有企业向他伸出"橄榄枝"。

3. 发挥自己的优势能力

职业能力是由多种具体能力组成的综合能力，这些具体能力包括学习能力、言语能力、数学能力等。对个人而言，这些具体能力的发展也是不平衡的，常常是某方面的能力占优势，而有些能力则不太突出。不同的职业对各种能力的要求也是不同的，例如，从事科学理论研究需要有较强的推理能力，从事科学实验研究需要有较强的计算能力，从事工程设计工作需要有较强的空间关系想象能力，从事文秘工作需要有较强的知觉速度和手指灵活性等。在选择职业时，个人应该选择最能运用自己优势能力的职业，这样才能充分发挥个人的作用。

📖 **阅读**

认识你自己

"认识你自己"，这是一条镌刻在德尔菲智慧神庙上的箴言。也许是受到这条古老格言的启示，苏格拉底提出了"认识你自己""照顾你的灵魂"的观点。

苏格拉底一生过着艰苦的生活。无论严寒酷暑，他都穿着一件普通的单衣，经常不穿鞋，对吃饭也不讲究。但他似乎没有注意到这些，只是专心致志地做学问。

苏格拉底围绕人的精神修养提出哲学命题，如什么是幸福、美德、真理、正义等，其中贯穿的一个主题就是说服人们不要专注于对身外之物的追求，而应去改造自己的灵魂，追求真理和智慧，成为道德完善的、真正的人。

他的一些名言，如"想左右天下的人，须先能左右自己""认识自己，方能认识人生""无知即罪恶"，都显示出了认识自己的重要性。

认识自己的哲学意义在于：由强调知识的作用，从而强调人的地位，是人文主义的体现，认为人必须具有知识，才能达到善；无知是一切罪恶的首要根源。道德和知识合二为一，道德行为必须以知识为基础，最高的知识就是对"善"这个概念的认识，而善包括健康、财富、地位、荣誉以及正义、勇敢等美德。

"认识你自己"，就是要认清自己的能力，知道自己适合做什么，不适合做什么，长处是什么，短处是什么，从而做到自知，在社会中找到自己恰当的位置。除此之外，还要善于认识别人，鉴别别人，通过认识和鉴别别人而认识自己。

那么，如何认识自己呢？这种自我认识应该从哪里着手呢？苏格拉底认为应该从区分好与坏、善与恶这些理念入手。在他看来，善的理念绝不是一种外在于人类并强加于人类的东西，而是合乎人的理性、内在于人的灵魂的东西，是理性本身必然的要求。因此，认识自己就是认识自己的理性，"照顾自己的灵魂"，而这种自我认识是不断地通过自我反省或"回忆"来进行的。

苏格拉底对人自身的探讨是从理性主义的原则出发的，它主要探求的是人的道德本质。在他看来，美德不是一种从外面强加于人的东西，它是合乎人的理性、人的本质的。但是人的理性是什么呢？苏格拉底极力想寻找贯穿诸如正义、公平、虔诚、勇敢、节制等美德中的一种共同的原则。

尽管苏格拉底已去世 2000 多年，但是，"认识你自己"这句箴言却永久地镌刻在人们的心中。一代一代的人们也继续沿着这条道路向前行进，在认识自我和认识世界两个方面不断开拓通向自由的智慧之路。

四、能力的培养

(一) 可迁移能力与职业

任何职业或行业都需要一些基本的能力，这种能力叫作"可迁移能力"。可迁移能力是那些能够从一份工作中转移运用到另一份工作中的，可以用来完成许多类型工作的能力。

你可能正为缺少正式的工作经验而担忧，也可能由于选择了文学专业而担心没有学到某种具体的工作技能，或者在毕业时没有得到针对某一项具体工作的适当的培训。但是一旦你了解了可迁移能力的作用，你将会发现，你从处理许多事情甚至日常行为中表现出来的阅读、写作、数学、口头表达和倾听能力，创造性、理智性、责任心、团队精神，以及合理安排时间与其他资源的能力、获取和处理信息的能力等，都将会让你在职业生涯中立于不败之地。

一个人的为人处世的能力和态度，可能是你所拥有的可以把你自己和你的才能推销给雇主的最重要的能力。而这一点，恰恰是需要我们学生来重新认识的。许多同学可能会说，这是不是意味着我具备了这些可迁移技能，就不必学那些专业技能了呢？恰恰相反，我们对于专业和学习的热爱正是来自我们那种认真、执着的本性，换句话说，好的可迁移技能只能使你更加爱学习。

事实上，即使你所学的是人类学、英语或历史专业，你都具备（或能够发展）一系列适用于职业市场的可迁移能力，这就是我们为什么要成功地学会从大学来获得知识、提高能力的原因。

以一名典型的大学文学专业学生为例，他的能力包括以下几方面。

1. 沟通能力

有效地倾听、起草文章和报告、向个人或群体说明你的观点的重要性、谈判处理争议。

2. 解决问题或批判性思维能力

分析性思维，抽象思维，以宽广的视野审视问题，定义一个问题，找出同一问题不同的解决方案，创造不同的应对问题的方法。

3. 人际交往能力

与同事交谈、指导他人、帮助人们解决问题、有效地沟通观点、与他人合作解决问题和完成任务、与各种群体良好地开展工作、教授或培训他人、计划和安排社会活动及项目设计、授权、项目的评审和管理项目的执行等。

4. 研究能力

搜索计算机数据库或印刷的参考资料，发现和形成主题分类，处理具体事务，调查问题，记录数据，写报告或学期论文。

至此，很明显你已经掌握了一种从自己的平常点滴中发掘自己能力的方法。当你可以描述某项工作所需要的技能时，你就可以把自己的技能反映在你的求职信、简历和面试中。

（二）能力的培养

外在世界变化如此快速，新的工作、新的专业人才，正以等比速度增加，我们应该如何应对呢？

1. 强化自己的专业知识与相关知识

现代社会分工越来越细，要在专业领域内具备专精的，其他人无法取而代之的专业优势。例如，心理辅导人员专业领域内可以专精的方面有很多，包括婚姻辅导、家族治疗、游戏治疗、职业辅导、认知疗法、行为疗法。细分下去，以职业辅导为例，可以因为对象为儿童、大专学生、职场的上班族、银发族而有所不同，或者以性别而区分为男性职业规划和女性职业规划，或是为企业组织设计全体员工的职业辅导方案，面对不同对象因个人的专长、经验、兴趣等而有专业上的区分。不仅辅导人员如此，工程师、律师、会计师等职业更是逐渐走向个别化、专精化的时代，就像不可能某位律师可以处理所有的法律问题，各司其职的专门律师事务所亦将取代综合律师事务所。

2. 增加工作的附加价值

在工作条件要求方面，企业对人才的要求由过去的学历至上转变为经验与能力至上。除专业技能外，个人还需具备管理能力。工作的附加价值在于你可以扮演多重角色。比如你可以是工程师，也是管理者，你不仅可以独立做研发工程工作，也能够负责整个部门的进度与绩效。这就是所谓"一人多用""全方位的磨炼"。

3. 充实基本技能

在当今信息社会中，掌握一些基本技能越来越重要，例如，电脑操作与使用，以及外语能力。因应全球化的发展趋势，缺乏外语能力，对外国的资信将无法有效地吸收、学习。至于电脑操作，未来的日常生活将与电脑紧密结合，息息相关，国际网络将世界变成了一个小小的"地球村"，所以电脑知识成了重要的常识和技能。家庭主妇可以运用电脑购物，文学编辑可以在电脑上操作，电脑已逐渐普及于各行各业。

未来是实力挂帅、能力导向的世界。"终身学习"不是口号，而是趋势。未来所需的专业知识，其范围、领域以及投入程度，完全要依据你对自己的了解、对职业的认识，以及最后所定下的职业目标来决定。具备基本技能、增加工作附加价值、强化专业知识，才能开创美好的职业未来。

能力是职业选择与发展中最为现实的方面，从价值观、性格和兴趣角度来看，我们寻找的都是理想中的职业，而能力使得理想落到实处，使得我们可以将理想的美好与现实的可能性有机结合起来。大学生正处于能力的提升期，可塑性比较强。因此，我们应该根据自己的能力倾向特点加强学习，努力提升自己的能力。

第五节　价值观探索

人们所处的自然环境和社会环境，包括人的社会地位和物质生活条件，决定着人们的价值观念。处于相同的自然环境和社会环境的人，会产生基本相同的价值观念，每个社会都有一些共同认可的、普遍的价值标准，从而会出现普遍一致的或大部分一致的行为定式，或称为社会行为模式。

一、价值观概述

（一）价值

我们为什么会认为有的事物有价值，而有的事物没有价值呢？

价值涉及两个方面，一方面是主体的需要，另一方面是客体的某种结构、属性，二者缺一不可。客体及其属性是价值的载体，如果没有这种载体，也就失去了价值的源头。但是，如果这种载体不和人发生功能联系，也只能是纯粹的自然之物，只能是事实，而不表现为价值。只有当主体以自身的需要为基础，对它们的意义进行鉴定时，才表现为价值。如把有利于满足主体需要的鸟称为益鸟，把不利于满足主体需要的鸟称为害鸟，其中的"益"和"害"都是相对于主体需要而言的。

（二）价值观

价值观是指个人对客观事物（包括人、物、事）和对自身行为结果的意义、作用、效果和重要性的总体评价，是对什么是好的、什么是应该的的总的看法，是推动并指引一个人做出决定、采取行动的原则与标准，是个性心理结构的核心因素之一。价值观就是我们在生活和工作中所看重的原则、标准或品质，它指向我们一生中最重要的东西，因此它也是一套自我激励机制。

人的价值观在形成之后就相对稳定和持久了，此时对于很多事情就会有一个基本的评价体系。但是随着人们经历或经验的增加，以及人生观和世界观的改变，价值观也会发生变化。

（三）价值观的分类

价值观取决于人生观和世界观。一个人的价值观是从出生开始，在家庭和社会的影响下逐步形成的。一个人所处的社会生产方式及其所处的经济地位，对其价值观的形成有决定性的影响。当然，报刊、电视和广播等宣传的观点以及父母、老师、朋友和公众名人的观点与行为，对一个人的价值观也有不可忽视的影响。

价值观是一种内心尺度，它凌驾于整个人性，支配着人的行为、态度、信念等，支配着人认识世界，在自我了解、自我定向、自我设计等中发挥作用。价值观是由人生观、世界观决定的，不同的学者研究价值观的角度不同，因而价值观按内容、表现形式可分成不同的类型。这里简单介绍一下与价值观有关的职业锚理论。

1961~1963 年，斯隆管理学院的 44 名毕业生自愿组成了一个专门小组，配合美国麻省理工学院斯隆管理学院施恩教授所开展的关于个人职业发展和组织职业管理的研究与调查。施恩在他们毕业半年和 1 年后分别与他们进行了面谈，在他们毕业 5 年后进行了问卷调查。1973 年，施恩请他们返回麻省理工学院，就他们成长中的职业和生活接受面谈和调查。施恩在对他们的跟踪调查和对许多公司、个人及团队的调查中发现，一个人在选择和发展一生的职业生涯时都会围绕一个中心，这个中心就是职业锚（Career Anchor）。

职业锚理论

施恩教授根据自己对麻省理工学院毕业生的研究，确定了八种基本的职业锚类型，如图 2-1 所示。

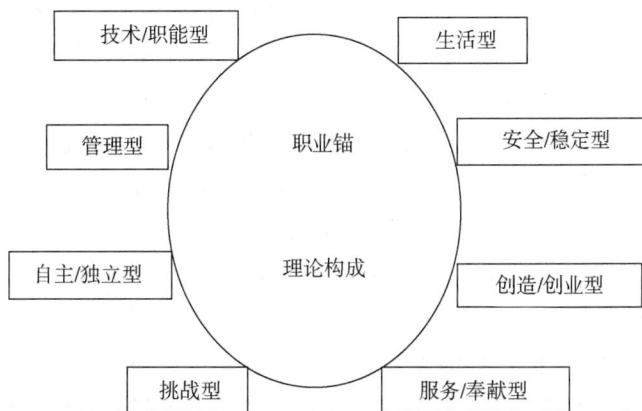

图 2-1　职业锚的类型

（1）技术/ 职能型（TF）。技术/ 职能型的人追求在技术职能领域的成长和技能的不断提高，以及应用这种技术职能的机会。他们对自己的认可来自他们的专业水平，他们喜欢面对专业领域的挑战。他们通常不喜欢从事一般的管理工作，因为这意味着他们不得不放弃在技术/职能领域的成就。

（2）管理型（GM）。管理型的人追求并致力于工作晋升，倾心于全面管理，独立负责一个部分，可以跨部门整合其他人的努力成果。他们想去承担整体的责任，并将公司的成功与否看成自己的工作。具体的技术职能工作仅仅被看作通向更高、更全面管理层的必经之路。

（3）自主/独立型（AU）。自主/独立型的人希望随心所欲安排自己的工作方式、工作习惯和生活方式。追求能施展个人能力的工作环境，最大限度地摆脱组织的限制和制约。他们宁愿放弃提升自己或工作发展机会，也不愿意放弃自由与独立。

（4）挑战型（CH）。挑战型的人喜欢解决看上去无法解决的问题，战胜实力强硬的对手，克服无法克服的困难障碍等。对他们而言，参加工作的原因是工作允许他们去战胜各种不可能。他们需要新奇、变化和困难，如果事情非常容易，工作马上会变得令他们厌烦。

（5）生活型（LS）。生活型的人希望将生活的各个主要方面整合为一个整体，喜欢平衡个人的、家庭的和职业的需要。因此，生活型的人需要一个能够提供"足够弹性"的工作环境来实现这一目标。生活型的人甚至可以牺牲职业的一些方面，例如，放弃职位的提升，来换取三者的平衡。他们将成功定义得比职业成功更广泛。相对于具体的工作环境、工作内容，生活型的人更关注自己如何生活、在哪里居住、如何处理家庭事业关系及如何进行自我提升等。

（6）安全/稳定型（SE）。安全/稳定型的人追求工作中的安全感与稳定感，他们因为能够预测到稳定的将来而感到放松。他们关心财务安全，例如，退休金和退休计划。

（7）创造/创业型（EC）。创造/创业型的人希望用自己的能力去创建属于自己的公司或创建完全属于自己的产品（或服务），而且愿意去冒风险，并克服面临的障碍。他们想向社会学习并寻找机会，一旦时机成熟，他们便会走出去创立自己的事业。

（8）服务/奉献型（SV）。服务/奉献型的人一直追求他们认可的核心价值，例如，帮助他人，改善人们的安全，通过新产品消除疾病等。他们一直追寻这种机会，这意味着即使变换公司，他们也不会接受不允许他们实现这种价值的变动或工作提升。

以上这八种职业锚类型不一定能涵盖所有的职业类型，但它提供了一个独特的视角，为职业规划和管理实践提供了新的理论基础。总之，不同职业锚类型的人，职业追求不一样，在职业选择过程中，只有正确认定自己的职业锚类型，识别自己的职业抱负模式和职业成功的标准，才能够"对症下药"，才能够提高工作满意度和工作效率。因此，我们的大学毕业生在职业生涯规划中必须考虑职业锚与工作岗位的匹配。

二、价值观的形成与特点

人的价值观是从出生开始形成的，在家庭和社会的影响下，随着知识的增长和生活经验的积累而逐步确立起来的，一个人所处的社会生产方式及其所处的经济地位，对其价值观的形成有决定性的影响。我们所持的价值观中有很大一部分是在早年形成的，是从我们与周围环境的接触和体验中获得的，从与父母、兄弟姐妹、亲戚、邻居、老师和朋友等人的交往中形成的。回顾一下我们小时候关于政治、经济、教育的观点，大多都和父母的观点相同。事实上，我们孩童时的价值观多半是通过赏罚的措施而形成的。父母就他们的价值观立场，不断地告诉我们什么该做，什么不该做；什么该看，什么不该看；什么该相信，什么不该相信。如果我们遵照了他们的话，就会得到赞赏；如果我们没有听他们的话，就会遭到训斥，甚至责罚。总之，人生体验不同，价值观也各有不同。例如，体质不好的小赵，考虑事情时往往把健康问题摆在第一位；出身知识分子家庭的小李，认为做学问是人生最有意义的事情。价值观的形成往往是一个不知不觉的过程，如果没有有意识地进行探究和认识，我们往往并不清楚自己的价值观究竟是什么样的。在逐渐成长的过程中，我们接受家庭之外的学校、社会教育，受到父母之外的更多人的影响，从自己所接触到的书报杂志、电影电视等媒体中吸取各种各样的价值观，在这种情况下，我们早年形成的一些价值观就会有所改变和调整。尤其当今多元社会中多种价值观的冲击也会导致原有价值观体系的混乱乃至改变，因此价值观需要不断地审视和澄清。

从价值观的形成过程，我们可以看出它的特点，包括以下几方面。

1. 价值观是因人而异的

由于每个人的先天条件和后天环境不同，人生经历也不尽相同，每个人价值观的形成就会受到不同的影响。因此，每个人都有自己独一无二的价值观和价值观体系。

2. 价值观是相对稳定和持久的

价值观是随着人们认知能力的发展，在环境、教育的影响下逐步培养而成的，一旦形成，便是相对稳定，具有持久性。

3. 价值观在特定的环境下是可以改变的

由于环境的改变、经验的积累、知识的增长，人们的价值观有可能发生变化。工作是我们一生当中做得最多的一件事情，"我应该做什么"这样的问题，对它的回答也更多地体现在从事职业的过程之中。因此，价值观对我们的生涯选择有重大而关键的影响。常有人说，理想的工作就是"钱多、事少、离家近""位高、权重、责任轻"，然而，这样的工作是寻找不到的，没有十全十美的工作和职业。职业能照顾到的，往往只是某一两种价值。收入越高的职业，需要投入的精力往往越多；位高权重的岗位，肩头的责任往往重大，想悠闲是很难的。这时，价值观就成为一个非常重要的衡量因素。如果通过工作获得的感受是自己所看重的，那么，其他方面的牺牲你会觉得心安理得。但如果不是，那么即使钱多位高，你恐怕也很难快乐。所以，在我们的规划中，认识和澄清自己的价值观是一个重要的课题。

一个人究竟为什么要去工作？也许你的第一感觉是"钱"。但是，一个显而易见的事实是，许多人之所以从事一项工作，并不是为了钱——许多人拥有一生都花不完的钱，但仍然在努力地工作，还有一些人则从事完全没有报酬的志愿者工作。这说明，人们之所以要去工作，或者说从事一定的职业，并不都是冲着钱去的，虽然那是一个很重要的原因。人们之所以去工作，从事某种职业，是希望从中得到一些东西的。那么，人们究竟希望从工作和职业中得到什么呢？不一样的人希望从职业中得到的东西是不一样的。

一些人希望在工作中获得稳定的感觉。这确实是很多人的想法，毕竟，当你早上起床时，有一份工作等着你去做，并且，这份工作可以使你不必担心今天的温饱，那么，你会觉心里很踏实。

还有一些人希望从工作中获得安全感。一个人年轻时，往往会有很多的办法让自己"衣食无忧"。但是，当一个人老了，他还会如此吗？很难。但是，如果他有一份工作的话，他可能会在工作时积累年老时的退休金——这是年老的重要保障。看起来这很安全，不是吗？

而另一些人则希望在工作中获得挑战的快感。有一些人是天生的斗士。对他们来说越有挑战性的工作，对他们越有吸引力，当他们"摆平"挑战时，会有巨大的成就感。

不管怎么样，人们总希望从职业中得到什么，从中我们可以看到一个人的职业价值观。职业价值观就是人们对职业价值的认识。职业价值观是个人追求的与工作有关的目标，也是个人内在需求及从事活动时所追求的工作特质或属性。它是人生价值观在职业问题上的反映。因此，对于大学生来说，认识和澄清价值观，尤其是职业价值观是关系到整个规划的重要课题。

三、价值观与职业选择

选择职业是人生的一大课题，更是青年大学生的一项重要任务。价值观在职业选择上的体现就是职业价值观。所谓职业价值观是人们对待职业的一种信念和态度，或是在职业生活中表现出来的一种价值取向。它支配着人的择业心态、行为和信念等，影响着人们对职业的认知、对自己的了解及定位等。大学生的职业价值观在一定程度上反映了大学生的职业选择方向和标准。

(一) 大学生的价值观对职业选择的影响

1. 个人的职业选择与其自身的价值观之间存在着密切的联系

每一种职业既是社会分工不可缺少的组织形式，也是根据一定的知识、技能和个性品质所进行的生产活动。研究发现，在当今社会，只有以积极的态度对待自己所选择的职业，才能促进职业定向的水平和个性的发展。而能否以积极的态度对待自己所选择的职业、能否在未来的工作中取得较好的成绩，在很大程度上取决于个人的价值观以及个人在精神上、政治上、道德上和心理上的成熟水平。一个人的职业选择，不仅显示着他的兴趣、爱好和能力，也表现出他整个的个性特征和思想水平，特别是他的人生观、价值观。职业的选择，实质上是一个个个性与才能一致性的专业选择，是根据社会需要以及具体职业品质需要的有机结合和具体表现。对青年大学生来说，在很大程度上也是一个道德问题。因为在职业选择的过程中，不仅要考虑个人的需要、兴趣、能力等因素，还应考虑社会和人类的需要。只有把社会的要求变成个人内在的需要，真正懂得人生的意义，并以正确的价值观来指导自己的学习和实践的人，才能做出正确的、符合实际的职业选择。

2. 主观愿望与现实要求之间的不适合性是对职业选择产生不满的基础

职业选择是学生跨入社会前的一种决策性思考，而能否恰当地选择职业，则是决定大学生进入社会后成功与否的重要因素。对于这一重大问题，他们虽曾反复思考，并进行过多种想象，但现实往往不一定能够按照他们自己所想象的方式得到解决，因而也会出现种种问题。

这种对职业的主观愿望与现实之间的不适合，往往是对职业选择产生不满的基础，研究发现，这种不满主要表现在三个方面。

（1）专业的性质与个人的兴趣、能力及个性特点不符合。在现行的教育制度下，由于升学过程对个人的兴趣、实际能力及个性特点未能加以充分考虑，最后进入什么学校或学习什么专业主要为升学考试的分数所左右，因而，相当多的一部分人虽然成绩合格被录取了，但并不符合他们原先报考的志愿，因此很不满意。有的学生从入学的第一天起，就有相当严重的失落感、挫折感，有的则丧失信心。他们不仅对所学专业和现实的大学生活不满意，甚至对自己的未来也充满渺茫。因此，正确引导大学生的职业选择，不仅关系到他们对职业的社会价值的认识、对职业定位的思考，也直接关系到他们的学习动机和学习水平。

（2）职业所要求的水平与自己的实际水平不相符合。由于学生缺乏生活经验，加之不能恰当地分析和评价自己，看不到希望得到的职业所要求的水平与自己的实际水平之间存在的差距，因而选择职业时常常好高骛远，不顾实际，也不考虑自己的适应性。这种主观愿望与现实之间的不适合性，往往是导致职业态度恶化的重要原因之一。之所以发生这种情况，是因为在大学生的职业观念中，不仅包括职业的内容、条件，职业要求的知识、技能和品德，还把职业的经济条件、职业的社会地位和对职业的兴趣等放在极其重要的位置来考虑。他们往往不太懂得，除了他们自己可以选择职业之外，职业本身也在选择他们。因此，只有具备正确的价值观，才能进行正确的职业选择，才能进一步激发学习动机，增强学习的目的性。

（3）对学校类别与专业性质的选择前后不相符。一般来说，青年人对考大学的选择比对具体专业的选择要早且明确，这是由高等教育的一般社会价值所决定的。不少人在升学前，因为怕考不上大学，只想着能考上任一所大学就满足了，甚至为了提高保险系数，他们不敢报考一类学校或重点专业。而考取之后，又觉得这个学校不如那个学校好，这个专业不如那个专业重要，而自己实际上却并不比别人差。这种委屈、不平和懊恼的情绪不仅经常影响学生正常的学习和生活，也影响了学生职业选择的态度。

总之，升学过程完全被高考分数所左右，而未能考虑到个人的兴趣、实际能力及个性特点，并且学生由于缺乏生活经验往往不能恰如其分地评价自己、考虑职业本身的要求等，造成了主观愿望和客观要求的不符合，从而影响了职业的正确选择。

3. 职业的选择是各种心理因素和社会因素长期相互作用的结果

高标准的职业选择不仅要对职业的社会意义有高度的认识，还必须具有高水平的职业知识和技能。只有把对职业的社会认识、道德认识与职业的能力、兴趣结合在一起，才可能使职业指向远大的目标，形成稳定的态度和高尚的动机。否则，就会出现相反的情况。而这一切又不是通过简单的外部要求就可以实现的，还必须考虑到当前大学生的思想基础和心理特点。

青年期是谋求内部和外部、理想和现实的统一的时期。为了选择职业，他们一边琢磨成人的行动方式，一边寻找最适合于自己的、能为社会承认的东西。

大学生的职业选择可以说是各种心理因素与社会因素相互作用的结果。职业选择的过程，不仅是个人的思想观念与社会现实相适应的过程，也与人生观、价值观的形成、变化和发展紧密联系，没有正确的人生观、价值观，就不可能有正确的职业选择。

（二）大学生职业价值观的变化趋势

当代大学生的价值取向呈现多元化发展的趋势，大学生的自主意识、竞争意识、民主意识等不断增强，大学生个体具有更强的独立性，价值取向有更多的功利性，价值评价标准带有双重性。这使得大学生的职业价值观发生了巨大的变化，主要表现在以下几个方面。

1. 在择业理念上，大学生从选择稳定的职业向选择有发展潜力的职业转变

现今社会，一步到位、从一而终的传统就业观被打破，人们的"铁饭碗"意识正在逐渐淡化。过去曾受到极度重视的"职业的稳定性"已经不再是人们择业时的首要考虑因素，它已经被排在了"发展前景和机会""职业所能带来的高收入"这两个因素之后。很多大学生认为只要是适合自己、能够提高自己能力的工作机会就要努力争取。而且，越来越多的大学生希望自己从事的工作在人们心目中有较高的社会地位，从而使自己得到他人的重视和尊敬。

2. 在择业标准上，从追求发挥专业特长向追求理想待遇转变

以前大多数人的择业标准是符合自己的兴趣、爱好，能发挥自己的特长等，而现代大学生则以自身价值的实现为最重要的择业标准。由此可见，当代大学生在择业问题上更加突出自我观念，注重经济收入和职业的社会地位、地理位置等因素，将薪酬作为选择工作的重要依据。现代大学生工作的目的或动力主要源于对收入和财富的追求，并期望以此提高生活质量，显示自己的身份和地位。

3. 很多大学生对未来的就业情况不确定，但对自主创业充满期待

改革开放以后，创业是社会发展过程中形成的一种活跃而有效的经济形式，不论是私人创办企业涉及的领域还是创业的发展势头，都有着良好的发展状况。在如今就业压力逐渐增大的形势下，自主创业不仅缓解了巨大的就业压力，成了待业群体的又一出路，对个人而言也是一个极好的锻炼机会。同时，大学生自主创业能够充分发挥其独立性和主动性，进而实现个人价值和社会价值。

4. 大学生更看重所从事职业能否为实现其自身价值提供机会

近年来的一些调查表明，当今大学生择业首先考虑的是其能否为自己提供良好的发展前景，能否为发掘自身潜能、实现自我价值提供机会。由此可知，大学生已不再将职业仅仅当作谋生手段，自我实现这种高层次的需求正逐渐凸显出来，并成为支配人们从业行动的首要动因。

（三）大学生价值观的引导与提升

大学生正确价值观的树立，从宏观方面来讲，有利于国家和社会的稳定和发展，从微观方面讲，可以帮助学生更好、更顺利地就业，为学生今后的发展提供一个锻炼的机会。因此，要适时地正确引导，帮助学生树立正确的价值观。一般来说，多数大学生能够理性地处理个人与社会、奉献与索取的关系，但也有部分学生受社会上不良价值取向的影响，在择业过程中过分突出个人利益，过分看重物质利益，而没有把自己作为一个个体放在集体、社会中来衡量，严重背离了集体主义价值观的要求，没有处理好个人与社会、奉献与索取的关系。因此，我们在对大学生进行价值观教育时，应该教育和引导他们正确看待个人利益和集体利益、国家利益之间的关系，使他们树立正确的职业待遇观、职业定位观和职业苦乐观，使他们在择业上正确处理个人地位、待遇与奉献的关系。

1. 加强大学生价值观教育

价值观教育对人们自身行为的定向和调节起着非常重要的作用。高校在培养学生科学文化素质的同时，也不能忽视对学生价值观念的培养。调查表明，多数大学生的人生价值观是积极的、进取的和乐观的，但也有少数大学生崇尚个人主义、态度消极退缩。这与当前大学生人生价值观的一些新变化是相吻合的。近年来，越来越多的大学生强调自我与社会融合，索取与奉献并重，兼顾国家、集体、个人三者利益而又比较重视自我、注重实际、推崇竞争、敢冒风险、追求物质利益，这种价值观有成为大学生人生主导价值观的趋势。显然，当代大学生这种人生价值观的变化是社会发展变化、大学生自身实践、社会角色要求和年龄特征的综合反映，它有其存在的合理性。虽然上述价值观讲的是奉献与索取的平衡或统一，但它强调"自我"，在职业价值取向上表现为由"实现个人价值"向"自我发展"与"物质利益"并重趋势转化，并把社会对个人的回报作为价值取向的条件，这与无私奉献的个人价值观有一定差距。因而，必须大力加强对大学生人生价值观的引导和教育。

2. 确定正确的职业价值取向

职业价值观是大学生职业人生的方向标，它的确定无论是对个人还是对社会都至关重要。大学生应该树立良好的职业价值观，对自己的职业前景进行合理的规划，这不仅有利于实现个人的自我价值，也对社会的稳定具有促进作用。

（1）把提高职业能力与培养职业品德结合起来。从终身教育角度来看，职业教育中的能力培养是终身教育的一部分。一方面，要关注职业基本能力的培养，如具体的专业技能和专业知识及其他的能力，包括收集、分析和组织信息的能力，解决实际问题的能力，应用技术的能力，计算的能力，还要培养学生奉献社会、有效工作、热爱职业等积极向上的职业品德。这些职业能力和职业品德无论从事哪一种职业都需要，对劳动者未来的发展起着关键性的作用。因此，我们在强调就业导向的同时，还要认识到职业教育不只是获取生存技能的途径，还应成为提升人的境界、丰富人的精神世界的一种方式，要将职业品德教育与职业能力培养结合起来。在社会经济、政治与文化发展的今天，使学生学会在个人价值和社会奉献之间取得协调，实现个人需求与职业需求的统一。

（2）把个人价值的实现与倡导爱业、敬业的职业精神结合起来。在一个人的职业生涯中，职业价值取向决定着职业精神，而职业精神所表达出来的是一种态度。爱业、敬业就是一种对待工作、对待职业的态度。从某种意义上讲，拥有良好的职业精神对一个人的未来发展，对一个人职业生涯的成功，起着非常大的促进作用。一个人如果仅仅为了个人的利益，为了获得个人物质上的报酬而去工作，他永远是工作的奴隶，因为他不明白自己工作的意义。只有选择了自己所喜爱做的事，热爱正在从事的职业，做好正在做的工作，这样才能在勤奋踏实的工作中有所成就、有所创造，才能在这个过程中表现自我，实现个人价值。

（3）把个人发展与追求理想、超越自我结合起来。人们在选择职业时，从个人的选择意识上，倾向于把"发挥个人所长""能充分发挥自己的能力""能实现自我价值""优厚的收入、福利待遇""良好的工作环境"以及"晋升发展的机会"作为择业的重点考虑因素。但"勇于承担社会责任""为社会做贡献""树立社会责任意识"是一个国家、一个社会发展所必不可少的支撑因素。因此，当代大学生只有在充分发挥潜力与追求崇高理想的相互协调中、在个人发展和超越自我的统一中，来进行职业定位，确定职业发展方向，从而拥有积极健康的职业态度，使自己走向成功，实现人生价值最大化。

四、价值观探索

价值观指向我们内心最重要的东西，它是我们强大的内在驱动力，是引导行为的方向，是自我激励的机制。价值观通过人们的行为取向及对事物的评价、态度反映出来，是世界观的核心，是驱使人们行为的内在动力。它支配和调节一切社会行为，涉及社会生活的各个领域。

马斯洛提出人有 5 个层次的需要：生理需要、安全需要、归属需要、尊重需要以及自我实现的需要。只有当低层次的需要满足以后，个人才能够更好地满足更高层次的需要。这些需要体现在我们的生活中，就成为我们的价值观，它们具有强大的驱动力。马斯洛的 5 个需要层次如图 2-2 所示。

价值观是一种基本信念，它带有判断的色彩，代表了一个人对于什么是好、什么是对，以及什么会令人喜爱的意见。每一个求职者由于其所受教育的不同和所处环境的差异，在职业取向上的目标和要求也是不相同的。在许多场合，我们往往要在一些得失中做出选择，而左右我们选择的往往就是我们的职业价值观。例如，是要工作舒适轻松，还是要高标准的工资待遇；是要成就一番事业，还是要安稳太平。当两者有矛盾冲突时，最终影响我们决策的是存在于内心的职业价值观；而我们自己有时对自己的价值观并不是很清楚。了解自己的职业价值观倾向，能够为选择理想的职业提供帮助。

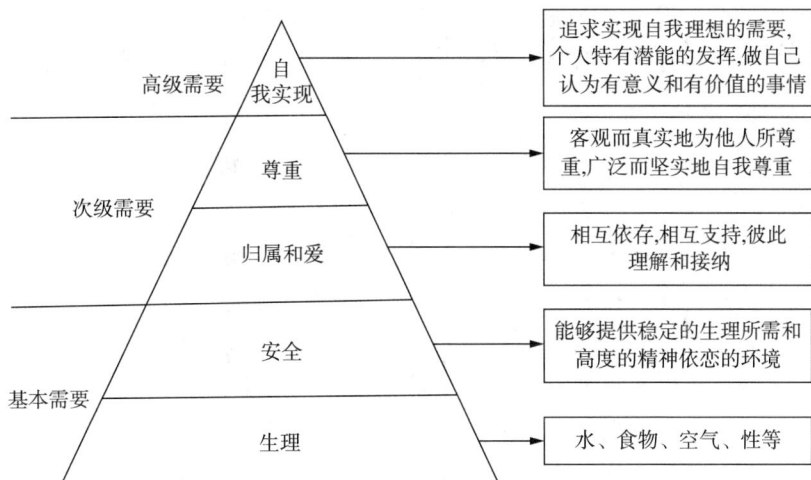

图 2-2 马斯洛的五个需要层次

但是我们要知道，很少的工作类型能够完全满足一个人所有的重要价值观，生活中亦是如此。个人由于所处的社会环境的不同，需求会发生改变，从而可能导致价值观也发生变化。当今多元社会中多种价值观的冲击也会导致原有价值观体系的混乱甚至改变。因此，我们总要不断地做出妥协和放弃，这是不可避免的，也是必要的。我们需要在不断地审视和澄清自己价值观的过程中，对自己的价值观进行判断和排序，进行取舍。个人必须处理好职业价值观不同要素之间的关系，并根据不同时期、不同情况明确自己的职业核心需求，以便合理地制定自己的职业生涯规划和相关策略。

在价值观探索活动中，可能有人会发现对价值的取舍是一个艰难的过程，甚至不清楚自己想要的到底是什么。

拉舍（Raths，1966）等学者指出，真实的"价值"需要具备以下一些基本要素。

1. 选择

（1）它是你自由选择的，没有来自任何人或任何方面的压力吗？

（2）它是从众多的价值观中挑选出来的吗？

（3）它是在你思考了所做选择的结果后被挑选出来的吗？

2. 珍视

（1）你是否珍爱你的价值观，或者为你的选择感到自豪？

（2）你愿意公开向其他人承认你的价值观吗？

3. 行动

（1）你的行动是否与你选择的价值观一致？

（2）你是否始终如一地根据你的价值观来行动？

回答这些问题的过程，就是价值观澄清。价值观澄清需要投入时间和精力，但这样的投入是值得的，因为它有助于个人从整体出发，更好地为自己的全面发展做出考虑和选择。当你依照符合自己健康要求的真实价值观行动时，会感觉到很大的满足。

📖 **案例分析**

李华的职业选择

李华，某师范学院中文系本科毕业，性格文静，有较强的中文写作能力，但不善于口头表达及人际交往。现在一所中学担任语文教师。

李华在近两年的教学过程中发现自己并不适合做老师，虽具备相应的学历，但不具备老师应有的管理学生的能力。课堂上不能够调动学生的积极性，所带班级成绩不理想，学校对自己工作表现不是很满意，自己也觉得很苦恼。因此，她想转行从事其他能够发挥自己文字特长的工作。但具体向哪一个行业转，还需要慎重考虑。

师范类毕业生做中学教师似乎是理所当然、顺理成章的事。然而，实践中有太多例子表明，一个师范类毕业生并不一定就是一个称职的教师。根据职业生涯发展理论，要想职业成功必须具备扎实的专业知识、合格的学历资质、良好的综合素质三方面因素。根据这个标准，李华在教师岗位上可以说很难成功。教师工作的确能给李华带来稳定的收入和不错的福利，但凭李华的表现，这个"稳定"还能维持多久？经过一番内心的斗争，李华决定重新择业。

通过对自我性格与能力的分析，李华认识到自己虽然不擅长管理学生，口头表达能力差，但自己的文笔优美、文字能力强，职业倾向也是希望发挥自身在文字方面的优势。于是，李华决定到广告公司去应聘。与意料中一样，李华很顺利地通过了广告公司的笔试与面试，成为一名广告文案编辑人员。"现在感觉好多了。"从事了一年广告文案编辑工作的李华这样说。

解析：

文静且不善于表达的李华虽然具备了做教师的学历资质，但显然并不具备教师应有的教学技能。当初，李华没有全面评估衡量自己的能力，导致错误择业，不能发挥自己的特长。

而广告文案的文字编辑工作，对工作人员的管理能力、口头表达能力要求都不高，相对重视个人的文字能力，无须过多地与人打交道，对于李华来说，正好能扬长避短、发挥优势。由此可见，在择业时，不清楚自己能做什么，而只是根据专业对口或随大流是不可取的。"能做什么"就是我们平时所说的能力，它是我们择业的重要依据。

实践训练

下列是一项描述"技能"的量表（表 2-8），请依据你平常的行为表现，对自己目前所拥有的职业技能做出最真实的判断。看看你所擅长的职业技能是较倾向于处理资料、接触人群还是处理事务。

表 2-8 职业技能评估表

处理事务方面	符合	一般	不符合
1. 综合能力：能统整、解释已分析的资料，发现事实或知识	☐	☐	☐
2. 协同能力：能运用已分析的资料规划行动方案	☐	☐	☐
3. 分析能力：能检视、评估和分析资料间的关系	☐	☐	☐
4. 汇整能力：能搜集、整理资料或将资料分门别类	☐	☐	☐
5. 电脑操作能力：能用电脑进行资料的运算和操作	☐	☐	☐
6. 拷贝能力：能将资料输入电脑或以其他方式转录资料	☐	☐	☐
7. 比较能力：能观察资料和事物，以做出适当判断	☐	☐	☐
接触人群方面	符合	一般	不符合
1. 顾问能力：能对他人提供指导、忠告、咨询或建议	☐	☐	☐
2. 磋商能力：能和他人交换看法、资讯和意见，以做出决定或提出解决方案	☐	☐	☐
3. 教学能力：能借助说明、示范或练习等指导或训练他人	☐	☐	☐
4. 督导能力：能为他人分派工作或责任，并能与其维持和谐关系，提升工作效率	☐	☐	☐
5. 娱乐能力：能借媒体或其他方式来娱乐他人，带来欢愉情绪	☐	☐	☐
6. 说服能力：能影响他人的观点、想法或做法	☐	☐	☐
7. 指示能力：能与他人谈话或指示他人，以传达或交换资讯	☐	☐	☐
8. 服务能力：能注意他人的需求，并立即做出回应	☐	☐	☐
9. 听从能力：能遵循管理者的指示、教导或命令	☐	☐	☐
处理事务方面	符合	一般	不符合
1. 设计能力：能设计、规划和安装仪器设备，以利于他人操作	☐	☐	☐
2. 判断能力：能精确地运用判断力选择或调整仪器或设备	☐	☐	☐
3. 操作能力：能启动、停止、控制或调整仪器或设备	☐	☐	☐
4. 驾驶能力：能驾驶机器或为机器导航，决定速度、评估距离	☐	☐	☐
5. 操纵能力：能选取或移动仪器、设备或工具	☐	☐	☐
6. 照料能力：能启动、停止和观察仪器或设备	☐	☐	☐

处理事务方面	符合	一般	不符合
7. 交付能力：能移动或携带他人所指示的仪器或工具	☐	☐	☐
8. 供输能力：能添加原料，或将原料从仪器中取出或更换	☐	☐	☐

　　了解你所需具备的基本职业技能，是否对自己更有信心了呢？你会发现，自己其实很有潜力。趁着年轻，你应该更积极地开发自己的潜能，培养过硬的职业技能，这样才能在不同的职业领域之间游刃有余地转换。

第三章
职业技能

名人名言

给我一个支点，我可以撬起整个地球。

——阿基米德

社会犹如一条船，每个人都要有掌舵的准备。

——易卜生

学习目标

1. 能够对自己的职业技能进行探索和分类
2. 能使用至少三种途径来了解意向职业的技能要求
3. 学会合理描述自己所具备的职业技能

案例导入 ▶▶▶

林小姐，26岁，大专学历，中文专业，参加工作已4年多。刚毕业时，父母托关系把她安排到了一家杂志社做编辑。但由于文笔不好，工作表现始终不行，压力越来越大的林小姐就辞职了。第二份工作是一家公司做文员，平时做一些打字之类的琐碎小事，学不到什么东西，于是林小姐又辞职了。后来她又找了几份工作，都和第二份工作差不多。目前林小姐在一家公司做经理秘书，对这份工作，林小姐还是比较满意的。

最近同学聚会，林小姐发现周围的老同学个个比自己发展得好，有些已经当上了经理。再看看自己，经理秘书虽然听起来不错，但说不定哪天就失业了，所以林小姐想换一份稳定的工作。想来想去，除了文员、经理秘书这些工作外，她也想不出来其他工作了。她该怎么办呢？

第一节　职业技能概述

职业技能，是指学生将来就业所需的技术和能力。

每个职业都要求有一定的能力与之匹配。大学生只有不断提高自己的职业能力，才能在未来的职场竞争中争得一席之地。

一、职业技能的概念

职业技能是从业人员在个人岗位以及职业劳动方面需要具备的业务素质，一般主要指的是职业能力、职业技术以及职业知识等。大学生是否具备良好的职业技能是能否顺利就业的前提。

职业技能

大学生职业生涯发展进程与个人发展密切相关，具有影响个人职业选择、职业决策及职业生涯规划设计的各种因素。因此，个人在职业发展中要对各种能力因素和资本资源进行开发、整合与调适，以更好地促进职业生涯的发展。

二、职业技能的特征

（一）应用性

应用性是指职业技能培养应以社会需求和市场需要为目标，以技术应用能力为主线（当然也不排斥可持续发展力），侧重于各种基本能力在职业活动中的具体应用，且更多地表现为产业性特点，主要在生产、技术、管理和服务等不同领域发挥作用。另外，职业技能的应用性还表现为针对一定职业，离开了一定的职业方向就谈不上职业技能的存在。尽管素质教育的推行对职业教育提出了新要求，能力的培养不能以单纯的专业技能训练为主，要注重全面素质和综合能力的提高，但素质教育并不排斥职业技能的方向性，是一种"合格＋特色"的教育。这里的"特色"也可以理解为职业技能的专门化、方向化，即要有应用性。

（二）层次性

层次性是指职业技能是多方面、多层次、多领域的复合体。就其层次性而言，是一种树状结构；就其复合性而言，是一种网状结构。特别是随着知识经济时代的到来，人才素质日益向通用型、复合型靠近，多层次、多领域的能力要求是现代职业发展的方向。

（三）个体性

个体性是指职业技能的个体属性。对于不同的个体对象，既有目标指向的多样化差异，又有能力强弱和水平高低的随机性差异。学生职业能力的目标指向、水平层次是与个人性格、兴趣、爱好和需要等因素密切相关的，这也正是我们倡导对学生进行个性化教育、因材施教的基础。

（四）动态性

动态性特征有两重含义，一是随着社会的发展和科技的进步，职业技能的内容处于不断的发展和变化之中。由于生产力的提高，人类开辟了新的生产领域，新的能力也就随之产生，旧的能力也获得新的内容。二是个人一生的职业岗位不可能一成不变，岗位的变化使对个体的能力要求也随之变化，而且技能水平也在不断提高，处于一种不断发展、不断扩张的变化之中。

三、职业技能培养对于大学生的影响

（一）有利于书本知识的学习

书本知识的学习和运用是职业能力的基本要素。"腹有诗书气自华"，有了一定的知识积累，才能为形成职业能力奠定坚实的基础。同时，在职业能力形成的过程中，知识的运用又会反作用于知识的学习。学生用所学的理论指导实践，使理论知识与社会实践紧密结合，从而可以强化对所学理论知识的掌握和运用，使学生能够更深刻地理解书本知识，并能够发现知识在实际运用中出现的种种问题，做有针对性地改变，查漏补缺，更加刻苦地学习书本知识，最终达到互相促进的目的。

（二）有利于缩短职业适应期

所谓职业适应期是指刚刚就业或转换职业的学生对职业环境的适应和习惯过程。大学生刚刚步入社会，缺乏相关工作经验，所以一般情况下，用人单位都会投入一定的人力和物力对刚刚参加工作的大学生进行岗前培训，以帮助大学生尽快适应岗位需求。这对用人单位和学生来说，都是耗时间、耗精力的一件事情。实际上，我们可以通过多种途径让大学生缩短职业适应期，使大学生一毕业就能迅速融入工作中，甚至游刃有余。

高校应该把人才的培养建立在社会需要和企业需求的基础之上，把职业要求的核心能力的培养贯穿于教育的全过程，强化实践性教学环节，增强教育的实效性，使学生在实践中感悟职业理念，练就职业技能，有效缩短从"校园人"到"职业人"转变的时间。大学生应对自己合理定位，主动树立正确的就业观，根据市场需求，更客观、更科学地设计自己的职业生涯，及时调整，合理安排学习时间，有意识地参加相关职业能力培训和职业资格考试，缩短走向社会的适应期。

（三）有利于增强职业竞争力

大学是学生由校园走向社会的过渡阶段，而大学教育正是为学生日后的生活发展和职业发展做准备、打基础的。新时期现代科技的迅猛发展，使每个人的工作、学习、生活和发展的压力越来越大，也给每一个劳动者提出了更高的要求。要想在激烈的竞争中站稳脚跟，实现社会价值和个人价值，就必须适应形势，不断更新自身的知识体系，提高个人的职业能力。

过硬的职业能力可以大大提升一个人的竞争优势和发展空间，从而减轻个人所承受的各方面的压力，而传统的高等教育是"精英教育"的模式，强调的是学生对理论知识的掌握，忽视了学生适应能力和操作技能等实际职业能力的培养。因此，对大学生进行职业能力培养是非常必要的，有利于充分挖掘学生的潜能，培养学生的创新思维，提高学生的自主意识，锻炼学生的职业能力，从而增强大学生的自身竞争力，为其个人发展奠定扎实的基础。

第二节 职业技能的分类

职业技能是需要经过学习和练习而培养形成的能力。在职业生涯规划理论中，辛迪·梵和理查德·鲍尔斯将技能分为三类，即专业知识技能、可迁移技能和自我管理技能。大学的学习就是要综合提高这三方面的技能，任何一方偏废都将导致学习的失败。

一、专业知识技能

（一）专业知识技能的概念

专业知识技能指那些通过学习获得的特别的知识或技能，涉及个人的专业知识和课程，通俗来讲，就是指你所掌握的知识。知识技能不能够迁移，需要经过有意识的、专业的学习才能掌握。常常与我们的专业学习或工作内容直接相关，是职业活动得以进行的基本条件。

有句老话说："学好数理化，走遍天下都不怕。"指的就是专业知识技能要过硬。但是，有些大学生专业课成绩突出，却"两耳不闻窗外事，一心只读圣贤书"，以为只要把专业学好、把成绩提上去，就会谋得一份好的职业，专业知识技能的重要性常常被求职者夸大。

当今社会，生产力的发展使社会的分工越来越细，对劳动者的专业知识技能的要求也越来越高。尽管所有职业都有着基本的职业素质要求，但随着职业发展的专业化，不同种类的职业对从业者的职业素质有着不同的规范和要求。我们大多数人在实际生活中都必须靠自己的专业能力去生存发展。为了适应工作岗位，特别是技术性岗位，扎实的专业基础知识是必需的。

随着大数据时代的到来，我们发现专业知识技能往往不是企业最看重的。那么，我们是不是可以认为专业知识就不重要了？或者说，在大学里不用认真学好专业知识了呢？并非如此，终身学习能力对每个人的发展至关重要。大学期间，主要培养你具备一定的专业素养和学习能力，走入社会后在工作岗位上继续学习提升同样非常重要。因此，在你选择了一个专业方向之后，必须学好并掌握该专业的核心课程，使自己具备一定的专业基础，同时，通过专业学习总结归纳出自己的一套学习方法，使自己具备一定的学习能力。

（二）专业知识技能的获得途径

1. 在校教育

大学生通过填报高考志愿，选择自己的专业。这可以说是在为人生职业做第一次选择。大到理工类和文史类，小到具体的学科。各个专业的学习，是每个大学生专业知识获得的最基本途径。在大学专业知识的学习过程中，要坚持课内学习与课外补充相结合的方式，扎实学好专业知识，力争做到"一专多长"，尤其要成为专业领域内的"专家"。

2. 业余自学

自我学习能力是现代人的一种核心能力。在现代知识经济社会，技术革新飞快，谁想要在今天的竞争中胜出，必须不断学习、吸收新的知识技术，不断发展自己的专业知识技能。仅仅靠课堂上的学习，已经不能满足社会对职业人才的需求，还需要大学生在专业学习上给自己"加餐""吃小灶"。近年来，网络职业技能教育与培训成为广大学生和求职者热爱的学习载体，全国各地院校师生和广大职场人士通过慕课平台、继续教育平台和职业技能在线学习与交流平台，学习相关的职业技能。

3. 参加专业会议、讲座或研讨会

在知识全球化的信息时代。我们可以通过各种途径了解各种专业会议、研讨会的信息，大学生应该主动关注并搜索关于行业专业前沿领域的相关信息，争取机会聆听各类专家学者的研究成果，提升个人的专业知识技能。此外，大学校园里的各种讲座、论坛，各学科的学术研讨会也给同学们提供了提升专业知识技能的机会，但机会只会留给"有心人"，大家一定要成为"有心人"。

4. 参加资格认证考试培训

目前，中国高等教育正在进行全面改革，一部分高校将由学术型大学转变为职业型大学，高校更加注重学生应用能力的提升。而具备一定的专业知识技能的衡量凭证之一就是各类国家职业资格认证证书，如教师资格证、注册会计师、建筑师等，大学生要根据职业规划目标有针对性地参加培训或者自学专业知识，考取相应的职业资格证书，取得相应的专业认证，这对个人职业发展有很大的帮助。

5. 参加岗前培训，接受在职教育

虽然经历了大学专业知识的学习，但理论与实践、理想与现实、专业知识与具体岗位之间还有一段距离，还需要一个对接的过程，有时候这个过程可能会很长。岗前培训可以缩短这个过程，催化加速理论与实践的联系、理想与现实的对接、专业文化知识与具体岗位工作的融合，加快新录人员对工作岗位的适应速度。在校学习期间，大学生要有意识地利用假期和就业实习的机会，参加一段时间的岗前培训，对今后从事职业的岗位要求、职业技能、企业文化等方面有切实的感受和体会，能够清醒认识到自身存在的差距，对所学专业有更深入的理解，有益于提升个人综合素质。

二、可迁移技能

美国教育界早在20世纪50年代末就提出了可迁移技能的概念，伊恩特玛·西奥多在1957年6月芝加哥大学商学院毕业生宴会上发表演讲，题目就是 *Transferable skills and abilities*，他列举了一系列大学生应具备的具有可迁移性质的技能及其与开放教育的关系。长期以来，可迁移技能还被冠以"通用技能""核心技能""关键技能""便携式技能"等说法。

（一）可迁移技能的概念

可迁移技能一般指的是通用技能，是职业生涯中除岗位专业能力之外的基本能力，是从事任何职业都应该具备的技能，适用于各种职业。

可迁移技能是个人会做的事，如教学、组织、说服、设计、安装、帮助、计算、分析、观察、分析、决策、维修等。可迁移技能的特征是可以从生活中的方方面面，特别是在工作之外获得的，而且可以迁移应用于不同的工作中。因此，可迁移技能也被称为"通用技能"。可迁移技能是个人最能持续运用和最可依靠的技能。与知识技能相比，可迁移技能无所谓更新换代，无论你的需求和工作环境有什么变化，它们都可以得到应用。

（二）可迁移能力的构成

1. 社会适应能力

社会适应能力是一种综合性的个性心理特征，是人们适应周围环境的能力。当今社会复杂多变，大学毕业生在跨出校门之前大多有自己的远大理想和抱负，但真正在生活的急流中奋勇前进时，往往会发现现实生活不尽如人意，发现自己对现实生活有很多的不适应。大学生应当看到自己与社会要求不相适应的地方，不断地调整自己，在学校加强自身锻炼，为将来的工作打下坚实的基础；要强化适应社会各种情况的能力训练，保证自己从学生顺利过渡到职业人，不断地提高适应新的学习、生活、工作环境的能力。

2. 语言表达能力

语言表达能力是指运用语言阐明自己的观点、意见或抒发感情的能力，它是交流思想、交流感情的基础，主要包括口头表达能力和书面表达能力。一个人要想得到别人的了解、重视，更好地发挥自己的才能，前提就是要有表现自己的能力。要准确表现自己，就离不开出色的语言表达能力。口头表达要求语言具有流畅性、灵活性和艺术性，书面表达要求语句具有逻辑性、艺术性和条理性。

3. 人际交往能力

人际交往是交流信息、获取知识的重要途径，是人们社会生活的基本能力，也是一种适应能力，即一种愉快地调整与周围环境关系的能力。这种能力有助于提高对自己的认识和对别人的认识。在人际交往的过程中，从对方的言谈举止中认识并了解彼此，同时从对方对自己的反应和评价中认识自己。人际交往面越宽，交往越深，对对方的认识就越完整，对自己的认识也就越深刻。通过人际交往，可以相互传递、交流信息和成果，丰富经验、增长见识、开阔视野、活跃思维、启迪思想。大学生在生活和学习中，要正视和解决不愿交往、不懂交往、不善交往的问题，以积极的态度和行为对待人际交往，以建立和谐的人际关系。只有对他人全面认识，对自己深刻认识，才能得到别人的理解、同情、关怀和帮助，自我完善才可能得以实现。

4. 团队协作能力

现在的用人单位常常把个人的团队意识和能力作为人才最重要的评估标准之一：只有具备强烈的团队意识，才能实现真正的合作。团队协作强调的不仅仅是一般意义上的合作与齐心协力，因为这样仅能达到"1＋1＝2"的效果，要发挥团队的优势，其核心在于团队中的成员在工作上要加强沟通，利用个体优势，在团结协作中实现优势互补，发挥积极协同效应，实现"1＋1＞2"的效果。团队协作还表现为团队成员在自己的岗位上尽心尽力，主动为了整体和谐而甘当配角，自愿为团队的利益而放弃自己的私利。团队协作的外在形式是团结向上的精神风貌。团队总是有其鲜明的目标，而这些目标的实现不可能总是一帆风顺。因此，具有团队协作精神的人，总是充满活力和热情，并且具有强烈的责任感，为确保完成团队赋予的使命，能够和同事一起努力奋斗，积极进取，创造性地开展工作。

5. 组织管理能力

组织管理能力是指在组织群体活动时，能团结大家向一个共同的目标奋斗，按照明确的计划，充分发挥每个人的积极性，有效协调地进行工作，并达到预期目的的能力。随着时代的发展，纯书生型的人才已不能适应社会发展的需要。有报道显示，现代企业在招聘时，最强调的是组织管理和协调能力，而专业知识的学习能力紧随其后。近年来，大学毕业生中的党员、学生干部普遍受到用人单位的欢迎，其重要原因就是用人单位看重这些毕业生的组织管理能力。大学生毕业后不可能人人都走上领导岗位、从事管理工作，但每个人在将来的工作中都会不同程度地运用自己的组织管理才能。大学生在校期间应该积极参加各项社团活动，踊跃担任学生干部，有机会时还应积极主动地组织一些活动，在这些活动中培养和提高自己的组织管理能力，为今后的工作打下良好的基础。

6. 自我决策能力

自我决策能力是指一个人独立思考、果断处事和独立完成某项工作的能力。人的一生总会碰到各种需要当机立断、痛下决心的事情。对于终将要步入社会的大学生来说，面临求职择业何去何从的问题，别人的意见和忠告各种各样，最终还是要靠自己来决定，这就是对自我决策能力的一次重要的检验。在未来的工作中，每一件事情、每一个问题及它们的变化进展，都不可能像在学校那样有老师指导，必须靠自己迅速做出决定，并及时予以处理。因此，具有良好的自我决策能力也是十分重要的。

7. 开拓创新能力

开拓创新能力是指用已经积累的知识，通过不断地探索研究，在头脑中独立地创造出新的思维，提出新的见解和做出新的选择的能力，主要包括发现问题、提出问题、发现规律的能力，创造性地分析问题和解决问题的能力，发明新技术、创造新产品的能力，提出新思维的能力等。目前，我国大学生开拓创新能力不足。这些学生或缺乏创新观念和创新欲望，或缺乏创新毅力和创新兴趣，或缺乏创新所需的观察力和创新性思维能力。经济时代和信息时代的到来，不仅对大学生的开拓创新能力提出了更高的要求，而且孕育着创新能力培养的珍贵契机。

（三）可迁移技能的获得

几乎所有工作中，每个大学生或多或少地都要用到可迁移技能，如组织、沟通、学习能力等。通俗地讲，无论大学生怎么变换工作，可迁移技能都可以应用。作为大学生，在可迁移技能的培养中要注重多方面的结合。

1. 终身学习能力的获得

终身学习能力是学习型社会的一种必要的能力。复旦大学原校长杨福教授指出，如今的大学生从大学毕业走出校门的那一天起，他四年来所学的知识已经有 50% 老化了。所以，信息化社会需要有自主学习能力的学习者。每个人都必须成为具有分析、批判、质疑、自觉定向能力的学习者，而不是只有通过考试的知识收藏者。

大学生培养终身学习能力要注意以下几个方面：

（1）制订科学的学习规划和计划。首先要根据学校的教学大纲，从个人的实际出发，根据总目标的要求，从战略角度制订基本规划。如在大学自己要达到的目标，达到怎样的知识结构、学完哪些科目，培养哪些能力等。大一新生制订整体计划较为困难，最好请教本专业的老师和高年级同学。可先制订好一年级的整体计划，经一年的实践与熟悉大学环境后，再完善 4 年的整体规划。其次要制订阶段性具体计划，如一个学期、一个月或一周的安排。

（2）掌握正确的学习方法。学习方法是提高学习效率、达到学习目的的手段。钱伟长曾对大学生说过：一个青年人不但要用功学习，而且要有好的科学的学习方法。要勤于思考，多想问题，不要靠死记硬背。学习方法对头，往往能收到事半功倍的成效。在大学学习中要把握住的几个主要环节是预习、听课、复习、总结、记笔记、做作业、考试等，这些环节把握好了，就能为进一步获取知识打下良好的基础。

（3）讲究读书的方法和艺术。先确定读什么书，再对确定要读的书进行分类，一般来讲可分为三类，第一类是浏览性质，第二类是通读，第三类是精读。正如"知识就是力量"的提出者培根所说："有些书可供一赏，有些书可以吞下，不多的几部书应当咀嚼消化。浏览可粗，通读要快，精读要精。"读书时还要做到如下两点：一是读思结合，读书要深入思考，不能浮光掠影，不求甚解；二是读书不唯书，不读死书，这样才能学到真知。

（4）做时间的主人，充分利用时间。首先，要安排好每日的作息时间表，哪段时间做什么，安排时要根据自己的身体和用脑习惯，一旦安排好时间表，就要严格执行。其次，要珍惜零星时间，大学生活越丰富多彩，时间切割得就越细，零星时间就越多。

（5）完善知识结构，注意能力培养。所谓合理的知识结构，就是既有精深的专门知识，又有广博的知识面，具有学业发展实际需要的最合理、最优化的知识体系。李政道博士说："我是学物理的，不过我不专看物理书，还喜欢看杂七杂八的书。我认为，在年轻的时候，杂七杂八的书多看一些，头脑就能比较灵活。"大学生建立知识结构，一定要防止知识面过窄。

2. 有效沟通技巧的获得

沟通作为一种特殊的信息交互方式，是个人与周围人之间的心理沟通，是人与人之间的情感、情绪、态度、兴趣、思想、人格特点的相互交流、相互感应的过程。沟通一般分为语言沟通和非语言沟通。据统计，在人际沟通中，语言沟通占45％，非语言沟通占55％，且这两种沟通方式是兼而有之的。

大学生在课堂上要学会有效倾听，通过小组讨论，练习说与写的能力。在课堂下通过宿舍、班级、社团等组织的活动，学会与宿舍、班级同学友好相处，与其他同学合作完成任务，锻炼沟通能力。

（1）常见的语言沟通技巧。

第一，一般性谈话。一般性谈话是我们日常生活中遇到的最多的沟通情境。这种沟通的关键点在于如何选择话题。应对这种沟通情境主要有以下几个方面的建议：①就近寻找话题；②接近特点寻找话题，如家乡、学校、姓氏等；③社会热点、时事新闻；④家庭、年龄、性别。

第二，求助于人。求助于人也是我们日常生活中经常遇到的沟通情境之一，为了达到更好的沟通效果，实现得到他人帮助的初衷，还要注意以下几点：①选择好求助对象（对方要有办事能力，不影响他人，不违法，对方愿意帮助）；②注意方式、方法；③注意积累求助对象的情感储蓄；④学会感谢。

第三，如何表达分歧。日常生活中，每个个体对事物的认识水平、出发点、角度不同，会产生各种分歧。分歧是不可避免的，我们对待分歧的总体原则是大事化小，小事化了。具体把握如下：及时解决，坦诚沟通，换位思考，不要争吵，有理不在声高，学会幽默。

第四，如何推销自己。日常生活中我们会不时地向外界推销自己，在求职、面对客户、向领导汇报等情境中都需要我们有更好的推销方式。针对在校的大学生，用到最多的是求职这种推销自己的方式，归纳起来主要有自荐、求职信、广告、他人推荐、组织推荐等几种方式。

（2）非语言沟通技巧。非语言行为可以被定义为任何一种有目的的或无目的的超越语言并被接受者认为有意义的行为。非语言包括表情、眼神、手势、身体移动、姿势、衣着、空间，接触和时间观念等，它们在不同文化中是不同的。非语言行为可用于伴随语言信息，也可独立于言语单独使用。由于非语言行为是一些习惯性的和常规性的行为，它们常常被无意识使用，当非语言表达和身体语言有冲突时，人们喜欢抛开语言，并强调非语言因素。

非语言行为在沟通中所起的作用非常明显，诸如加强言语、配合语言、实现反馈、传达情感、调解互动等。

3. 团队协作技巧的获得

在很多企业或者团队中，单打独斗一直是一个常见的现象，业务与研发之间、团队与团队之间的协作甚是少见，但是随着市场多样化和业务体量的变化，"独狼"模式已经不适合阶段的发展。团队协作混乱、任务安排烦琐、进度不明确、协作成员相互推诿等等更是常见的问题，导致团队协作间的效率低下。那么，企业、部门之间的团队协作应该如何进行呢？

（1）建立团队协作意识。团队意识是一种主动性的意识，将自己融入整个团体，思考团队真正的需求，从而最大程度地发挥自己的作用。包括明确团队目标、尊重/激励团队协作成员、加强团队协作沟通、树立团队协作精神等几方面。

（2）清晰团队协作任务分工。团队协作不是一个单人任务，它需要几个不同的团队去协作进行。所以，针对团队成员需要进行合适的任务和工作分配，而这可以利用团队协作工具来实现。

（3）重视团队协作间的问题反馈。在团队协作过程中，重视团队成员反馈出来的问题非常重要，它会直接影响到问题本人和其他协作成员的协作积极性。所以，当出现反馈信息的时候一定要谨慎，需要让对方清楚地懂得你要表达的观点和处理方法，以免造成不必要的误解。

（4）建立团队协作激励。针对团队协作任务的完成情况，对团队成员进行不同程度的激励，可以通过荣誉激励、情感激励、奖金激励等方法进行。

团队协作是一个不同团队、人员之间的协作过程，可以说，一个企业的团队意识越强，它的生命力就越旺盛、越长久。士气高扬、精力充沛的团队可以将整个企业牢牢地捆在一起，更好地发挥整体的作战能力。

三、自我管理技能

（一）自我管理技能的概念

自我管理技能经常被看作个性品质，而不是技能，因为它常被用来描述或说明人具有的某些特征，就是一个人所具有的特征和品质。这些技能可以从非工作领域迁移转换到工作领域，有助于推销自己和自己的才能，是成功所需要的品质；还可以帮助一个人更好地适应环境，是个人最有价值的"资产"，是影响职业生涯成功与否的关键。

（二）自我管理的构成

1. 精力管理

劳逸结合、张弛有度的学习节奏能帮你把有限的精力合理分配，让你的体能更充沛、思维更清晰、做事更高效。

闹钟工作法是管理精力的好方法。选择一个待完成的任务，将闹钟时间设为 25 分钟，在此期间保持专注，中途不允许做任何与该任务无关的事，直到闹钟响起，可短暂休息 5 分钟，然后开始下一个闹钟，每完成 4 个闹钟可以多休息一会儿。

2. 时间管理

时间管理的四大原则：①做事考虑性价比。②赋予你的时间以价值，让它值得被重视。③如果某件事 2 分钟内能做完，立刻处理它。④击退干扰，对不重要的事和不重要的人说不。

想要做好时间管理，就要学会利用碎片时间。可以在吃饭时看看时事新闻，在课余时间做做运动，在等车时背背单词等。

3. 情绪管理

负面情绪不可怕，它是一种正常的自我意识，但过度的消极心态容易导致习得性无助，削弱你的自信心，分散你的注意力，影响你的学习效率。

怎样驾驭你的情绪呢？

（1）设置自我激励机制：如考完试奖励自己一顿大餐。

（2）肯定每一个微小的成就：完成比完美更重要。

（3）给自己一些积极的心理暗示："我今天很棒！""我还可以坚持一下！"

4. 习惯管理

培养好习惯并不难，你只需迈出第一步，这份成就感会激励着你逐日精进，继续拓展自己的舒适区。

有效养成好习惯的方法：

（1）精减欲望：量力而行，循序渐进。

（2）从小事开始：持之以恒，点滴进步也能带来惊人的变化。

（3）互相监督：找个志同道合的小伙伴，借助外力约束自己。

（4）保持耐心：客观地看待自己的改变，不要急于求成。

（5）将习惯具象化：确定明确的衡量标准，如每天读书 30 分钟。

（三）自我管理技巧

1. 制订目标

目标就是我们前行的方向，每日目标、每月目标，都要量化、管理它。我们可能有很多目标，包括工作、生活、自我提升等，每天都要设定一个首要目标去完成，而不是在一大堆目标中迷失方向。每个人都有不同的目标，根据自身情况，设定适合自己的目标。

2. 设置优先级

列出目标清单，接下来就是按照优先级排序。很多时候计划赶不上变化，我们会面临各种各样的突发情况，这时候优先级就起作用了，果断放弃优先级低的计划。此方法在各个领域都通用，例如你要考英语证书，下个月就要考试，那么就提高学英语的优先级。

3. 保持高效

保持高效这件事太重要了，因为现在是知识爆炸的时代，我们总会被各种信息迷乱心灵。

曾有一名著名学者的做法是，在工作学习时间中手机静音，无论消息还是电话都不理睬，等 2 个小时之后，再看手机，有必要的信息才会处理。这样就能保持高效工作。

4. 为任务设置时限

每个计划都设定时间，保证在这个时间段完成。刻意完成，慢慢地就会发现，好多事情逼自己一把，什么都能做到。

5. 集中注意力

分享一个帕累托原则：少数关键性的努力（20％）通常能够产生绝大部分结果（80％）。所以时间分配上也是有技巧的，应该把注意力集中在能产生重大结果的活动上。

6. "2 分钟法则"

"2 分钟法则"，如果一个任务可以在 2 分钟内搞定，那就不要犹豫，尽快搞定它。完成之后就在待办清单里划掉它，这样就减少了负担。这些事情完全可以利用碎片化时间完成。

7. 相似任务集中处理

很多任务有相似性，将其巧妙地捆绑在一起完成，执行起来比较容易。写文章的事情集中起来做、打电话的事情集中起来做。

8. 学会整理自己的信息

信息和知识只有整理和统计之后才能变成可利用的知识，一旦具备了知识储备，以后解决问题就可以利用顺藤摸瓜的方式以非常高的效率解决。把知识结构化、系列化、标准化，这样可以节约大量的时间。

（四）自我管理技能的获得

1. 时间管理

（1）时间管理的原则。

①保持焦点。保持焦点的意思就是一次只做一件事情。大学生要学会抓重点，远离琐碎杂事。

②80/20法则。你应该把精力用在最见成效的地方。用你80%的时间来做20%最重要的事情，因此你一定要了解，对你来说，哪些事情是最重要的，是最有生产力的。谈到时间管理，有所谓紧急

学会时间管理

的事情、重要的事情，然而到底应做哪些事情？当然，第一个要做的一定是紧急又重要的事情，通常这些都是突发困扰、灾难、迫不及待要解决的问题。当你天天处理这些事情时，表示你的时间管理并不理想。成功者花最多时间做最重要，但不紧急的事情，这些都是所谓的高生产力的事情。然而，一般人都是做紧急但不重要的事。你必须学会如何把重要的事情变得很紧急，这时你就会立刻开始做高生产力的事情了。

③马上行动。许多人都习惯于待会儿再说，这样会花费很多时间才能重新进入状态，却不知道状态是干出来的，而不是等出来的。最佳时机是需要把握的，请记住，栽一棵树最好的时间是24年前，第二个最好的时间是现在。

④学会说"不"。"计划赶不上变化"是经常遇到的情况，确实有很多时候自己原本已经安排好了计划，但是经常会临时出现一些变化。例如，朋友拉你打牌或喝酒，会占用你大部分自由时间，在这种情况下，要学会恰当地拒绝。但是拒绝时要讲究技巧，不宜直截了当，而要委婉，用他人觉得合理的理由来拒绝。要学会限制时间，不仅是给自己，也是给别人。不要被无聊的人和无关紧要的事缠住，也不要在不必要的地方逗留太久，不要将整块的时间拆散。一个人只有学会说"不"，他才会得到真正的自由。

⑤积极休闲。不同的休闲会带来不同的结果。积极的休闲有利于身心的放松、精神的陶冶和人际的交流，有利于提高工作效率。

⑥搁置的原则。不要固执于解决不了的问题，可以把问题记下来，让潜意识和时间去解决它们。这就有点像踢足球，左路打不开，就试试右路，总之，尽量不要"钻牛角尖"。不要展开无谓的争论，说得越多，做得越少，不仅影响情绪和人际关系，而且会浪费大量时间，到头来往往解决不了什么问题。聪明人常常在别人喋喋不休或面

红耳赤地争论时已经走了很远的距离。

（2）时间管理的方法。

①计划管理。时间管理的重点是列出待办单和计划。待办单就是将你每日要做的一些工作事先列出一份清单，排出优先次序，确认完成时间，以突出工作重点，避免遗忘，未完事项留待明日。待办单主要包括的内容有：非日常工作、特殊事项、行动计划中的工作和昨日未完成的事项等。在使用待办单时需要注意：每天在固定时间制定待办单（一起床就做）、只制定一张待办单、完成一项工作划掉一项、待办单要为应付紧急情况留出时间、每天都要坚持。计划就是针对每个时间段制订详细的计划，例如，每学期期末制定出下一学期的学习工作规划、每季季末制定出下季度的学习工作规划、每月月末制订出下月的学习工作计划、每周周末制订出下周的学习工作计划等。

②时间 ABC 分类法。将自己的工作按轻重缓急分成 A（紧急、重要）、B（次要）、C（一段）三类；安排各项学习和工作优先顺序，粗略估计各项学习和工作时间和占用百分比；在学习和工作中记载实际耗用时间；每日计划时间安排与耗用时间对比，分析时间运用效率；重新调整自己的时间安排，更有效地工作。

③考虑不确定性。在时间管理的过程中，还需要应付意外的不确定性事件，因为计划没有变化快，需为意外事件留出时间。有三个预防此类事件发生的方法：第一，为每件计划都留有预备时间。第二，努力使自己在不留余地又饱受干扰的情况下，完成预计的工作。这并非不可能，事实上，工作快的人通常比慢吞吞的人做事精确些。第三，另外准备一套应变计划。

要想很好地完成学习和工作中的事情，就必须善于利用自己的时间。学习和工作是无限的，时间却是有限的。时间是最宝贵的财富。没有时间，计划再好，目标再高，能力再强，也是空的。时间是如此宝贵，但它又是最有伸缩性的，它可以转瞬即逝，也可以发挥最大的效力，时间就是潜在的资本。充分合理地利用每个可利用的时间，压缩时间的流程，使时间价值最大化。

📖 **阅读**

自我管理的 8 个好习惯

1. 凡事提前 10 分钟

凡事提前 10 分钟，会让你有充裕的时间应对可能的突发事件，更加从容。试着把起床闹钟提前 10 分钟，你就会发现你出门不必急匆匆，早饭也可慢慢享用，一整天的状态也更精神抖擞。

2. 工作前梳理，工作后整理

工作之前，把一天要做的事按重要和紧急列出一个四象限，先完成重要且紧急的事，每完成一项就打个钩，保证今日事今日毕。工作结束之后再进行整理回顾，看看哪些地方还可以提高效率。

3. 遇事少抱怨

抱怨是一种充满负能量的行为，只是让人过过嘴瘾，给自己的平庸找一个外界因素作为借口，并不会改变你的处境。所以请不要抱怨，并远离爱抱怨的人。如果不满意现状，就努力改进。

4. 多发现别人的优点

君子和而不同。每个人都是独特的个体，你可以不用完全认同他人的观点和处事方式，但要抱着欣赏的态度与他人交往，发现他有什么优点可以被你吸收。这样就会少很多偏见和争执，保持和谐融洽的氛围。

5. 坚持运动

健康，是人生一切成就的根源。如果有条件，办张离单位或者离家近的健身卡，如果没有条件，跟着视频或App跳一节健身操。上下班用骑车步行代替乘车，工作间隙站起来活动一下身体。没时间运动，迟早要腾出时间去生病。

6. 保持阅读习惯

读书会潜移默化地涵养你的心灵、塑造你的气质，每天晚上下班后抽出1~2小时看看书，养成阅读的习惯，久而久之就会发现自己的见识和谈吐不一样了。

7. 投资自己

跨出自己的舒适圈，去接触外面的未知区域，无论是知识、思维还是人，培养新的兴趣爱好，如练练毛笔字、学学绘画，不断地学习和改进，是对自己最好的投资。

8. 列心愿清单

把想买的东西列个清单，有给自己的，也有给亲人朋友的，列的东西是能提高生活质量的实用物品。把每月工资中划出一部分为心愿购物清单所用，设置一个目标，每完成一件事就买一到两件，别一下子买完。

2. 情绪管理

（1）情绪管理的内涵。情绪管理，就是用对的方法，用正确的方式，探索自己的情绪，然后调整自己的情绪，理解自己的情绪，放松自己的情绪。

简单地说，情绪管理是对个体和群体的情绪感知、控制、调节的过程，其核心必须将人本原理作为最重要的管理原理，使人性、人的情绪得到充分发展，人的价值得到充分体现；是从尊重人、依靠人、发展人、完善人出发，提高对情绪的自觉意识，控制情绪低潮，保持乐观心态，不断进行自我激励、自我完善。

情绪管理就是善于掌握自我，善于调制合体调节情绪，对生活中矛盾和事件引起的反应能适可而止地排解，能以乐观的态度、幽默的情趣及时地缓解紧张的心理状态。

（2）情绪管理的方法。

①心理暗示法。从心理学角度来讲，就是个人通过语言、形象、想象等方式，对自身施加影响的心理过程。这个概念最初由法国医师库埃于1920年提出，他的名言是"我每天在各方面都变得越来越好"。自我暗示分消极自我暗示与积极自我暗示。积极自我暗示，在不知不觉之中对自己的意志、心理以至于生理状态产生影响，积极的自我暗示令我们保持好的心情、乐观的情绪、自信心，从而调动人的内在因素，发挥主观能动性。心理学上所讲的"皮格马利翁效应"也称期望效应，即积极的自我暗示。而消极的自我暗示会强化我们个性中的弱点，唤醒我们潜藏在心灵深处的自卑、怯懦、嫉妒等，从而影响情绪。

与此同时，我们可以利用语言的指导和暗示作用，来调适和放松心理的紧张状态，使不良情绪得到缓解的方法。心理学的实验表明，当个人静坐时，默默地说"勃然大怒""暴跳如雷""气死我了"等语句时心跳会加剧，呼吸也会加快，仿佛真的发起怒来。相反，如果默念"喜笑颜开""兴高采烈""把人乐坏了"之类的语句，那么他的心里面也会产生一种乐滋滋的体验。由此可见，言语活动既能唤起人们愉快的体验，也能唤起不愉快的体验；既能引起某种情绪反应，也能抑制某种情绪反应。因此，当我们在生活中遇到情绪问题时，应当充分利用语言的作用，用内部语言或书面语言对自身进行暗示，缓解不良情绪，保持心理平衡。例如，默想或用笔在纸上写出下列词语："冷静""三思而后行""制怒""镇定"等。实践证明，这种暗示对人的不良情绪和行为有奇妙的影响和调控作用，既可以松弛过分紧张的情绪，又可用来激励自己。

②注意力转移法。就是把注意力从引起不良情绪反应的刺激情境，转移到其他事物上去或从事其他活动的自我调节方法。当出现情绪不佳的情况时，要把注意力转移到使自己感兴趣的事情上去，如外出散步，看看电影、电视，读读书，打打球，下盘棋，找朋友聊天，换换环境等，有助于使情绪平静下来，在活动中寻找到新的快乐。这种方法，一方面中止了不良刺激源的作用，防止不良情绪的泛化、蔓延；另一方面，通过参与新的活动特别是自己感兴趣的活动而达到增进积极的情绪体验的目的。

③适度宣泄法。过分压抑只会使情绪困扰加重，而适度宣泄则可以把不良情绪释放出来，从而使紧张情绪得以缓解、轻松。因此，遇有不良情绪时，最简单的办法就是"宣泄"。采取的形式或是尽情地向至亲好友倾诉自己认为的不平和委屈等，或是通过体育运动、劳动等方式来尽情发泄，或是到空旷的山林原野，拟定一个假目标，发泄心中的不快。必须指出，在采取宣泄法来调节自己的不良情绪时，必须增强自制力，不要随便发泄不满或者不愉快的情绪，要采取正确的方式，选择适当的场合和对象，以免引起意想不到的不良后果。

④自我安慰法。当一个人遇有不幸或挫折时，为了避免精神上的痛苦或不安，可以找出一种合乎内心需要的理由来说明或辩解。如为失败找一个冠冕堂皇的理由，用以安慰自己，或寻找的理由强调自己所有的东西都是好的，以此冲淡内心的不安与痛苦。这种方法对于帮助人们在大的挫折面前接受现实、保护自己、避免精神崩溃是很

有益处的。因此，当人们遇到情绪问题时，经常用"胜败乃兵家常事""塞翁失马，焉知非福""坏事变好事"等词语来进行自我安慰，可以摆脱烦恼，缓解矛盾冲突，消除焦虑、抑郁和失望，达到自我激励，总结经验、吸取教训之目的，有助于保持情绪的安宁和稳定。

⑤交往调节法。某些不良情绪常常是由人际关系矛盾和人际交往障碍引起的。因此，一方面当我们遇到不顺心、不如意的事，有了烦恼时，能主动地找亲朋好友交往、谈心，比一个人独处胡思乱想、自怨自艾要好得多。因此，在情绪不稳定的时候，找合适的人谈一谈，具有缓和、抚慰、稳定情绪的作用。另一方面，人际交往还有助于交流思想、沟通情感，增强自己战胜不良情绪的信心和勇气，能更理智地去对待不良情绪。

⑥情绪升华法。升华是改变不为社会所接受的动机和欲望，而使之符合社会规范和时代要求，是对消极情绪的一种高水平的宣泄，是将消极情感引导到对人、对己、对社会都有利的方向去。如一同学因失恋而痛苦万分，但他没有因此而消沉，而是把注意力转移到学习中，立志做生活的强者，证明自己的能力。

3. 习惯管理

（1）习惯管理的内涵。所谓习惯就是人们积久养成的思考和行动的方式。当我们频繁使用某种思考和行动的方式而使它差不多变成了一种自动行为时，习惯就产生了。人是习惯的动物，每个人都有好的习惯和坏的习惯。所谓习惯管理，就是寻找人们普遍具有的、有较大影响的习惯，并对它们进行有效的引导和管理。有效的习惯管理将事半功倍地提高人们的工作效率，更快地实现目标。因此，习惯管理成了现代管理的新课题。

（2）习惯管理的方法。首先，鉴别出人们的好习惯和坏习惯。好习惯和坏习惯是相对于目标而言的。每个组织拥有不同的目标和文化，因此，人们倡导的好习惯和反对的坏习惯也不尽相同。根据自己特有的文化来界定学生身上普遍具有的、对发展至关重要的好习惯和坏习惯，把它们作为习惯管理的主要对象。

在鉴别出这些对集体达成既定目标起关键影响作用的好习惯和坏习惯以后，就要采取相应措施，使好习惯在组织中保持发扬，坏习惯得到改正。这就是习惯管理的第二步，即采取措施巩固好习惯，纠正坏习惯。措施可以是多种多样的，比如领导可以运用口头表扬、精神激励或物质激励、委以重任等方式对学生的好习惯进行正强化；运用批评、物质惩罚、取消其担当重要工作资格等方式对学生的坏习惯进行负强化。

习惯管理的第三步涉及学校的制度建设。如果学校认为学生的有些习惯对学校影响很大，必须进行规范，就可以在制度中进行说明。比如严格要求学生准时的，学校可以严格考勤制度等。通过制度建设，把学校倡导的和反对的行为明确地界定下来，学生的行为就更加容易得到规范，向着学校希望的方向发展。

不管是措施还是制度，都是从硬性的角度来规范学生的习惯，但是要让学生在潜移默化中养成学校推崇的好习惯，摒弃学校反对的坏习惯，还需要在文化建设上下功夫。校园文化既是习惯管理的起点，也是习惯管理的终点。拥有什么样的文化，就会在无形中孕育什么样的习惯。如果学生的习惯与组织文化相符，这个习惯就会被扩大、被强化；反之，如果学生的习惯与校园文化相违背，那么这个习惯很难有长久的生命力，学生会在校园文化潜移默化的作用下摒弃原来的习惯。学校倡导什么样的做事风格和氛围就有助于什么样的习惯的产生和发扬。相反，那些在校园文化中难以得到认同的习惯，就会在群体的影响力下逐渐淡化。

第三节　大学生职业技能的获得方法

个人技能与职业是密切相关的，个人技能在职业中得到充分发挥是最佳选择。那么，我们如何了解今后所从事职业对所需技能的需求呢？本节将从宏观角度，介绍几种获得职业技能的方法。

一、生涯人物访谈法

生涯人物访谈的目的是获得从大众传媒得不到的深入信息和个性化信息。通过与两三位职场人士的访谈，获得关于行业、职业和公司"内部"信息的职业探索活动。一般访谈时间控制在 30～60 分钟。最好是面对面的形式，电话、视频通话、社交软件访谈次之。

在生涯人物访谈中，首先要确定访谈的对象。应该去寻找在自己本专业领域里，有长期工作经验，且获得一定成就的人士。他身上应当具有你所敬佩的品质，是你的榜样。其次，关于访谈的内容应当围绕专业领域进行访谈，如工作性质、任务或内容，工作的环境、就业地点，所需教育、培训或经验，个人所需的资格、技巧和能力，收入或薪资范围、福利，工作时间和生活形态，相关的职业和就业机会，组织文化和规范以及展望未来。另外，还应该咨询喜欢这份工作哪些方面，不喜欢哪些方面，对于自己进入这个领域有什么建议。

📖 **阅读**

生涯人物访谈记录

访谈时间：2021 年 8 月 3 日

访谈方式：面对面

被访谈人：黄先生，计算机专业本科学历，现任某公司旗下益成茶行市场部主任

访谈内容：

问题 1：您是如何找到工作的？

答：是通过熟人介绍的，经过数月实习，通过自己的努力，从销售一步一步干到了主任。

问题2：您认为具有什么样的精神品质、性格和能力对工作来说是重要的？

答：第一，坚持。经验是需要用时间培养的。坚持一份工作，就会积累经验，从而有更大的发展。第二，踏实的性格，毕竟很多工作不会在短时间就能有满意的收入，所以需要踏实。第三，对市场敏锐的观察力，因为每一个行业都有竞争，如果做不好，就会被淘汰。只有抢先抓住市场的动向，知道顾客需要什么，才能离成功越来越近。

问题3：这项工作要求具备的个人品质、性格和能力同别的工作有什么不同？

答：首先是要有与人沟通的能力，而且这种能力要特别强，因为在卖场销售的时候，就是面对面地与顾客交流，如果沟通不好的话，不但会影响你的销售业绩，甚至还会引发矛盾，遭到投诉，工作不保。沟通能力是一方面，还要有像上一个问题中提到的坚持、踏实和耐心，这些既是所有工作顺利进行的前提，也是我这份工作的成功因素。像我现在的工作，还需要善于发现、解决问题，并善于总结，把每一个店在销售中的问题，归纳汇总，制成文字材料、经典案例，日后给其他的销售人员讲课的时候，教授给他们怎样解决这些问题。提到给销售人员讲课，我的工作还需要勇气，不能怯场。当然，这需要日积月累的经验，我也是从基层销售干到主任的，与销售人员没有距离。

问题4：刚参加工作时会有什么培训？

答：刚参加工作，公司会对企业文化和公司产品进行培训，而且产品推新的时候也会有培训。

问题5：平常在工作方面您每天都做些什么？

答：在办公室中处理各个经销商的问题与销售业绩统计。根据最新的市场销售信息反馈，判断消费者的需求，定期组织市场调研，收集市场信息，分析市场动向、特点和发展趋势，从而确定销售策略，建立销售目标，制订销售计划。

问题6：男女工作者在这份工作上机会均等吗？

答：现在的工作基本是男女平等了。工作嘛，都是有能力者居之。只要自己有这个实力并勇敢拼搏，你就能够争取到自己想要的。

问题7：您觉得现在实现人生价值了吗？家庭成员对您的工作满意吗？

答：我觉得我已经实现了人生价值，我只是想让家人感到温暖就好，只要满足这一点我就心满意足了。家里人对我的工作也很满意，我们公司按国家法定节假日休假，这使我有充足的时间来陪伴我的家人。

问题8：您对大学生有什么建议吗？

答：在学业上，把自己的专业知识学好，无论什么专业，只要它存在就有它的价值，所以不要浑浑噩噩地度过大学时光。在生活中，要吃苦耐劳，勇于实践，要知道实践出真知。

最后学生总结了本次访谈工作的感受：社会的复杂多样、变幻莫测，是在书本、网络和学校里无法感受和洞悉到的。没有亲身的经历，就无法清楚地了解当今就业形势的真实状况，就只能让自己继续隔绝于社会之外。

这次的假期实践和生涯人物访谈给学生带来很大的感受，也带来很大帮助。①首先需要定位自己做什么合适，要有一个职业生涯的规划。②积极争取学习和进步的机会。③积累个人的信誉。从你的职业生涯的第一天，就要按照诚信的原则办事。要做到，当人们提起你的名字的时候都说这人还不错，做事还行。④注意利用资源。如果你有成功的长辈或朋友，可以充分利用这些机会，得到更加发展的机会。⑤注意人脉的积累。最终，事业要靠在社会上的人脉资源。要注意认识在你这个行业的人，结交他们，他们会成为你事业上的助力。⑥多听听成功的前辈和朋友的意见。

二、用 STAR 法则编写成就故事

STAR 法则，就是一种讲述故事的方式，或者说，是一个清晰、条理的作文模板。合理熟练地运用此法则，可以轻松地应对面试官描述事物的逻辑方式，表现出自己分析阐述问题的清晰性、条理性和逻辑性。

请写下生活中令你有成就感的具体事件然后对其进行分析，看看你在其中使用了哪些技能（尤其是可迁移技能）。这些"成就事件"不一定都是工作或学习上的，也可以是课外活动或家庭生活中发生的，比如同学聚会、一次美好而难忘的旅行等。不必是惊天动地的大事，只要符合以下两条标准，就可以被视为"成就"：①你喜欢做这件事时体验到的感受；②你为完成它所带来的结果感到自豪。如果同时你还获得了他人的认可和表扬那就更好了，不过这并不重要。

写一个你的成就故事，包括当时的形势、面临的任务或目标、采取的行动或态度、取得的结果。试分析其中所反映的个人技能。

案例分析

自甘平庸的朱娟

朱娟大学毕业后，在一家大公司找到了一份文员的工作。这份工作虽然没有多少含金量，工资也不高，但好在舒适又体面，也不用承受太大压力。

初入职场，有很多东西要学，朱娟也算勤勤恳恳，可是一年以后，一切都熟悉了，她就觉得工作跟玩似的，无非就是做做表格，复印一些文件，帮领导跑跑腿，无聊又无趣，根本没有任何上升空间。

眼看着同时入职的新人一个个升了职，加了薪，或者变成部门里的骨干，可自己还是拿着当初的薪水，是一个无关紧要的小人物，朱娟的心里就不是滋味。很多次，

她想要调岗，去做物流，或者跑销售，但一打听，这些工作都挺烦挺累，加班是常态，更别想有时间坐在办公室里聊天。放弃目前舒适的工作去受罪，她实在不甘心，于是，她只得一边羡慕别人一边纠结。

朱娟在文员的岗位上一干就是三年，后来部门大换血，新的领导带来了新的文员，被逼无奈，她只得接受人事部的调岗决定。好在有几个岗位可以选择，她选择做计划员，这份工作虽然不及文员轻松，但含金量颇高，很受公司重视，工资也高出很多。

刚开始，朱娟觉得自己因祸得福，一次人事变动，让自己有了更好的工作。可是好景不长，她很快就开始叫苦不迭了。这份工作要求了解公司产品，随时跑生产现场，和各个部门进行协调，还有大量的数据需要录入，忙得脚不沾地、焦头烂额，别想坐下来聊天休息，连喝口水的时间都没有，就连周末也是电话不断，都是些亟须处理的棘手问题。

两个月下来，朱娟人瘦了一圈，觉得自己天天都像被放在火上烤，想想觉得真不划算，还不如做文员呢，于是打了辞职报告，重新在另一家公司找了一份文员的工作。虽然偶尔也会羡慕别人拿高薪，嫉妒别人升职，但她再也不敢轻易换工作了。

解析：

从职业发展的路径来看，在职业适应过程中需要在求职前充分了解职业和岗位，清楚其对今后的职业生涯发展是否有促进作用。朱娟眼看着同时入职的新人一个个升职加薪后，陷入了羡慕加纠结的状态，如果她能从一开始就明白自身的职业发展目标，便不会存在这个问题。她在文员的岗位上，只是满足于干好基本的工作，没有思考如何在岗位上主动提升职业技能而争取一定的职业上升空间，这也导致其不能适应后来"因祸得福"的工作岗位。

实践训练

1. 结合自身的职业规划和目标，思考下列问题：在择业过程中，我们应该关注什么问题？这些问题应如何解决？

2. 在确立职业目标的过程中需要思考以下问题：

（1）比较理想的工作环境是怎样的？

（2）如将来工作与职业期待不一样，该怎么办？

（3）在择业过程中会遇到什么问题？

（4）该如何适应新的职业环境？

第四章

深入探索职业世界

名人名言

没有了工作，生命就会腐蚀，但工作若失去意义，生命就会窒息、停止。

——阿尔巴特·卡玛斯

自己不能胜任的事情，切莫轻易答应别人，一旦答应了别人，就必须实践自己的诺言。

——华盛顿

学习目标

1. 认识探索职业世界的重要性
2. 掌握职业的概念、构成要素、分类、基本特征及功能
3. 掌握职业社会对人才的需求情况
4. 了解职业发展的特点及其发展趋势
5. 职业环境分析的概念、要求及具体体现
6. 职业环境分析的途径与方法

案例导入 ▶▶▶

有想法没有方法的丁柯文

上大学前，丁柯文的目标特别明确，就是要考上自己心仪的美术学院，在大学的录取通知书如愿到手后，丁柯文被一种巨大的成功和喜悦所包围，有一种如释重负的"解脱"感。大学的校园生活在丁柯文眼中也是"多姿多彩"的——迎新晚会、社团招新、学生会竞选……都吸引着充满理想的他，他想象着自己必将在大学一展身手、学有所成，四年之后也必然成为一个意气风发的职场精英。

很快，他的大一生活就在纷纭而至的各项学生活动中度过了。期末成绩出来，他大吃一惊，每门功课都在及格线上一点，这让在高中时代一直稳坐前三的他产生了一种巨大的挫败感，他甚至怀疑自己是否选错了专业。他的专业是平面设计，当时因为听说平面设计专业的毕业生"很赚钱"，因此他一直坚信自己毕业后可以找到"一份很高收入的工作"，或者自己创业当老板。结果，进入大二的丁柯文，自信心在一点点消失，他感觉自己成绩平平没什么竞争力，也不知道这个专业能找到什么好工作，创业的想法一提出来就被家人否定了，说还是找个稳定的工作才是正道。

第一节 职场初探

"比别人多用心一点，你离成功就近一点"，这是给每一位渴望走进职场、获得职场成功的大学生的一点启示。

职场对于很多大学生来说，既无限向往，又因为陌生而心生畏惧。在学校学习期间，我们能为将来踏入职场做些什么准备呢？认识自我，提升自我固然重要，有针对性地探索职业世界也必不可少。

只有充分地了解职业世界的信息，我们才能知道不同职业对人素质的不同要求，才能知道自己究竟能做些什么，才能明白自己到底适合什么样的工作。

一、什么是职业

谈起职业，同学们也许并不陌生。首先是你们的父母亲友，他们或是工人，或是农民，或是教师，或是医生，或是机关工作人员，或从事其他工作。他们每天奔波忙碌，辛勤工作，供养你们读书上学，维系着家庭的生活和幸福。这些工作就是职业。

什么是职业

《辞海》中的词条指出，职业就是一种相对稳定的劳动和工作，职业是获得经济收入的主要来源，职业具有一定的差异性和层次性。

也有人认为，职业是指从业人员为获取主要生活来源所从事的社会工作类别，它是劳动者参与社会经济活动的直接体现。

而在现实生活中，人们总是要在一定的工作岗位上实现就业，但人们对"职业"一词却有着不同的理解。有人认为，职业就是"工作"，如医生、教师、法官等；有人认为职业是一种"生活来源"；有人认为职业是一种等级身份。

然而从科学的角度来看，所谓职业是指参与社会分工，利用专门的知识技能，为社会创造物质财富和精神财富，获得合理报酬、满足物质生活需要和精神生活需求的社会劳动；是人们所从事的相对稳定的、有收入的、专门类别的工作；是有劳动能力的人为生活所得发挥个人能力并为社会做贡献的持续性活动；是个人在社会中所从事的作为主要生活来源的工作。可以说，"职业"反映着个人与社会两个方面的内容，是一个个人与社会互动的范畴。

职业存在于社会分工之中，在不同工作性质的岗位上，人们从事的工作在目标、内容、方式与场所上有很大的差别，也就是说，人们的社会角色是不一样的。一定的社会分工或社会角色的持续实现，就形成了职业。职业的概念可以从以下 4 个方面加以理解：

一是相对稳定的劳动和工作，即在一定的时期内在某单位的劳动和工作。

二是生活的主要经济来源，即从事该项劳动和工作是获得个人或家庭生活消费的主要经济来源，强调创造物质财富和精神财富，获得合理报酬。

三是与人类的需求和职业结构相关，强调社会分工，包括横向和纵向的分工不同的工作类别。

四是劳动者参与社会经济活动的直接或间接体现，与个人生活相关。

因此，职业是对人们的生活方式、经济状况、文化水平、行为模式、思想情操的综合性反映，也是一个人的权利、义务、职责的体现，一个人社会地位的一般性表征。由此，也可以说，职业是人的社会角色的一个极为重要的方面。

二、职业的特点及功能

（一）职业的特点

1. 各类职业内部都具有特定的同一性

同一类别的职业，其劳动条件、工作对象、生产工具、操作内容、人际关系等都是相同的或相近的。由于这些"工作场景"的同一性，人们就会形成相同的行为模式，有共同语言，很容易互相认同。这种同一性自然就会给人打上社会的印记，能反映和说明某种职业的人是"哪一种人"。例如，一个人是侦探，人们会认为他精明；若他改行搞文艺，人们就认为他活泼浪漫；若他又去当教师，人们则认为他有学问等。

2. 不同职业之间有着巨大差异

不同职业之间的差异包括职业活动内容、个人行为模式和职业社会心理。一般来说，人类社会作为一个有机体，必然存在分工，存在很多不同的职业。古人说世上有"三百六十行"，而现代社会有几千种职业，各类职业之间的差异极大。随着分工的细化、技术的进步、经济结构的变动和社会的发展，新职业不断产生，其数量要大于被淘汰的旧职业。当今社会职业差异还在继续加大。这种差异导致了不同职业的不同社会人格，以及在职业转换中的矛盾与困难。

3. 职业可以区分不同的层次

通常来说，职业不分"高低贵贱"。但在现实社会中，人们对不同的职业还是有着不同的看法的。这种职业社会评价的层次性，根源于不同职业的体力、脑力付出的不同，工作的复杂程度的不同，从事某种职业的教育资格条件不同，工作环境的舒适程度不同，在工作单位中的地位不同，工作内容的自主权不同，工作的收入水平不同等方面的差别。

4. 职业是个人和社会存在发展的基础

职业为人们解决了生活资料的经济来源，"衣食足而知荣辱"，有了职业生活，才有其他一切社会生活的基础。与此同时，作为社会分工的产物，职业也是社会存在和发展的基础。

5. 职业具有广泛性

职业涉及社会的大部分成员，也涉及社会的经济、政治、心理、教育、技术、伦理等许多领域，这就使它具有了广泛性。就个人而言，一个人生活的方方面面，都与大千职业世界发生着重要联系。

6. 职业具有时代性

时代性有两个含义：一是职业随着时间的变化而变化，部分新职业产生，替代一部分过时的职业；二是社会在每一个历史阶段都有自己的职业"时尚"，它往往反映在人们对职业选择的取向上。

7. 职业具有经济性

从事某种职业，于公于私都具有经济性。对个人而言，职业是个人获取生活资料的主要途径和来源；对社会而言，个人从事职业也是促进社会经济发展的重要环节，这是由职业的经济性所决定的。

8. 职业具有技术性

尽管各种职业所需要的知识、技术、素质差别较大，但绝对不存在没有知识、技术要求的职业。进入知识经济时代，各行各业对知识、技术的要求相对更高了，各种职业的技术含量也在不断增加。因此，职业的技术性更加突出。

9. 职业具有群体性

首先，职业必须具有一定的规模，必须是群体的共同行为，达不到一定数量，从业人员的劳动不能称为职业。其次，从外部看，各行各业的从业者具有千丝万缕的联系，从业者相互合作、齐心协力，共同承担社会责任；从内部看，职业的不同岗位责任明确、目标一致，具有群体认同感，通过群体的努力共同完成职业要求，实现职业目标。

10. 职业具有规范性

任何职业活动，特别是技术性较强的职业活动必须遵从职业规范。职业规范主要包括人们在职业活动中应遵守的操作规则、办事章程，职业道德规范和在职业活动中养成的种种习惯等。这些职业规范或以法律、法规，或以组织章程和有关公约、守则的方式体现出来，或只是一些约定俗成的非正式的规范。

11. 职业具有连续性

我们所从事的职业相对来说必须是稳定的，具有稳定性和螺旋上升性，即明显的连续性。如果一个人的职业生涯出现断层，或者在一条发展良好的职业道路上突然掉转行进方向，对于其职业发展来说都是一种"倒退"。人通过将自己的智慧和精力奉献给所从事的职业，使得自己的人生价值得以体现。人的不断发展和进步，是职业对其提出的新的要求，个体通过不断调整自己以适应新变化的需要，同时又促进了职业的发展。

12. 职业具有社会性

职业是个人在社会劳动体系中从事的一种活动，所以，职业活动的过程也是为社会提供服务的过程。职业的社会性主要体现在以下几个方面：

一是职业要体现社会功能，即一定的职业对社会的作用，它通过责任、权利、义务体现出来。社会功能强的职业，任职条件高，职业层次也高。

二是职业要体现社会报酬，即任职者的工资收入、福利待遇、晋升机会、发展前景等。

三是职业要体现职业声望，有的职业从业者经济收入高，但社会地位并不高。由于职业声望是人们对职业社会地位的主观反映，因此，不可避免地带有个人的偏见以及受社会环境、舆论氛围等其他因素的影响，使职业声望和社会地位出现了一定的差异。

（二）职业的功能

职业的功能是指职业活动与职业角色对人和社会的作用与影响。职业生活是在人们的社会生活中居首要地位的活动，解决好职业问题，对人的一生发展具有重大的意义。职业的功能概括起来主要有以下几个方面。

1. 职业影响个人及其家庭的生活状况和社会地位

职业是个人获得经济收入的来源，是个人维持家庭生活的手段，不同职业、职位给就业者带来的经济收入也不尽相同。同时，不同的职业也体现了不同的社会地位、社会权力和社会声望。

2. 职业能促进个性的发展和提高

职业是促进个性发展的手段，当个人从事的职业能使个人的特长、兴趣得到充分发挥时，也就促进了个性的充分发展。不同的职业要求掌握不同的知识和技术，遵守一定的规则、章程和职业道德，从而影响职业角色的行动方式、处事原则和态度。长期从事某种职业，就会对该职业的某些方面产生更多的关注和兴趣，如音乐家对声音、地质工作者对岩土、历史学家对古书等。

职业对个体能力的提高也起着至关重要的作用。一个人的能力是在遗传素质的基础上，在一定的社会环境里，通过社会实践而形成和发展起来的。人的能力是多方面的，如某种专业能力、组织管理能力以及可迁移的能力。

3. 职业可推动人类社会的发展

人类社会由教育、经济、政治和科技等多方面构成。如教育工作者推动着教育事业的发展，经济工作者推动着经济的发展。每种职业都对人类社会的发展起到了积极的促进作用。在当今社会，每一项主要的工作，每一种重要的劳动以及社会活动，都有与之相应的职业，如体育是职业，文学艺术是职业，就业指导也是职业，家务劳动也可以成为职业。正因为如此，职业不仅仅是个人发展的主要方式，而且是为人类、为社会做出贡献的重要方式。

三、职业的分类

职业分类是指按一定的规则和标准，把一般特征及本质特征相同或相似的社会职业，分成并归纳到一定类别系统的过程。它是以工作性质的同一性为基本原则，对社会职业进行的系统划分与归类。工作性质是一种职业区别于另一种职业的根本属性，一般通过职业活动的对象、从业方式等予以体现。

职业分类的目的是要将社会上纷繁复杂、数以万计的现行工作类型，划分成类系有别、规范统一、井然有序的层次或类别，进而建立合理的职业结构和职工配制体系。职业分类是对职工进行考核和智力开发的重要依据。

根据不同的标准，社会中众多的职业可以分为不同的类型。

（一）按种类分类

1982 年，国家统计局、国家标准总局、国务院人口普查办公室公布了《职业分类标准》，将全国范围的职业划分为大类、中类、小类三层，即大类 8 个、中类 64 个、小类 301 个。1986 年，我国首次颁布了《职业分类与代码》。1992 年，原劳动部编制了《中华人民共和国工种分类目录》。到 1999 年，在广泛借鉴国际经验和深入分析我国社会职业构成的基础上，国家职业分类大典和职业资格工作委员会编制完成了《中华人民共和国职业分类大典》，对我国当前的职业状况做了科学、客观、全面的分析与总结。2015 年 7 月 29 日，国家职业分类大典修订工作委员会审议并颁布了 2015 版《中华人民共和国职业分类大典》，其中将我国的职业由大到小、由粗到细分为四个层次：大类（8 个）、中类（75 个）、小类（434 个）、细类（1481）个，细类为最小类别，亦即职业（见表 4-1）。

表 4-1　《中华人民共和国职业分类大典》对我国职业的分类

大类	中类	小类	细类（职业）
党的机关、国家机关、群众团体和社会组织、企事业单位负责人	6	15	23
专业技术人员	11	120	451
办事人员与有关人员	3	9	25
社会生产服务和生活服务人员	15	93	278
农、林、牧、渔业生产及辅助人员	6	24	52
生产制造及有关人员	32	171	650
军人	1	1	1
不便分类的其他从业人员	1	1	1
小计	75	434	1481

人力资源和社会保障部向社会公示了新修订的《中华人民共和国职业分类大典》（以下简称大典）。此次大典修订工作，是 2021 年 4 月由人力资源和社会保障部、国家市场监督管理总局、国家统计局联合启动的，也是自 1999 年颁布首部国家职业分类大典以来的第二次全面修订。

此次大典修订，遵循客观性、科学性、创新性原则，对 2015 年版大典确立的 8 个大类总体结构不作调整，对社会各方面反映的意见建议，秉承求真务实、理性实证的科学精神研究论证，写实性描述各职业（工种）的具体内容，优化更新大典信息描述，以充分反映经济社会和科技发展带来的实际业态变化。具体来说，围绕数字经济、绿色经济、制造强国和依法治国等要求，专门增设或调整了相关中类、小类和职业。与此同时，根据实际，取消或整合了部分类别和职业，例如：将报关专业人员和报检专业人员 2 个职业，整合为报关人员 1 个职业；取消了电报业务员等职业。据统计，新版大典包括 8 个大类、79 个中类、449 个小类和 1636 个细类（职业）。与 2015 年版大典相比，增加了法律事务及辅助人员等 4 个中类，数字技术工程技术人员等 15 个小类，碳汇计量评估师等 155 个职业（含 2015 年版大典颁布后发布的新职业）。

（二）按产业分类

根据国家统计局划分的标准，我国产业分为三大产业，即第一产业、第二产业、第三产业。

第一产业包括农业、林业、畜牧业、渔业等。广义上讲，农业包括采集、种植、狩猎、捕鱼、畜牧在内。农业部门的职业包括农林牧渔劳动者、管理人员、专业技术人员、技术工人等。

第二产业包括工业和建筑业。按照产品的经济用途，可以将整个工业分为两大类：生产生产资料的工业和生产消费资料的工业。前者称为"重工业"，包括机械、冶金、电力、煤炭、石油、燃料、化工等工业；后者称为"轻工业"，包括纺织、造纸、食品、皮革等工业。根据工业的供求关系以及按照劳动对象的性质不同，重工业又可以分为采掘工业和加工工业。轻工业也可以划分为以农产品为原料的轻工业，以及以非农产品为原料的轻工业，如日用化工品、化学纤维、陶瓷等工业在国民经济中起着主导作用。

随着生产的发展和科学技术的进步，一方面使工业部门越分越细，新的工业部门不断出现。例如，电子工业从机械工业中分离出来，高分子合成工业从石油、化学工业中分离出来。另一方面，也使工业部门之间的生产联系和交换关系更加复杂起来。工业生产部门之间必须保持一定的比例关系，才能使整个工业协调、高速地发展。

第三产业是指广义的服务业，包括四大部分：流通部门（如商业、饮食业、交通运输业、邮政电信通信业、物资供销和仓储业等）、服务部门（如金融、保险、房地产业、公用事业、居民服务业、旅游业和咨询服务业等）、科教文卫体育部门（如教育、文化、广播电视事业、科学研究事业、卫生、体育和社会福利事业等）、机关团体（如国家机关、党群组织和社会团体等）。

第一产业和第二产业都是物质生产部门，第三产业是流通和服务部门，它的发展是建立在第一、第二产业劳动生产率提高基础之上的，受第一、第二产业发展水平的制约。社会的生存、发展依赖于这三大产业保持合理的结构，第一产业是基础产业，关系到人类生存的基本需要，关系到国家的稳定；第二产业的发展水平是国家工业化与现代化程度的重要标志；第三产业虽然不直接从事物质生产，但它可以促进整个社会经济的发展和人民生活水平的提高。

由原国家计划委员会、原国家经济委员会、国家统计局于 1984 年首次发布，并于 1985 年实施的《国民经济行业分类和代码》分别于 1994、2002、2011、2017 年对其进行了修订。这项标准主要按企业、事业单位、机关团体和个体从业人员所从事的生产或其他社会经济活动的性质的同一性分类，即按其所属行业分类，将国民经济行业划分为门类、大类、中类、小类四级。经过不断修正，截至 2017 年共有门类 20 个：①农、林、牧、渔业；②采矿业；③制造业；④电力、热力、燃气及水的生产和供应业；⑤建筑业；⑥批发和零售业；⑦交通运输、仓储和邮政业；⑧住宿和餐饮业；⑨信息传输、软件和信息技术服务业；⑩金融业；⑪房地产业；⑫租赁和商务服务业；⑬科学研究和技术服务业；⑭水利、环境和公共设施管理业；⑮居民服务、修理和其他服务业；⑯教育；⑰卫生和社会工作；⑱文化、体育和娱乐业；⑲公共管理、社会保障和社会组织；⑳国际组织。

四、职业社会对人才的要求

(一) 职业对人才素质的共性要求

具体的职业对人才的具体要求是各不相同的，但无论什么样的职业都对人才素质有以下几个共性要求。

1. 职业形象要求

职业形象是指职业从业者的外在着装、语言、礼仪、谈吐必须符合社会普遍规范。职业形象是维护职业声誉的重要组成部分，是企业文化的重要构成内容，是社会文明的组成部分。职业形象好坏于己、于企业、于社会都是极其重要的，企业和职业人员都有义务维护职业形象。

2. 职业活动要求

职业活动基本要求是指各个职业活动中、相互交往中都必须注重的基本规范。它具体表现以下几点：注重时间观念；注意沟通有效，回复及时；注意原则，避免情绪化；角色认识与定位恰当；与同事之间有合作的团队精神；有大局观念；有成本意识；有职业技能。

3. 职业心理素质要求

职业心理素质是指从业者应具备相应的心理素质，表现为：职业调适能力、应激反应能力、挫折承受能力、抗拒诱惑能力。

4. 职业道德要求

每种职业活动都面临职业道德要求的问题，每个从业者不能因为自己的职业活动需要，为了自己的利益需要而违背职业道德。

（二）不同职业对人才素质的要求

社会对人才既有共同的要求，也会因为行业、职业、工作内容不同而有其特殊的要求。了解了整体要求，然后再了解一下自己心仪工作的具体要求，才能提高我们职业生涯规划的效率。

1. 科研人才的素质要求

科学研究又可分为自然科学研究和社会科学研究两大类。这两类工作对其工作人员的素质特征有不同的要求，具体见表 4-2。

表 4-2　不同研究人才的素质特征比较

自然科学研究人才的素质特征	社会科学研究工作者的素质特征
有较强的进取心和好奇心	有较强的文字表达能力，具有一定的演说才能
外语水平高，能及时掌握国外先进信息	有敢于坚持真理、不怕牺牲的精神，坚韧不拔地进行科研
有较强的表达能力、计算机应用能力和科技鉴别能力	有较雄厚的基础理论知识、专业知识和广博的知识视野
善于发现问题，有较强的科研定向能力和独创性	有较强的抽象思维和逻辑推理判断能力
有较强的逻辑思维能力和判断力	注重调查研究，尊重客观事实，治学态度严谨
有较雄厚的基础理论知识和较深的专业知识	善于从纵向发展和横向比较来分析研究问题，具有创新意识和独创精神
协作精神强，能在共同的科研攻关中恰当地扮演自己的角色	善于捕捉信息，注重资料的积累和经验的总结
尊重客观事实，实事求是，态度严谨	注重人际关系的交往，有较强的活动能力；善于和不同类型的人友好相处

从表 4-2 中我们可以发现，自然科学研究人才与社会科学研究人才所具有的素质特征有共同点，也有各自的特色。两类人才都需要有强烈的事业心与责任心；要有雄厚的基础理论知识和专业知识、逻辑思维能力和判断能力；具有创新意识与协作精神。而自然科学研究人才则更加侧重于强调外语水平以及计算机应用能力和科技鉴别能力，社会科学研究人才强调比较分析能力与捕捉信息、资料积累和文字表达能力等。

2. 工程技术人才的素质要求

在我国的高等学校中，工科院校所占的比重最大，而工科院校的大学生毕业后大部分将从事工程技术工作。因此，对工科院校的毕业生而言，除培养提高自己的思想政治素质和道德水准外，还必须注重培养和提高作为工程技术人员应该具备的职业素质。工程技术人员的素质特征主要包括：①具有较强的实际动手能力，能熟练地进行试验操作和模型制作等，善于将科技转化为生产成果；②有实事求是的态度和不辞劳苦的创业精神，对工作严肃认真，一丝不苟；③深入实际工作第一线，密切联系群众，善于在实践中发现问题，并能与同事密切合作，与群众一起解决攻关难题；④具有较强的组织管理能力，善于充分调动和发挥每一个人的工作积极性；⑤有较好的外语水平和较强的计算机应用能力。

3. 管理人才的素质要求

管理工作可以具体分为经营管理、业务（技术）管理、行政管理工作等，表4-3分别介绍了有关专家总结、概括的从事这几种管理工作应具备的职业素质。

表4-3　不同类型管理人才的素质要求

经营管理人才	业务（技术）管理人才	行政管理人才
有强烈的市场和用户观念	有较强的技术和经济观念	具有较强的法治观念、纪律观念和群众观念
既是本行业生产的技术内行，又有比较宽的知识面	对新技术、新产品有敏感性和较强的鉴别能力	具有较强的办事能力，工作忙而不乱，并能出于公心、公道处事
具有较强的综合分析能力	具有较周密的思维能力	善于处理人际关系
有较强的控制能力	具有较强的组织协调和宣传鼓动能力	具有较强的综合协调、果断决策能力
处理问题机动灵活，有较强的应变能力	既精通专业知识，又有比较宽的知识面	信息观念强，具有接受反馈、适时反应的应变能力
具有良好的决策或辅助决策能力	具有较强的信息观念和信息沟通能力	
具有良好的谈判和社交能力	具有较强的社交能力	

4. 商业人才的素质要求

商业人才分为三种不同类型的人才，即销售人才、公关人才、市场人才，其素质要求见表4-4。

表 4-4　不同类型商业人才的素质要求

销售人才	公关人才	市场人才
以人品赢得公众，给人留下真诚、热情、可信赖的好感	不拖沓，不模棱两可	强烈的时间概念和服务意识
善于换位思考，善于和主要客户沟通，及时抓住大客户的关注点	要能写会说，需要相当的写作能力与能言善辩的良好素养	能够在市场调研和信息采集基础上，组织分析、比较和选择市场营销方案，并进行资源整合，以把握市场时机
抗挫折能力强，不怕被拒绝	要有思想、有头脑	头脑清晰、反应灵敏
能够承担风险	以人品赢得公众	具有团队意识
有远见和长远目标	把企业形象放在第一位	强烈的进取心
要有机敏的应变能力，勤于思考、善于分析	有机敏的应变能力	能够正确认识危机，有快速应变能力
要有广泛的社交能力和干练的办事能力	要有广泛的社交能力和干练的办事能力	能够接受新的信息、观念和想法

5. 公务员

公务员队伍是国家机构的重要组成部分，是国家的行政管理人才，我国公务员必须具有一定的能力和素质，才能适应当前经济的发展。

（1）要有强烈的事业心和高度的责任感。这是对公务员素质的基本要求，也是第一位的要求，公务员代表政府管理社会事务，必须对国家和人民的利益高度负责，勤勤恳恳做事，踏踏实实工作，爱岗敬业，对党和人民交办的工作高度负责。一名公务员只有把党和人民的利益放在第一位，有强烈的事业和工作责任感，有勤奋奉献的敬业精神，有旺盛的工作热情，才能做好本职工作。

（2）要有较高的政治鉴别能力和抵御腐朽思想侵蚀的能力。这是由公务员在党和国家中的特殊地位和作用所决定的。尤其是公务员领导是公务员队伍的核心和骨干，是党和国家方针政策的决策者、组织者、指挥者、执行者，肩负着党和人民赋予的重任，如果公务员没有鲜明的政治立场，没有严格的政治纪律，没有敏锐的政治鉴别力和抵御腐朽思想侵蚀的能力，就会在错综复杂的诱惑面前迷失方向，就会有负于党和人民赋予的神圣使命。

（3）要有与时俱进、开拓创新的精神。一个国家离不开创新，一个地区、一个部门也离不开创新。唯有创新，才能推陈出新、焕发生机。只有创新，才能加快社会历史发展的步伐。

因此，公务员在改革大潮中，也要有敢想、敢做、敢闯的创新精神，高素质的公务员必须充满改革创新精神。有的工作缺少力度，关键是改革创新精神不够。只有充满改革创新精神，才能创造性地做好创新时期的工作，特别是在建设创新型国家的历史时期，公务员在工作中会遇到许多前所未有的新情况、新问题和新矛盾。这些问题和矛盾没有现成的答案和模式可供借鉴遵循，这就要求公务员有敢想敢干的创新精神，在工作中积极、主动寻求解决问题的方法和答案，力求使问题和矛盾得到圆满解决，要有开拓创新的胆略。

（4）要有依法执政的水平和能力。公务员是国家事务的管理者和经济发展的引领者。依法执政既是党中央确定的治国方略，也是对胜任本职工作的基本要求。公务员能否依法行政，关系到依法治国方略能否最终实现，关系到社会主义民主法治建设能否顺利进行。因此，公务员要牢固树立法治意识，认真学习国家各项法律法规，增强法治观念和法治意识，努力提高运用法律手段管理经济、社会事务的能力，做到在法律规定的范围内活动，严格按照章法行事，消除以权代法、以权压法的陋习，使国家各项行政工作的管理走上法治化的轨道。

（5）要有良好的专业知识。高素质的公务员必须熟知本行业的专业知识；了解、掌握本行业的性质、特点，在经济、社会发展中的地位、作用及自身发展的规律；熟悉本行业管理的基本原则和总体要求；了解本行业的发展历史和未来目标及趋向，掌握与本行业相关的基础理论。如果没有良好的专业知识，不了解本行业的基本原则、目标、方向及标准，一些管理就可能是盲目的、表层的，甚至是无价值的，辛辛苦苦、兢兢业业地工作，很可能是财力和精力的浪费，公务员在本岗位上应是精通业务的行家，熟知政策的专家，要对本岗位涉及的专业知识和政策法规有深入的研究。

机遇总是垂青有准备的人，一个人的职业素质如何，将决定他在求职择业时的自由度和取得职业岗位的层次，求职择业的准备是漫长的，尤其是你想选择一个理想的职业，更需要为之付出艰辛的汗水。求职择业的征程从你迈入大学校门的第一天就开始了，并且贯穿于大学生活的始终。因此，大学生应自觉地把大学生活同求职择业乃至将来的职业生活紧密联系在一起，努力做好知识、能力、素质等方面的准备。

第二节　职业环境分析的内容

一、职业环境分析的概念

（一）职业环境分析的含义

有一句经典的广告词："心有多大，舞台就有多大。"作为新时代的弄潮儿和主角的你们，从学校的"小舞台"到社会的"大舞台"，是否已经做好了充分的准备？如何在聚光灯下尽情展示自己的才华呢？对于这个"大舞台"自己又了解多少？越来越多的大学生都开始进行职业生涯规划，而一份有效的职业生涯规划既要求我们全面认识自己、了解自己，也要求清楚地认识外部环境特征。

为了更好地进行职业选择与职业生涯规划，必须对外部环境进行分析，通过外部环境分析弄清环境对职业发展的要求、影响及作用，对各种影响因素加以衡量、评估，并且做出反应。

职业环境分析就是认清所选职业在社会大环境中的发展状况、技术含量、社会地位以及社会发展趋势对此职业的影响，包括职业的发展趋势、职业内涵中的 5 个因素（社会分工、专门知识技能、创造财富方式、报酬水平、满足需求的程度）发展变化的趋势。

（二）职业环境分析的要求和内容

进行职业环境分析的要求是，通过职业环境分析弄清楚职业环境对职业发展的要求、影响及作用，对各种影响因素加以衡量、评估并做出反应。关注当前热点职业有哪些，发展前景怎样；社会发展趋势对所选职业有什么影响、要求如何。总体来说，职业环境分析包括四方面的内容：社会环境分析、行业环境分析、组织环境分析及岗位环境分析。

二、职业环境分析的具体体现

（一）社会环境分析

社会环境主要包括政治、经济、文化、法律、科技等方面的发展环境。所谓社会环境分析，就是对我们所处的社会政治环境、经济环境、法治环境、科技环境、文化环境等宏观层面的职业环境进行分析。社会环境对我们的职业生涯乃至人生发展都有重大的影响。在进行职业规划和职业选择时，通过对社会大环境包括国际、国内与所在地区三个层次的分析，来了解和认清国际、国内和自己所在地区的政治、经济、科技、文化、法制建设、政策要求及发展方向。要注意分析社会环境的基本特点，了解社会环境的发展变化，还要认识在社会环境条件中，哪些是自己今后走向职业岗位的有利条件、哪些是不利条件，以更好地寻求各种发展机会。总体来说，我们现在面临一个非常好的宏观环境，社会安定、政治稳定、经济发展迅速，并与全球一体化接轨，法治建设不断完善，文化繁荣自由，尖端技术、高新技术突飞猛进。社会环境分析主要包括以下四个方面的内容。

1. 政治环境

（1）政治与经济是相互影响的，政治不仅影响到一个国家的经济体制，而且影响着企业的组织体制，从而直接影响到个人的职业发展。我们生活在一个有政治制度和法律制度的社会里，这种政治和法律环境对我们的职业选择和职业发展有着重要的影响。影响职业的政治法律因素包括：政治体制、经济管理的体制、人才流动的政策等，如有关公务员招聘的规定、现行的户籍制度、人事制度以及有关大学生就业的制度、政策等。

（2）职业资格证书制度。《中华人民共和国劳动法》（以下简称《劳动法》）第六十九条规定："国家确定职业分类，对规定的职业制定职业技能标准，实行职业资格证书制度，由经备案的考核鉴定机构负责对劳动者实施职业技能考核鉴定。"《中华人民共和国职业教育法》（以下简称《职业教育法》）第八条规定："实施职业教育应当根据实际需要，同国家制定的职业分类和职业等级标准相适应，实行学历证书、培训证书和职业资格证书制度。国家实行劳动者在就业前或者上岗前接受必要的职业教育的制度。"这些法规确定了国家推行职业资格证书制度和开展职业技能鉴定法律依据。

国家职业资格目录
（2021年版）

职业资格证书制度既是劳动就业制度的一项重要内容，也是一种特殊形式的国家考试制度。它是指按照国家制定的职业技能标准或任职资格条件，通过政府认定的考核鉴定机构，对劳动者的技能水平或职业资格进行客观公正、科学规范的评价和鉴定，对合格者授予相应的国家职业资格证书。它是劳动者求职、任职、开业的资格凭证，是用人单位招聘、录用劳动者的主要依据，也是境外就业、对外劳务合作人员办理技能水平公证的有效证件。职业资格证书与学历证书不同，学历证书主要反映学生学习的经历，是文化理论知识水平的证明；职业资格与职业劳动的具体要求密切结合，更直接、更准确地反映了特定职业的实际工作标准和操作规范，以及劳动者从事该职业所达到的实际工作能力水平。

根据我国《劳动法》《职业教育法》的有关规定，对从事技术复杂、通用性广、涉及国家财产、人民生命安全和消费者利益的职业（工种）的劳动者，必须经过培训并取得职业资格证书后才可以就业上岗，如导游证、教师证等。

2. 经济环境

经济环境对人的职业生涯发展也会产生影响，当经济发展非常景气时，百业兴旺、就业渠道增加、薪资提升和职业发展的机会大增；反之，就会使人的职业发展受阻。就区域而言，地域环境不一样，地方的经济水平不同，当地的文化环境也就不同，人才储备、发展空间、竞争状态更是不同。选择在经济发达城市或经济落后城市就业各有利弊。大学生应结合自己的实际情况，综合考虑区域的优势，选择适合自己的区域。

3. 文化环境

文化通常是在一定社会形态下的教育水平、道德规范、宗教信仰及世代相传的风俗习惯，是体现国家或地区社会文明程度的精神财富的总和。在良好的社会文化环境中，个人在工作、学习、生活等方面能得到更好的教育和熏陶，从而为职业发展打下良好的基础。

4. 科技环境

科技的发展会带来理论的更新、观念的转变、思维的变革、技能的补充等，而这

些都是职业生涯规划中不可或缺的要素。科学技术对职业生涯规划的影响主要体现在自动化和产业结构调整两个方面。

（二）行业环境分析

行业环境分析指对目前从事或拟从事的目标行业的环境进行分析。其内容主要包括行业的发展状况，国际、国内重大事件对该行业的影响，目前行业的优势与问题，行业发展趋势，等等。

行业与职业不同，行业是企业的集合。从事同类产品的生产销售企业或提供类似服务的企业达到一定的数量才形成一个行业。例如，家电行业，就包括生产电视机、空调、冰箱、洗衣机等不同类型具体产品的若干家企业。在同一行业内，可以从事不同的职业。例如，同在保险业，可以做保险业务员，也可以做人力资源部经理。

在分析行业环境时，一定要结合社会大环境的发展趋势。科学技术的飞速发展，会使某些行业如同夕阳坠落，逐渐萎缩、消亡，也使许多极具发展前途的朝阳行业不断出现、发展起来。同时还要注意国家政策的影响，要了解国家对某一行业是支持、鼓励和引导，还是限制、控制和制约。要尽量选择那些有前景、发展空间较大的行业。例如，我国近年来狠抓环境保护，推行可持续发展战略，保护生物多样性，在农业生产中控制化学制品的使用，开发"绿色食品"等，使环境保护产业如初升朝阳，充满生机，促进了环保设备生产、环保技术咨询等行业迅速发展，提供了大量就业岗位。而这时如果不了解情况，为了一时利益，盲目进入那些污染后果严重的行业谋职，必将会给自己的职业生涯造成严重的不良后果。

（三）组织环境分析

1. 企业环境

组织环境分析指通过一定渠道对组织实力、组织领导人、组织文化和制度等方面进行分析，从而了解组织的主要产品、服务和未来发展状况等。组织环境分析对个人选择具有非常重要的意义。用人单位的声誉和形象是否良好？组织实力怎样？在本行业中的地位、现状和发展前景怎样？所面对的市场状况如何？产品和服务在市场上的发展前景怎样？能够提供哪些工作岗位，是否适合自身发展？有无良好的培训机会？企业领导人怎样？企业管理制度怎样，是否先进开明？企业文化是否与自己吻合？福利待遇是否完善等若干方面都关系到求职者的切身利益。组织（企业）环境分析具体包括以下三个方面。

（1）组织实力。组织实力分析主要回答以下问题：组织在社会中的地位和声望如何？组织目前的产品、服务和活动范畴是什么？组织的发展领域在哪些方面？发展前景如何？战略目标是什么？技术力量和设施是否先进？在本行业中是否具备很强的竞争力？是发展扩张，还是倒退紧缩、处于一个很快就会被吞并的地位？谁是竞争对手？组织目前的财政状况如何？是真正在"做大""做强"，还是空有其壳？有没有长久的生命力？企业的组织结构是怎样的？是扁平的还是等级制的？等等。

（2）组织领导人。组织主要领导人的抱负和能力是企业发展的决定性因素。而且一个人的职场命运在很大程度上由其组织领导人决定。很多成功的大企业都有一位出色的企业家作为掌舵领航人。因此，要了解企业主要领导人是真心要干一番事业，还是想捞取名利？管理是否先进开明？他有足够的能力带领员工开创新天地吗？他有没有战略眼光和措施？他尊重员工吗？

（3）组织文化和组织制度。除了很好的福利、吸引人的薪酬、舒适的工作环境和出色的管理之外，优秀的组织还会创造积极的组织文化，让员工感到快乐和受尊重，而使员工工作更有创造性。员工与企业相互配合是否良好的关键在于企业文化。因此，在求职时选择什么样的企业文化氛围让你觉得最舒服，才是至关重要的。

组织制度涉及的范围比较广，包括管理制度、用人制度、培训制度等，尽可能了解这些信息，了解企业在组织结构上的特征与发展变化趋势，分析这种安排对自己的未来可能带来什么样的影响。特别要注意企业用人制度如何，能否提供教育培训机会，提供的条件是什么，自己将来有没有可能在该企业担任更高级的职务或担负更大的责任；个人待遇提升的空间有多大，是基于能力还是工作年限；企业的标准工作时间怎样，是固定的还是可以变通的。当然还要考虑企业提供的薪酬和福利待遇与行业内其他公司比较如何。

2. 家庭环境

每个家庭的经济状况、家庭成员的受教育程度和职业地位、社交范围、家庭对子女的要求等情况是完全不同的。家庭背景具有不同的层次，对子女的择业观念和行为都有不同程度的影响。有些家长可能把自己的就业意识强加于子女身上，为子女设计职业规划，甚至还会"拉郎配"式地为子女找到就业单位。对于那些经济状况较差的家庭，大学生毕业时，必须把就业和改善家庭经济生活综合起来考虑。

一部分大学生在职业选择上融合了家长意志。职业选择的前奏是专业选择，许多家长对子女的专业选择并不是耳提面命式的命令，而更多的是通过家庭环境的熏陶，使其逐渐融入大学生的心理结构中。大学毕业后，大学生又面临着具体职业的选择。这时家庭作用又会凸显出来。不过，此时它的影响力已远不如昔，因为大学生专业知识已较为丰富，职业意识也更加明晰，心理正在日渐成熟，相应地对家庭的心理依赖也就大为减弱。但是，家庭作为大学生的后盾力量，对职业选择发挥的影响不会从根本上丧失，尤其是当子女在职业选择道路上犹豫不决并寻求帮助时，父母意志的作用又会被放大，对子女的职业选择产生重要影响。有些大学生完全按照自己的意愿选择了某种职业，有些大学生则被领入父母正在从事或者希望子女从事的行业。在后者的情况下，子女被看作父母希望的延伸或者家庭的代表，他们的使命是实现父母的理想。这种职业选择的效果不能一概而论，不过，这也在无形中隐藏了一种危险，即如果职业实践不尽如人意，那么子女很可能会将这种结果归咎于父母，让父母来承担职业实践不理想的责任。

3. 学校环境

社会上一切的教育活动都会对教育产生某些积极的或消极的影响。这些教育因素包括家庭教育、大学前教育和大学教育等，另外社会教育和自我教育也会对大学生择业决策造成影响。我们应当认识到大学生所受到的不同阶段的教育具有互补性。各种教育内容的相互交叉和渗透可以促进大学生整体素质的提高。因此，大学生应当自觉认识到自己成长的环境与受教育的条件对个性形成的影响，并通过主观努力，改变自身不利因素，全面提高素质，为求职择业创造更加有利的条件。

学校的教育使大学生在德、智、体、美诸方面都得到了发展，毕业生的思想道德、智能、创新、身体、审美等素质都达到了一定的水平，大学毕业生一般都能初步树立正确的就业意识和职业理想。高校对毕业生的就业教育和指导引导着毕业生在国家政策的轨道上参与择业竞争，通过双向选择实现就业。

教育因素不仅包括个人的教育状况，还涉及整个教育的发展水平和社会对教育的要求。同时，社会价值观的导向作用和社会舆论对教育的评价也是一个不可忽视的因素。在实际生活中，名牌大学或热门专业的毕业生在求职择业时往往有较大的选择余地，这正是社会对大学教育水平的评价和反映。所以，大学生在求职择业的过程中，不仅要从自身的教育状况中认识自己，还要从社会教育发展大环境的角度来认识自己，只有这样才能找到适合自己发展的理想职业。

(四) 岗位环境分析

1. 岗位环境分析的内容

岗位是企业的组织细胞，也是个体实施职业行动的具体规定。进入企业之后，员工都是在具体的岗位上开展自己的工作，接受上级的领导，实现自己的价值。岗位环境分析的主要内容如下：

（1）岗位工作内容是什么？

（2）岗位责任人是谁？

（3）工作岗位及其工作环境条件。

（4）岗位操作规范及操作守则。

（5）岗位职责和任职资格。

（6）与相关岗位工作人员的关系要求。

2. 工作岗位分析的步骤

工作岗位分析是对企业各类岗位的性质、任务、职责、劳动条件和环境，以及员工承担本岗位任务应具备的资格条件所进行的系统分析与研究，并由此制定岗位规范、工作说明书等人力资源管理文件的过程。

第一步，准备阶段。①根据工作岗位分析的总目标、总任务，对企业各类岗位的现状进行初步了解，掌握各种基本数据和资料。②设计岗位调查方案。明确岗位调查的目的。确定调查的对象和单位。确定调查项目。确定调查表格和填写说明。确定调查的时间、地点和方法。③做好员工的思想工作，说明该工作岗位分析的目的和意义使有关员工对岗位分析有良好的心理准备。④根据工作岗位分析的任务、程序，分解成若干工作单元和环节，以便逐项完成。⑤组织有关人员，学习并掌握调查的内容，熟悉具体的实施步骤和调查方法。

第二步，调查阶段。该阶段的主要任务是根据调查方案，对岗位进行认真细致的调查研究。在调查中，灵活运用访谈、问卷、观察、小组集体讨论等方法，广泛深入地搜集有关岗位的各种数据资料。对各项调查事项的重要程度、发生频率详细记录。

第三步，总结分析阶段。该阶段首先对岗位调查结果进行深入分析，采用文字图表等方式作出归纳、总结。对岗位的特征和要求作出全面深入的考察，充分揭示其主要任务结构和关键影响因素，并在系统分析和归纳总结的基础上，撰写工作说明书、岗位规范等人力资源管理的规章制度。

第三节　职业环境分析的途径与方法

认清所选职业在社会大环境中的发展状况，掌握所选职业的发展信息，对职业环境进行分析，对今后的职业发展是十分有利的。那么，怎样进行职业环境分析呢？

职业环境分析

一、接受咨询指导

咨询指导是一种通过提供职业信息等来帮助大学生增进对职业的了解的方法。大学生职业探索方面的许多问题都源于缺乏对职业的广泛而深入的了解。职业咨询服务通常以职业指导者通过讲座、座谈或交流活动等形式向大学生全面深入地介绍社会职业状况，各种职业的性质、条件及发展机会等信息。在介绍各种职业信息时，指导者通常会结合当事人本身具体情况进行说明与分析，这种方法的效果一般都比较好。

二、充分利用网络媒体资源

（一）网络

利用网络资源不仅仅是为了获取招聘信息，更多是了解职业环境，并为职业生涯规划决策服务。可以通过互联网获取很多信息，例如用人单位的行业排行、基本概况、发展状况、用人标准等。

（二）书籍、报刊等出版物

无论是文学作品，还是专业报刊，都能提供一些职业方面的信息，如《达·芬奇密码》描述了什么是密码专家，《温州一家人》则讲述了创业者的艰辛，《21世纪人才报》《中国大学生就业》《成才与就业》等专业报刊上也有许多具有专业性、指导性的资料和文章，这些都可以让大学生直接受益。

（三）视听材料

电视节目、影视作品等都是观察职业的生动窗口。如《非你莫属》《职来职往》等栏目，从更直接的角度描述了职场发展的状况和职业人的面貌。另外，一些影视作品也能帮助你感受到职业的气息，如《律政俏佳人》中的律师、《我最好朋友的婚礼》中的品尝家等，但需要注意的是这些职业都被艺术地夸张了。

三、参观、社会实践、职业体验及实习

（一）参观

每年都会有不少行业展览和人才交流活动。如果你在职业地图中已经确定了某些目标，参加相关的行业展览和人才交流也许是了解它们的有效途径。在这个过程中，你不仅能够看到不同企业的面貌，还能感受到它们的发展前景。如果有条件的话，大学生还可以到企业去参观，现场考察，深入企业一线，掌握第一手资料。

（二）社会实践

要想真正了解一个职业，最好的办法就是亲自去体会。对于在校大学生而言，兼职等各种形式的社会实践是很好的选择。当然，这种社会实践应该是与自己想从事的职业相符或相关的。这种非正式的体会方式，不但可以帮助你更清楚地认识到该职业是否真的适合自己，也为自己以后真正从事该职业积累经验。

（三）职业体验

职业体验是指大学生结合专业特点和自己的职业兴趣，以职业认知、体验为目标，通过对自己希望从事的职位、岗位的了解、观察、体会，深入客观地认识该职业、岗位。职业体验的内容主要有两大方面：一是对该职业、岗位工作具体内容的了解；二是对该职业、岗位对人才的专业知识、技能和职业素质要求的认识。

（四）实习

大学生可以利用寒暑假主动联系用人单位进行实习，亲身走进企业，将自己的所学运用到实际的工作中去，并在实际工作中检验自身所学，找到与职场要求之间的差距，补缺补差，加强自身对职场的认识和理解，增加阅历、积累经验、增长才干，用职场中的所学所感指导今后自己的职业生涯规划。

四、职业生涯人物访谈

了解职场社会，对职场人士进行访谈，是最直接、最易操作的一种方式。大学生可以根据自己的专业或者兴趣选择不同职业人士进行访谈与调查，借鉴他们的成功经验，吸取他们的教训，避免今后走弯路。可以将他们的职业生涯规划道路与自己的进行比较，不断地调整自己的职业生涯规划。

（一）职业生涯人物访谈的流程

（1）认识和了解自我。

（2）寻找职业生涯人物。

（3）结合目标信息设计访谈方案。

（4）预约职业生涯人物。

（5）实地采访职业生涯人物。

（6）访谈结果分析。

（二）职业生涯人物访谈问题清单

职业生涯人物访谈问题清单见表 4-5。

表 4-5　访谈问题清单

职业资讯方面	职业生涯经验方面
1. 工作性质、任务或内容	1. 个人教育或训练背景
2. 工作环境、工作地点	2. 进入该职业的决策过程
3. 所需教育、训练或经验	3. 职业生涯发展历程
4. 所需个人资历、技能	4. 工作心得：乐趣和困难
5. 薪资、福利	5. 对工作的看法
6. 工作时间	6. 获得成功的条件
7. 相关就业机会	7. 未来规划
8. 进修和升迁机会	8. 对后进者的建议
9. 组织文化和规范	
10. 未来发展前景	

（三）职业生涯人物访谈问卷

1. 寻找工作技术

（1）请问你是如何进入这个公司或机构的？

（2）请问你采取什么行动步骤才决定做这个工作？

（3）请问你用什么方法找到现在的工作的？

2. 职业或组织兴趣

（1）你为何会对这个公司或机构感兴趣？

（2）这个公司或机构最吸引你的是什么地方？

3. 从该职业出发

（1）要从事这份职业需具备什么资格？

（2）从初阶到高阶的工作阶梯是什么？

4. 工作中的责任

（1）公司期待你在工作中做些什么？

（2）在工作中你担负什么责任？

5. 产品、服务和竞争力

（1）这个机构所生产的产品或提供的服务是什么？

（2）你的顾客或客户是谁？

（3）你的竞争者是谁？

（4）你的竞争者在工商业中的阶层是什么？

6. 所需具备的能力和资格

（1）从事这个职业的人必须具备哪些能力或个人条件？

（2）要在工作上表现杰出所需具备的最重要能力是什么？

（3）从事这个工作的人要具备什么特质？

7. 所需的准备和背景

（1）进入这个职业领域所需的准备、教育、训练或背景是什么？

（2）从事这个职业需要什么执照或受教育程度？

8. 价值和个人满意感

（1）这个公司或机构让你感到满意的是什么？

（2）这个公司或机构符合你的哪些价值？

9. 组织文化

（1）在你的公司或机构中，大部分人的基本信念或梦想是什么？

（2）对于这个机构或在这里工作的人，最有意义的活动是什么？

（3）这个机构中最具有代表性的人物是谁？他们代表了什么？

（4）这个企业的企业哲学是什么？

10. 人格特质

（1）要在这个公司或机构中获得成功或升迁，必须具有什么个人特质、价值或兴趣？

（2）管理阶层所要寻找的员工要具备哪些个人品质或条件？

11. 不满意的原因

（1）这个公司或机构最让你感到挫折、烦恼或不满意的是什么？

（2）在工作中会出现哪些内在、外在的难题，让你感到不满意？

12. 独特的品质或特点

（1）这个职业的特点是什么？

（2）这个职业最让你称道的是什么？

13. 工作环境

（1）你通常花多少时间在工作上？

（2）你在工作上所花的时间是工作本身所要求的还是机构的特殊要求？

（3）你的工作时间会不会影响你的休闲时间？

（4）你工作时的穿着打扮如何？

（5）你大部分时间是在室内还是户外工作？

（6）工作中噪声的程度如何？

（7）这个机构的工作环境或室内布置让你感到愉快吗？

（8）在这个机构中工作的人一般的工作态度如何？

14. 薪资范围

（1）这份职业的起薪、平均薪资、最高薪资是多少？

（2）在同行中，你的公司所付的薪资和其他机构比较起来如何？

（3）你的公司提供哪些福利？

15. 决策类型

（1）你如何描述这个机构的决策风格？

（2）在你所服务的部门，由谁来决定要做哪些工作？

16. 组织中的组织

（1）在你的公司中，管理阶层如何发挥权威？

（2）机构的组织系统如何？

（3）你必须向谁报告你的工作？

（4）你要督导哪些人？

17. 升迁机会

（1）在机构中，获得工作升迁、加薪或改变工作的机会如何？

（2）5年后，新进工作者可以期待会在这个机构中扮演什么角色？

18. 工作中典型的一天

（1）请叙述你工作中的典型的一天。

（2）下班后，你可以不带工作回家吗？请说明原因。

19. 相关的职业

（1）和这个职业密切相关的其他职业是什么？

（2）哪些相关职业需要具备相同的技巧和能力吗？

（3）在这个机构中有没有这些相关联的职业？

20. 大学中可修习的课程或工作经验

（1）对于想要从事这个职业的年轻人，你建议他们应该先有哪些兼职或暑期工作经验？

（2）你认为学校中有哪些课程对于要准备从事这个职业的人特别有用？

21. 展望

（1）你如何展望这个职业的未来愿景？

（2）在这个公司或机构中工作者的人数是在增加还是在减少？

（3）在这个公司或机构中就业的安全性如何？

22. 改变

（1）你认为这个职业在最近数年内会发生什么变化？

（2）我们该如何应对这些变化？

23. 特殊难题和关注点

（1）对于未来考虑进入这个公司或机构的人，你认为有哪些特殊的难题、情况或挑战必须预先觉察？

（2）你如何解决这些难题或面对这些挑战？

24. 其他资讯或建议

（1）你会给准备进入这个公司或机构的年轻人什么建议或资讯？

（2）对于你熟知的这个公司或机构，我还应该再问其他哪些问题？

25. 再次拜访

如果将来我需要更多资讯或建议，我可以再和你联络或再来拜访你吗？

（四）注意事项

（1）记牢采访对象的称呼、所在单位名称。

（2）文明礼貌，守时，措辞得体简洁，不浪费对方时间。

（3）为自己准备"30秒的广告"，因为在访谈过程中，可能会问到你的职业兴趣和目标。

（4）给对方机会提供其他信息。

（5）做好记录，如需录音、摄像，应先征得对方同意。

（6）如果你还不了解工作领域，就再问一问。

（7）一定要迅速发送感谢信（采访结束后一天之内）。

（五）职业生涯人物访谈报告

访谈报告模板见表4-6。

表4-6　职业生涯人物访谈报告

被访谈人简介						
姓名		工作单位		职务		联系电话	
访谈人	（签名）					
访谈时间			访谈地点			
访谈内容						
访谈心得与收获						

实践训练

职业生涯人物进行访谈

根据你的目标职业寻找相关职业生涯人物进行访谈，并撰写一份800～1000字的报告。

访谈内容（仅供参考）：

1. 您是通过哪些渠道获得这份工作的？您目前的职位是什么？您是如何获得这个职位的？

2. 对于这份工作，您最喜欢它的是什么？最不喜欢的又是什么？对生活有什么影响？

3. 在这份工作中，您每天都做些什么？遇到过什么困难？如何解决？

4. 这份职业需要什么样的技能和其他能力？有什么样的要求和职责？比较适合哪些性格的人？

5. 目前这一行业同类岗位的薪酬水平如何？

6. 这一职业的成长通道或升迁的状况如何？

7. 获得这个职位需要哪些培训和继续教育？

8. 我现在可以通过一些什么样的方式，提高哪些技能或素质，以便日后能进入这一行业呢？

9. 您能给我一些学习或就业方面的建议吗？

……

第五章
职业素质

名人名言

青年人应当不伤人，应当把各人所得的给予各人，应当避免虚伪欺骗，应当显得恳挚悦人，这样学着去行正直。

——夸美纽斯

一切都靠一张嘴来做而丝毫不实干的人，是虚伪和假仁假义的。

——德谟克利特

学习目标

1. 了解素质和职业素质的概念
2. 熟悉培养职业素质的基本途径
3. 了解职业道德的内容
4. 理解增强职业能力的方法
5. 懂得职业选择中常见的心理误区及调适方法

案例导入 ▶▶▶

做好小事，才能成大事

一位刚工作的大学生，经过一段时间的实习，深有感触：

我是抱着成功的梦想来到公司的，带着一个大学生的天真与激情想要一展拳脚，打出一片天地。但工作毕竟不是游戏，每个员工首先要做到的就是踏踏实实地完成自己的任务。

当我不再抱怨每天3小时的路途颠簸，当我不再抱怨每天的工作无聊的时候，我发现我的工作其实并不简单。无论是看报告，还是写报告，只有我做得完美无缺，我的同事们才能够顺利地接力，从而高效地完成他们的任务。

只有拥有一颗富有使命感的心，你才会发现自己在团队中的位置，才能承担起自己的责任，才会发现原来这普通的工作中细节无处不在。

每一次的数据库查询，每一次的工单处理，因为涉及系统的安全，都要小心谨慎。也许只是因为一个开关没有关闭，也许只是因为一个语音选择错误，或许是一个操作失误，就可能给服务器增加额外的负担，从而影响整个公司的业务。作为离系统最近的一线人员，我们不仅要具备一定的工作水准，更要具备一个技术人员应有的认真负责的态度。

"我知道，所谓成功就是在平凡的工作岗位上做出不平凡的成绩。我要做到的是，绝不把未完成的任务留给别人，自己的工作要一丝不苟地负责到底。"

这位刚毕业的大学生现在已经找到了自己的位置，毫无疑问，他一定会得到领导更多的信任。

成功始于细节，对于那些看似不起眼或者不是很重要的工作，也要努力完成，这其实都是在给自己加分。因为，努力地做好每一件不起眼的小事，就打下了将来做大事的基础。

现代社会发展日新月异，职业种类繁多，而职业和每个人息息相关，对于工作者的素质要求越来越高。据有关资料表明：良好的职业素养已经成为职业准入的一道门槛。现代企业在选择员工的时候，更注重求职者的综合素质，事实上，一个人的成功智商约占 20％，情商约占 80％，员工中成绩较好和成绩一般之间最大的差异在于其意志品质、自信心和百折不挠的精神等诸多方面。作为一名即将进入社会的学生，全面培养提高自己的职业素质，是助力未来职场的必经之路，只有具备了良好的职业素质，才会在今后的事业发展中展翅飞翔。

第一节　职业素质概述

一、职业素质概述

（一）素质和职业素质

素质既是一个生理学概念，也是一个心理学概念，广泛应用在教育活动和社会生活中。狭义的素质，是指生理学和心理学意义上的素质概念，即"遗传素质"或"先天素质"。在心理学上，素质是指人的先天的解剖生理特点，主要是感觉器官和神经系统方面的特点，是人的心理发展的生理条件，但不能决定人的心理内容和发展水平。广义的素质概念是从教育学意义上泛指整个主体现实性，是

职业素质

先天条件与后天条件共同作用下形成的人的身心发展的总水平，是人的各种社会属性的综合，是由各种品质构成的整体结构。简单来说，所谓素质，是指人在先天禀赋的基础上，通过环境和教育的影响而形成和发展起来的相对稳定的、内在的、基本的品质，包括生理素质、身体素质、科学文化素质、心理素质、思想政治素质、审美素质等方面。在应用范围上，广义的素质既可以指个体，也可以指群体的质量或性质。我们所说的"教师素质""军人素质""民族素质"等都是采用了广义的素质概念。

职业素质，是指从业者在一定的生理和心理条件的基础上，通过教育培训、职业实践、自我修炼等途径形成和发展起来的，在职业活动中起决定性作用的、内在的、相对稳定的基本品质，是劳动者对社会职业了解与适应能力的一种综合体现。当前社会发展很快，对人才的要求呈现出不同的特点，但是职业素质已经成为人才选用的第一标准，是决定职场发展空间、上升程度的职场制胜、事业成功的关键。职业素质主要表现在职业兴趣、职业能力、职业个性及职业情况等方面。影响和制约职业素质的因素很多，主要包括受教育程度、实践经验、社会环境、工作经历以及自身的一些基本情况（如身体状况等）。

（二）职业素质的隐性因素和显性因素

1895 年，奥地利心理学家弗洛伊德与布罗伊尔合作发表《歇斯底里研究》，弗洛伊德著名的"冰山理论"也就传播于世。他认为人的心理分为超我、自我、本我三部分，超我往往是由道德判断、价值观等组成，本我是人的各种欲望，自我介于超我和本我之间，协调本我和超我，既不能违反社会道德约束，又不能太压抑。他认为人的人格就像海面上的冰山一样，露出来的仅仅是一部分，即有意识的层面；剩下的绝大部分是处于无意识的，而这绝大部分在某种程度上决定着人的发展和行为，包括战争、法西斯，人跟人之间恶劣的争斗，等等。

1973 年，美国著名心理学家麦克利兰提出了一个著名的素质冰山模型，所谓"冰山模型"，就是将人员个体素质的整体比喻成一座冰山，根据个体素质的不同表现划分为"水上部分"和深藏的"水下部分"。其中，"水上部分"包括基本知识、基本技能，是外在表现，是容易了解与测量的部分，也是比较容易通过培训来改变和发展的。而"水下部分"包括社会角色、自我形象、特质和动机，是人内在的、难以测量的部分。它们不太容易通过外界的影响而得到改变，但对人的行为与表现起着关键性的作用。

也就是说，一个人的职业素养分为显性因素和隐性因素。显性因素只占一小部分，而隐性因素占了绝大部分，大部分的隐性因素支撑着显性因素部分。因此，加强隐性因素的激发和培养，也必将对显性因素的改变起着极大的作用。

（三）素质与知识的关系

素质与知识是两个不同的概念，有着各自不同的内涵。在现实生活中，人们往往混淆了二者的概念，用知识的渊博或浅显来衡量素质的高低，或者干脆就把二者等同起来，这是一种错误的认知。二者既有区别也有联系，知识的内化积淀可以形成素质的某些方面，素质又可以通过知识表现出来。知识是可见的，可以用语言符号表达出来。素质是不可见的，只可通过相应的能力表现出来；知识可以脱离个体，通过一定的媒介存在，而素质必须借助人的生命和活动表现出来；知识可用考试的方式检测和评价，素质只能通过观察人的实际活动表现出来；一定的知识只能在一定的活动领域起作用，素质作为稳定的身心特征，会对人的全部活动或某一类活动起作用。

二、职业素质的主要特点

1. 职业性

职业素质是一个人从事职业活动的基础，而职业性和个体所要从事的职业紧密相连。不同的职业，对职业素质的要求不同。对于教师、医生、服务人员、公务员来说，不同的职业都有对应于职业本身对职业素质的要求，因此职业性是和其所从事的职业密不可分的，职业性体现了职业素质的内在要求。

2. 稳定性

职业素质的养成并非一朝一夕，正所谓"冰冻三尺，非一日之寒"，良好的职业素质的形成需要内外兼修，经过个人的努力学习、外在环境的熏陶、专门的培训来逐步形成。职业素质一旦形成，就具有一定的稳定性，这种稳定性是个体做好工作的基本条件和保障。

一位医生，经过工作中的锻炼和学习，逐渐形成自己特有的工作方式，怎样与病人沟通、手术前准备、制订手术方案、做手术，会形成自己特有的风格，保持相对的稳定，这就是职业的稳定性。

3. 内在性

职业素质的内在性是一种较为稳定的心理品质，体现着个体对职业素质的理解，从而通过自己的行为方式表现出来。这种内在性的获得是个体在长期的实践学习感悟理解升华的基础上形成的，是一种较为稳定的心理品质。职业素质的内在性不易用一定的指标度量，无法直观可见，因此，需要在一定的实践中通过社会表现而显现出来。

4. 整体性

人的职业素质是结构完整的统一体，具有整体性，个体职业素质会从多侧面、多层次的角度反映出来，个体的职业素质是和整体性密不可分的，是各种素质的综合表现。任何某个方面存在欠缺，我们都不能说某人职业素质好，某一个侧面的不足影响了整体的展示，从而破坏了职业素质的整体性。反之，个体在各个方面都能展现出良好的素质，我们就会说，整体素质较好，所以整体性是职业素质一个很重要的特点。

5. 发展性

人类社会是不断发展的，人的认知水平也在随着社会的发展而不断提高。职业素质的发展离不开社会环境，它是个体在社会中通过教育、实践随着社会进步逐步形成的。当今社会和科技的飞速发展，对个体的职业素质提出了更高的要求，个体必须不断适应社会发展要求，提高职业素质，必须不断用发展的观点来指导自己的工作和生活，否则就只能被社会所抛弃。所以，职业素质具有发展性。

三、职业素质的构成

职业素质在人的职业活动和职业行为中发挥着重要的作用，职业素质的构成包含很多方面。

1. 思想政治素质

思想政治素质是指从业者在政治立场、政治态度、理想信念、价值观念等方面的素质。思想政治素质是职业素质的灵魂。

2. 职业道德素质

职业道德素质是指从业者在职业活动中表现出来的遵守职业道德规范的状况和水

平，包括道德认识、道德情感、道德意志、道德行为、道德修养、组织纪律观念等方面的素质。道德素质是职业素质的根本。

3. 科学文化素质

科学文化素质是指从业者对自然、社会和思维科学知识掌握的状况和水平。科学文化素质要求从业者要有广博精深的知识储备。现代社会对从业人员的文化素质、知识结构的要求越来越高，对知识技能共性的要求越来越多，从业人员不仅须具有宽厚扎实的基础知识，还须具有广博精深的专业知识和大容量的实用的新知识。

4. 专业技能素质

专业技能素质是指从业者的专业知识、专业技能以及必要的组织管理能力等。

5. 身心素质

身心素质是一个人成长、成才的基础素质，其内涵包括健康的身体素质和健康的心理素质。身体素质是指体质和健康（主要指生理）方面的素质。心理素质是指认知、感知、记忆、想象、情感、意志、态度、个性特征（兴趣、能力、气质、性格、习惯）等方面的素质。身体健康、精力旺盛、坚韧不拔、乐观向上是职业对从业人员身心素质的基本要求。

6. 审美素质

审美素质，是指从业者所具备的审美经验、审美情趣、审美能力、审美理想等各种因素的总和。审美素质既体现为对美的接受和欣赏的能力，又体现为对美的鉴别能力和创造能力。

7. 社会交往和适应素质

社会交往和适应素质主要是语言表达能力、社交活动能力、社会适应能力等。社会交往和适应素质是后天培养的个人能力。

8. 学习和创新方面的素质

学习和创新方面的素质主要是指学习能力、创新意识、创新精神、创新能力等。学习和创新是个人价值的另一种表现形式，能体现个人的发展潜力以及对企业的价值。学习方面的素质要求有更新知识的能力，即持续学习、终身学习的能力。创新素质要求从业者要有创新意识、创新精神、创新能力。

9. 创业素质

创业素质主要是指从业者的创业意识与创业能力等。当前，在社会就业总需求不足的情况下，大学生一味地指望找到一个理想的就业位置已不太现实，社会迫切需要有一大批大学生利用自己的学识自主创业，也为他人创造出更多的就业位置。有不少高校已经开始意识到培养大学生的创业精神和创新能力的重要性，鼓励毕业生自主创业、艰苦创业、科技创业。

四、职业素质的培养和提高

职业素质对于每个个体在未来的职业发展中具有举足轻重的重要地位，职业素质的综合培养是最终培养人的目标，职业教育应该体现为注重人的全面发展。因此，职业素质的培养和提高迫在眉睫。

（一）职业素质的基本现状

1. 人才培养目标的片面理解制约了职业素质的提高

目前，许多高校对学生职业素质的培养不甚重视，认为学生只要学好知识及技能，顺利就业，就是达到教育目的了。因此，在校期间，忽视了职业素质的培养和提高，学生得不到综合全面的职业素质的教育，综合素质发展不平衡，所以，很多学生就业后，只是岗位熟练工，凡涉及工作中有难度的问题，或者解决不了，或者一走了之，这种对于职业素养的认识上的偏颇导致人才培养目标的偏离，形成了对职业素质的狭隘认识。

2. 职业素质的高低成为制约未来职场发展的决定性因素

一些学生就业后，短期内的工作可以适应，如果在工作中遇到问题，想要解决问题，把工作提升一个高度，就显得力不从心，从而在职场中缺乏竞争力，没有发展空间。从更深层次理解，就是制约了人的发展，按照马斯洛的理论来说，这种做法最终无法实现人的自我发展的需要。因此，职业素质的高低是最终制约未来职场发展的决定性因素。

（二）培养职业素质的重要性

1. 职业素质是职场取得成功的重要条件

职业素质在职场的发展中具有举足轻重的作用，可以通过教育培训、职业实践、自我修炼等途径形成和发展起来，职业素质一旦形成，就会具备相对的稳定性，在未来的职场中发挥作用。其主要表现在，决定个体是否具有竞争力，是否具有职业发展空间，从而决定了职场的成败，也是未来职场选人用人的第一标准。初涉职场的大学生，对职业的选择和适应，在很大程度上取决于职业素质是否达到了职业的要求。机遇总是留给有准备的人，如果缺乏良好的职业素质，那么即使工作条件再好，也将与好机会失之交臂。反之，具备了良好的职业素质，就有可能紧紧把握住机会，从而大施拳脚。

2. 职业素质是学生立足社会，自我发展的需要

随着高等教育由精英化向大众化迈进，社会发展变化的速度加快，大学毕业生速增，用人单位对人才的需求标准呈现出多元化的趋势，学生的就业压力与日俱增，同时机遇和挑战并存，要想在竞争中脱颖而出，打铁还需自身硬，学生具有较高的职业素质和综合能力显得尤为重要。

（三）培养职业素质的基本途径

1. 强化自我培养职业素质意识

作为职业素质培养的主体，学生本身应该树立职业素质意识，并且通过自我判断分析个人的性格特征与个性倾向，了解自己的优势和不足，做到知彼知己，才能在未来的职场中做到百战百胜。根据社会和企业对选拔人才的标准，结合外部环境，不断修正自己的目标，有意识地规划自己的学习内容，加强职业素质的培养。同时，也必须树立职业意识，由于职业意识是对职业活动的认识、评价、情感和态度等心理成分的综合，所以学生实际上处于求职准备期，具有学生和职业者的双重身份，对未来将从事的职业的认识会存在一定的差异性，对所选专业和未来从事的职业岗位之间未必有较全面的了解，具有一定的盲目性。所以，加强职业素质的培养同时要树立职业意识。要正确认识专业的性质、特点、工作的内容和方法以及应注意事项等，使自己的学习有的放矢，才能很快融入角色，与岗位零距离接触步入正轨。要不断强化这种意识，内化于心，外化于行，形成潜意识，做到知行合一。

2. 养成良好的职业习惯

知识靠学习，能力靠培养，素质靠养成，而养成教育是最不明显的，也是耗时最长的，需要日积月累的积淀。人的职业素质是在日常的工作和学习中自然表现出来的，体现在一个人工作和生活中的方方面面，成为一个人的形象符号和固有特征。有了正确的职业意识，并不等于有了良好的职业习惯，所以，必须从小处着眼，注重细节，从点滴做起，培养自己的职业习惯。要把职业素养渗透到每一件事物中去，并且贯穿始终，才能培养起良好的职业习惯。

3. 发扬团队精神

在职场中，越来越多的企业更加注重团队精神、合作能力，即善于协调关系，协同他人工作，富有集体荣誉感，能主动地融入团队中，这是越来越多的企业所看重的能力，试想一个与周围人格格不入的员工，如何能做好工作，怎样与他人配合。因此，良好的工作氛围要在集体中形成，在与人交往中养成。因此，集体荣誉感和团队精神，互助合作的能力，是未来职场发展的关键环节。

4. 利用社会资源加强职业实践活动

职业实践活动是职业素质培养的关键。在校内期间多从事实践活动，在实践中学习和运用已有的知识，把握实践性原则，在专业老师的指导下，在模拟工作环境中，运用理论知识，解决实际问题，培养职业能力；也可以利用假期去参加社会实践，无论是否从事与专业相关的工作，这些活动都是培养职业素质很好的机会，认真做好每一件事，在所从事的每项工作中历练培养，也能从实践中改进自己以前的职业素质理念，使自己的职业素质不断得到提高和升华。

第二节 职业道德

职业道德是社会道德体系中的重要组成部分，就是同人们的职业活动紧密联系的符合职业特点所要求的道德准则、道德情操与道德品质的总和，是人们在职业活动中处理个人与社会、个人与他人之间关系的行为规范的总和。它是对从事一定职业的人在职业活动中所提出的行为要求，是社会道德在职业活动中的具体体现，同时也是职业道德肩负的责任和义务。职业道德会随具体行业不同而有所区别，但对总体的道德要求却是一致的。良好的职业道德是每一个员工都必须具备的基本品质，作为即将走入社会的学生，了解职业道德规范要求，自觉形成和发展良好的职业道德意识，是十分必要的。

一、道德的概念

道德是用来评价他人和自身言行对错的标准和尺度。道德是人们的行为规范，做人的规矩。道德就是以个体的行为是否符合人们对该事物的一般认知为标准。人们要用道德来约束自己并进行评价是因为人是社会的人，不能脱离社会单独存在，一切活动都是在社会生活中进行的，所以形成一定的社会关系，如师生关系、同学关系、上下级关系、买卖关系等。在种种复杂的关系中，矛盾和冲突在所难免，这就需要遵循一定的行为规范，维持社会生活的正常进行。调解的范围和手段不同，便产生了各种规范，道德就是调解人与人之间以及个人与社会之间关系的最基本的行为规范之一，是对人的基本要求。道德存在于人类社会中，是社会现象。在自然界里各种生物之间存在生存竞争，但没有道德问题，在人类社会的交往和发展中，才有道德问题。道德作为一定的行为评价尺度，以善恶、荣辱为评价标准，存在于人的观念之中，是人类社会固有的产物，并将贯穿人类社会的始终；道德是以善与恶、好与坏、荣与辱等为评价标准来调整人们之间的行为，是通过社会舆论、传统习惯、内心信念等评价方式和手段，调整人们的行为规范。

二、职业道德的概念和特征

（一）职业道德的概念

职业道德就是从事一定职业的人们在职业活动中所形成并发展起来的道德规范、道德意识以及道德活动的总和。人类在共同生活中有各种各样的社会关系，从事不同职业时，也会因职业的要求而与其他人发生职业上的关系，如买卖关系、师生关系、上下级关系。为了保证职业活动和社会生活的正常进行，任何一种职业都会有自己特定的道德，也就是要求人们在从事一定的职业活动时，必须遵守一定的道德规范，如商人要诚实守信、不欺诈等道德规范，教师要为人师表、教书育人等职业道德。如果说道德是因人们在社会中总要结成一定关系而形成的话，那么职业道德便是人们由于社会分工的不同而形成的，是职业关系的产物。

职业道德既是对本行业从业人员的行为要求，也有从业人员对社会承担的责任和义务。它从道义上要求人们以一定的思想、感情、态度、作风和行为去为人处世，完成本职工作，是人内在思想感情在外部行为上的表现，是内化于心、外化于行的具体体现。

（二）职业道德的特征

职业道德和一般的社会道德相比，具有以下特征。

1. 职业道德具有专业性

各种职业道德产生和发展的实践基础，是人们在社会生活中所从事的各种职业活动。从事某种特定职业的人们，通过各自所从事不同的专门业务，对社会承担不同的职业使命，承担不同的责任和义务，接受不同的职业劳动训练，形成不同的职业信念、情感和习惯，从而产生不同的职业行为规范和道德要求，因此决定了职业道德具有专业性。职业道德的专业性，决定了其只能对从事本职业的人起作用，并且在专业特定的范围内发生作用。

2. 职业道德具有历史继承性

某种职业一经形成，就具有相对的稳定性。在不同的社会往往有相同的职业，这些相同的职业有着大体相同的劳动方式、劳动内容和劳动对象，从而形成比较稳定的职业心理、职业习惯和职业传统，也就形成了比较稳定的在本行业从事劳动的行为规范，并且得到继承和发展。因此，职业道德具有历史继承性。

3. 职业道德具有灵活多样性

各种行业为了更好地调整职业活动中人们的道德关系，更好地服务社会，会从本行业、本职业的特点和具体内容出发，形成适合本行业的行为规范。诸如行业公约、规章制度、岗位责任、工作守则、员工须知以及条约、誓词等，使本行业的从业人员了解接受并且自觉按照规范行事，进而形成本行业的道德习惯，久而久之，最终成为职业道德。

4. 职业道德具有纪律性

纪律是介于法律和道德之间的一种特殊的规范。它既要求人们自觉遵守，又带有一定的强制性，兼有道德色彩和法律色彩。一方面遵守纪律是一种尽人皆知的美德，另一方面遵守纪律又带有强制性，要求人人遵守。例如，教师要遵守职业操守，既是职业道德要求，也是纪律要求；操作工人必须执行操作规程和安全规定。职业道德有时又以制度、章程、条例的形式表达，所以职业道德具有纪律规范性。

职业道德对人们职业活动和职业行为的控制与调节，一方面是通过内外两方面进行的，从外部来说通过舆论、群体风气等进行外部控制；另一方面是通过个体的自我觉醒，内化于心，变成调节人们职业行为的职业品德，进而实现自主的内部控制。

三、职业道德的作用

职业道德是社会道德体系的重要组成部分，它一方面具有社会道德的一般作用，另一方面又具有自身的特殊作用，具体表现在以下几个方面。

（一）职业道德具有调节职业交往中社会关系的作用

职业道德的基本职能是调节职能。它可以调节从业人员内部以及从业人员与服务对象的关系。它一方面可以调节从业人员内部的关系，即运用职业道德规范约束职业内部人员的行为，促进职业内部人员的团结与合作。如职业道德规范要求各行各业从业人员，都要团结、互助、爱岗、敬业、齐心协力地为发展本行业、本职业服务。另一方面职业道德又可以调节从业人员和服务对象之间的关系，如职业道德规定了对用户负责，对顾客负责，教师对学生负责等。

（二）职业道德具有维护行业信誉的作用

一个行业、一个企业的信誉，事关形象、信用和声誉在公众中的信任程度。提高企业信誉的一个重要因素，就是提高该企业从业人员职业道德水平。若从业人员的职业道德水平不高，则很难提供优质的服务，给企业带来更好的信誉。一个企业的员工通过自身优质的服务，展示自身的良好素质，对于企业的发展具有不可估量的作用，可以助力企业的发展。

（三）职业道德具有提高全社会的道德水平的作用

职业道德是整个社会道德的一部分。职业道德一方面涉及每个从业者如何对待职业的态度，另一方面是一个从业人员的生活态度、价值观念的表现；职业道德是一个人的道德意识、道德行为发展的成熟阶段的产物，具有较强的稳定性和连续性。另外，如果每个行业、每个职业集体都具备优良的职业道德，那么就会对整个社会的道德水平起到促进作用。

四、职业道德的内容

职业道德规范是从事一定职业的人们，在履行本职工作或进行职业活动时，应共同遵守的各种道德规则的总和。它概括了各行各业道德的共同特点，对各种行业提出了共同要求。它是调节职业活动中人们的各种行为、评价职业活动和职业行为善恶的具体标准。只有明晰职业道德规范，熟悉掌握具体内容，才能在职业活动中按照职业道德规范的要求将其努力变成自觉的行为，从而协调好各方面的关系，解决好各种问题，进而完成工作任务。

（一）爱岗敬业

爱岗敬业，是一种高尚的品德。它所表达的含义是对自己所从事的职业怀有热爱、珍惜、敬重的感情，愿意为之付出和奉献，并且从工作中获得满足感和成就感，在工作中实现自我人生价值。爱岗敬业作为基本职业道德规范，是人们对工作态度的一种普遍要求。通俗地讲，爱岗敬业就是"干一行、爱一行""钻一行、精一行"。爱岗和敬业总是联系在一起的，爱岗是敬业的前提，敬业是爱岗感情的进一步升华。

爱岗就是要热爱自己的工作岗位，热爱本职工作，就是以正确的态度对待各种职业劳动，努力培养热爱自己所从事工作的幸福感、荣誉感。一个人，一旦爱上了自己的职业，他的身心就会融入职业工作中，就能在平凡的岗位上，做出不平凡的事业。进一步来讲，就是将工作当作自己的事。

敬业是对待自己职业的一种严肃态度。敬业是一种优秀的职业品质，是职场人士的基本价值观和信条。在目前我们从事的工作中，如果要想得到他人的认可，获得他人的尊敬，就必须对自己所从事的职业保持敬仰之心，视职业、工作为天职。敬业就是用一种极端负责的态度来对待工作，勤勤恳恳，兢兢业业，忠于职守，尽职尽责。可以说，爱岗敬业是敬业精神的首要内涵，是职业道德的具体表现。

古今中外，敬业精神都得到极大的提倡和推崇。孔子称敬业精神为"执事敬"。朱熹说，"敬业"就是"专心致志，以事其业"，即用一种恭敬严肃的态度对待自己的工作，认真负责，一心一意，任劳任怨，精益求精。

爱岗敬业是生存的基础。好多人常常有这样的误区，工作任务和工作态度与薪资等价交换。诚然，有一定的道理，但有时候又需要我们把工作当作生存的资本，因为我们是在为自己工作，只有把工作当作自己的事，我们才会迸发出激情和灵感，在期望值上完成任务。即使工作任务之外，但和工作有关联的事情也能一并做好，举手之劳甚至可以给你未来的工作锦上添花。

爱岗敬业是事业的根基。任何一个单位如果没有爱岗敬业的精神作为精神支柱和企业文化，那么这个单位迟早会倒闭；如果任何一个员工缺乏爱岗敬业精神，那么这个人迟早会被社会淘汰。因此，爱岗敬业既是一个集体或单位发展的需要，也是个人自我发展的需要，是事业发展的基石。敬业的人总是对自己的工作精益求精，对自己的现状不满意，从而提出更高的要求，不断改进自己的工作，这种不断进取的态度，决定了个人事业发展的高度。曾经有调查表明，如今的毕业生表示工作难找，同样，企业在回答人才是否难寻时，答案同样是良才难觅，那么为什么会出现如此的信息不对称呢？其中一个重要的因素就是求职者缺乏爱岗敬业精神。在工作中，如果我们有敬业精神就会倍加喜欢自己的工作，就会专心致志，进而迸发激情和灵感，从而使自己的事业达到一个高度，成为本行业的专家能手，由此才能成就我们自己。同样，员工的敬业精神在成就自己的同时，也会促进企业发展壮大，企业的员工越敬业，企业的发展势头就越好。而每一个企业的领导者都希望在自己的领导下，事业兴旺发达，自然需要这样一些兢兢业业工作的人。如果员工具备了这样的品质，必然会得到企业的尊重和赏识，这种敬业的精神在一定程度上还会感染他人，进而形成良好的工作氛围。

爱岗敬业是成功的保障。敬业的最高境界就是把职业当作事业来看待。敬业是谋生的手段，事业是需要有人来继承、爱护和发展的，并且不断精益求精，推向一个新的高度。我们每个人都需要对自己的职业有一个清晰的定位，是仅仅为了生存，还是为之付出成就一番事业，是仅仅职业认同还是实现自我的价值。职业和事业虽然只有一字之差，但会决定我们对待自己工作的态度，因此，就会有截然不同的结果。把工作当作职业的，一般会拘泥于遵守职业道德，完成相应的工作任务；而把工作当成事业的，会尽心竭力地把工作做到尽善尽美，把它推到一个新的高度，实现自我的人生价值。那种高度的责任感和敬业精神使他即使做平凡的工作，也会充满热情，从中学到新的东西，并且获得某种人生价值。那种事业心和事业感强烈的人很少计较报酬和功名，有的只是为了追求一个更加完美的境界，在追求的过程中，独享乐趣，满足幸福，从而实现自己的人生价值。

纵观古今，许多发明创造都是对自身所从事的工作或者业务的一种执着，经过不断的努力，千百次的锤炼，最终达到自己想要的目标，达到人生的某种境界。每个岗位都是人生的舞台，只要我们用对待事业一样的态度来对待我们的工作，每个人都会在平凡的岗位上做出不平凡的事迹。同时，一个有事业感的人，绝不会狭隘地看待自己的工作，他会对自己所从事的工作有一个清晰的认识，进而产生深层次的理解和认同，用前瞻性的眼光看待和思考工作，进而开拓自己的事业，职业是基础，事业是发展。很多大学生初涉职场，往往抱怨不公，得不到重用，甚至感觉没有发展的空间，就是没有用做事业的眼光和态度做好自己的职业。作为职场的新人，应该少一些抱怨和愤怒，多一些积极和努力，多一些忍耐和合作，在一次次的磨炼中，不断地超越自己，拓宽视野，增长知识和才干。

爱岗敬业的途径有以下几点。

1. 要珍惜工作岗位

我们当中的许多人，在工作中不珍惜工作岗位，心浮气躁，好高骛远，这山望着那山高，没有立足本职埋头苦干的精神，当然也不会有成就感。有时感觉自己"英雄无用武之地""怀才不遇"，看到别人取得成绩，却又满是非议。自己在工作中却又不愿意付出，缺乏敬业精神，而一次次错失良机。

珍惜自己的岗位就是珍惜自己的就业机会，拓宽自己的生存和发展空间，如果你对工作总是漫不经心，当一天和尚撞一天钟，最终其实是搬起石头砸自己的脚。所以，大学毕业生要有这种危机意识和忧患意识，好好珍惜自己的工作，立足岗位，精心谋事，潜心干事，专心做事，把心思集中在做事上，进而在岗位中释放自己，取得事业的成功。

2. 要给自己一个准确的定位

初入职场，年轻人朝气蓬勃，对职场充满希望，对未来充满憧憬，但是，对于新环境的适应会出现一些问题，或者自身能力不强，或者对未来岗位缺乏足够的心理预判，可能会与自己的期望出现偏差，因此，刚入职场时要正确地审视自己，根据自己的工作环境和自身的能力现实，及时地调整自己的目标和期望值，给自己一个较客观准确的定位，避免好高骛远，不切实际。

初出校门的毕业生，缺乏工作经验，缺乏人际交往的能力，由于本身的知识和技能水平所限，有时距离岗位要求有一定的距离，有些工作不屑去做，而有些工作又做不了，高不成低不就的现象时有发生。因此，不论工作职位的高低、轻重，重要的是客观、现实地评价自己，脚踏实地，不管在哪个岗位都要认真对待自己的工作。当然，仅仅这样还不够，还要努力创造展示自我的机会，在工作中追求更高的境界，把自己的闪光点和优势展示给大家；同时，通过这样的机会，会让别人更加全面地了解自己，为未来职场的发展打下根基。

3. 要有较为迅速的行动力

如果我们有了一个强烈而美好的愿望，就要积极地迈出第一步，不要找各种借口，如时机不成熟、条件不具备等。在职场中，我们每个人都期望成功，都想找到一条捷径，其实，捷径只有一条，那就是脚踏实地。只有真正做到这一点，才会在职场中拥有更多的机会，才能使自己在职场中崭露头角，进而再上新高。

4. 要认真做好每件小事

在工作或生活中，我们往往贪多求全，对工作有时只是一知半解，浅尝辄止，不能踏踏实实地从一件件小事做起。但是，往往以小见大，从小事当中，我们会不断地磨炼自己，修正自己，发现问题，及时解决问题，通过一件件小事，把技术学精，把问题弄懂，成为本行业的专家能手，赢得良好的声誉，从而开启职场的新模式。

5. 做事情要具有前瞻性

敬业的最高标准，就是我们要把事情做到前面，为了一项工作任务的顺利完成，多思多想，那就是敬业。热爱工作就是敬业的说法虽无可厚非，但是也不要忘了，一项任务没有最好，只有更好，当你能把工作任务综合全面地考虑清楚，并且把它努力做到尽善尽美，那么你的工作水平和能力就又提高了一个层次。

所以，世上无难事，只怕有心人，没有谁会轻易成功，只有竭尽全力，脚踏实地，创造出更大价值的人，才能登上事业和人生的高峰。

(二) 诚实守信

诚实守信是忠诚老实，信守诺言。诚实守信对个人来讲是为人处世的基本准则。一个人要想在社会上立足，干出一番事业，就必须具有诚实守信的品德。

中国是礼仪之邦，有着五千年的悠久历史，诚实、守信一直是我们引以为傲的品格，以诚为本、以信为天的文化也一直在熏陶我们，诚信之风早已经融入我们的血液，成为中国文化中的重要篇章。然而，近年来，随着市场经济的冲击和拜金思想的滋长，诚信缺失的现象时有发生，在这种情况下，学生也不可避免地受到影响。经济上的急功近利、道德上的唯利是图、社会责任感的缺失、公德心的淡漠和行为方式的随意性，都无一例外地对诚实守信这种传统美德造成了冲击。

老子说："轻诺必寡信。"意思是说轻易向别人承诺的人一定很少讲信用。《论语》中"与朋友交，言而有信""人而无信，不知其可也"，这两句话都表达了一个含义：没有信用的人，不会有朋友，也不会有事业上的成功。

1. 诚实守信的价值

诚实守信作为职业道德，作用是建立良好的信誉，树立起值得他人信赖的形象，从而更好地立足市场，占领市场。因此，诚实守信的力量不可低估。首先，诚实守信是做人的根本，它不仅是一种品行，更是一种责任，不仅是一种道义，更是一种准则。诚实守信，不仅是个人，也是一个单位、一个集体，乃至一个国家宝贵的精神财富。诚实守信是做人的根本，是我们在社会交往中赢得他人信赖的关键。只有做到了诚实守信，我们才会在未来的发展中拥有广阔的空间。其次，诚实守信是立业的基石。诚实守信作为优秀的道德品质和职业道德历来很受重视，尤其是初入职场的毕业生，这是自己通往职场的通行证。诚信的品质比实际技术更加可贵，因为毕业生在学校里学习的知识在一定程度上不够全面，而且学生缺乏实践锻炼；进入企业能够顶岗操作，都必须经过企业的实践锻炼，才能真正把在校期间所学的专业知识通过理论联系实际的方式有所领悟。如果用诚实守信的优良品质打动大家，那么相当于打开了通往职场未来的大门，反之，你的职场未来将会戛然而止。最后，诚实守信的品质胜过个人的能力。有能力的人能够在企业中鹤立鸡群，但是有能力的人如果缺乏良好的道德品质作支撑，那么就会成为一个集体中的害群之马。因此，越来越多的单位在挑选员工的时候会更注重员工的良好道德品质。由此可见，一个社会，一个单位，对于诚信品质的考量越来越重要，即便专业能力差些，但是对于企业的责任心、忠诚，讲信用的人有机会得到能力的培养和锻炼。所以说，一个人的人品直接决定了这个人对于社会的价值，而与人品相关的各种因素中，诚信是其中最为重要的一点。不管你的能力是强还是弱，一定要具备诚信的品质。

2. 诚实守信是职业道德的必修课

近年来，社会上流传着一些错误观点，比如诚实守信确实应该，但是在现实生活中，讲诚信的人容易吃亏等言论。不可否认，社会中有这样的现象发生，但是许多现实的事例又告诉我们，缺乏诚信，只可以得一时之利。在生活中，人们还是愿意和诚信的人打交道、交朋友。诚信会伴随你，形成个人的品牌效应，助力你的人生发展。个人成功需要诚信，企业发展需要诚信，社会进步同样需要诚信，它是任何时期企业和个人的一笔宝贵精神财富。

那么我们如何做到诚实守信呢？首先，这需要我们在思想上树立诚实守信的意识，行动上信守承诺，从身边点点滴滴的小事做起，对自己的言行负责，树立诚实守信的意识，就是把诚信作为自己为人处世的准则，真诚地与人相处。"一言既出，驷马难追"是我们每个人都知道的古训，这句话既是对诚实守信品质的浓缩，也是作为一个诚实守信的人所应该遵守的行为准则。人格的塑造和习惯的养成是一个渐进的过程，任何习惯都是逐步积累、伴随个体的成长逐步积淀而成的，诚信也是如此，它既是一种品格，也是一种习惯。从现代企业的用人观来看，他们在选择员工时，虽然注重个人的知识和技能，但是只有诚信和能力完美结合，德才兼备的人才是企业真正需要的人才，只有个体本身具有了诚信，才会吸引更多的人来与你合作。"勿以善小而不为，勿以恶小而为之。"持之以恒，坚持诚信，从信念和意志上考验和锻炼自己。其次，我们也要慎重承诺。诚信是我们为人处世的准则，同时，我们也要诚信有度，面对不守信，甚至诈骗欺骗，要排除在外，合法地灵活地保护自己的合法权益。无法做到的事不要轻易承诺，如果承诺了，也要做到"言必出，行必果"，诚信不是讲话，刻板的教条，在坚守自己的道德底线的同时，用智慧和诚信开启美好的人生。

（三）公平正派

公平正派，是指从业人员在为人处世时，要站在公正的立场上，按照同一标准和同一原则办事的职业道德规范。通常表现为做事秉公执法、公正无私、办事公道、一视同仁等良好的品质。它是在爱岗敬业、诚实守信的基础上更高层次职业道德的要求。

要想做到公平正派，首先要崇尚真理，追求正义。为人处世是否公平关系到衡量标准的问题。我们做事就要以科学真理为标准，要有正确的是非观、价值观，合乎公理，合乎正义。不追求真理，不追求正义的人办事很难会合乎公道。现实生活中，许多人是非颠倒，为人处世随波逐流，缺乏正常的是非观，在他们眼中无所谓对与错，只有自己喜欢不喜欢，或者对自己有利来决定自己的行为，突出强调自我，缺乏起码的公平正义，也就无法做到公平正派。

其次，要坚持原则，不徇私情，不谋私利。在处理事情时坚持标准，坚持原则。不为私利而抛弃原则做事。俗话说"利令智昏"。私利能使人丢弃原则，从古至今有多少人拜倒在金钱的脚下，那样是无法做到办事公道的。因此，只有不谋私利，才能做到公平正义。

再次，要有一定的识别能力。只有真正地具有了识别能力，才能正确地分辨是非、好坏，否则就很难做到办事公道。所以，必须加强学习，不断提高认知能力，能明辨是非，分清善恶美丑，并有敏锐的洞察力，奠定公平正派的基础。

最后，立足本职，服务他人，奉献社会。这是对所有从业人员一个基本的要求，我们每个人既是服务者也是被服务者，在享受他人服务的同时，也有为他人服务的义务，从而通过岗位这个载体奉献社会，这是服务精神的最高体现。

五、职业道德培养的途径和方法

职业道德修养培养是一个由内而外的提升和升华的过程，是从业人员不断地进行自我改造、自我完善的过程，也是提高职业道德品质的关键，只有具备了良好的职业道德，我们才能抵制诱惑，坚定自己的职业道德理念。因此，我们要在职业活动中时刻提醒自己提高职业道德，不断地陶冶自己的道德情操，从而形成坚定的意志，最终形成良好的职业道德习惯。

作为一名从业人员，修炼自己的职业道德是我们终身学习的内容，这种学习本身就是一种自律行为，不断地学习，加强自我锻炼和自我改造，从而达到自我提升的目的。任何一个从业人员，职业道德素质的提高，都在接受社会和他人监督，也就是他律。另外，就是要不断加强自律，不断提高自我修养，二者相辅相成，缺一不可，而且自律显得尤为重要。对提高职业道德的途径和方法了然于胸，可以更好地提升我们的职业道德水平。

（一）学习有关职业道德的知识

职业道德知识是指对具体的职业中遇到的专业知识，以及在从业中应该恪守的行动准则及其执行意义的认识。此外，还包括文化专业知识和相关的业务技能。职业道德知识在职业道德认识的形成中意义重大。只有先知，才能后做，受到职业道德的约束，进而产生相应的道德行为。因此，学习文化专业知识和业务技能，可以增长知识，提高履行职业道德义务的能力。

（二）理论与实践结合，做到知行合一

单纯知道理论，无法真正掌握职业道德。只有在实践中磨炼，才能真正入脑入心，所以，职业道德要日臻提高，不能脱离实践的运用。只有积极参加职业活动实践，才能在此过程中知行合一。在提高认识的同时，进一步将其转化为自己的信念和行为的动机，做到言行一致，身体力行。

（三）经常进行自我检查、自我反思

"一日三省吾身"是指我们在不断地提高自己的过程中，需要经常审视反思自己，通过多次地自我反省，看自己是否违背了道德规范，找出不足，改正错误，修正自己的道德行为，从而提高自己的职业道德水平。

（四）提高精神境界，努力做到"慎独"

"慎独"是中国自古以来倡导的道德修养方法，是指个人在独处时，也不会做出有违基本规范的行为。它是考验一个人职业道德觉悟、自制能力的一种修养方法，同时，我们如果在自己的职业生涯中，能够做到这一点，也就给了自己更多锻炼道德意志的机会，不仅是从业人员应该做到的，也是我们每个人在生活中应该达到的精神境界。

第三节　职业能力和职业态度

一、职业能力的概念

职业能力是指人们从事其职业的多种能力的综合，是职业角色在从事岗位工作时使职业活动顺利进行所需的个体能力的综合。职业能力由知识、理解能力和技能等诸多要素组成。与能力一样，职业能力通过相应的职业活动表现出来，必须在一定的职业活动中显现出来。

职业能力

职业能力可以分成一般职业能力和特殊职业能力。一般职业能力是指人们从事不同职业活动所必需的共用能力，如基本的语言表达能力；特殊职业能力是指人们从事某一特定职业所具备的特殊或较强的能力，如绘画、表演能力或者销售人员开拓市场的能力。不同的职业有不同的职业能力要求。职业能力能说明一个人在既定的职业方面是否能够胜任，也能说明一个人在该职业中取得成功的可能性。

二、职业能力的构成

我国职业教育界以从事职业活动必备的能力为依据，认为职业能力由专业能力、方法能力和社会能力构成。

（一）专业能力

专业能力是指劳动者所具有的从事该项职业的基本知识和基本实际操作能力，属于外在的显性能力。专业能力是劳动者的基本生存能力。在专业能力中，专业知识结构是否合理成为劳动者在职场中能否得到发展的关键。一般来说，除了要具有专业学科知识结构，还应该具有整体知识结构。学科知识结构指的是该学科的基本概念、原理、定理、定律以及它们之间的相互关系和规律性。整体知识结构是指掌握的各门学科知识组织状况。一个人要想在职场中具有更好的发展，仅有单门学科知识是不够的，注重基础理论的同时，还要注重多学习专业知识，也就是不仅有"专才"的意识，还要具有"通才"的意识，这样才能在未来的发展中立于不败之地。专业能力在强调专业的应用性和针对性的同时，还包括对新技术的接受理解能力、职业的适应能力、质量意识、经济观念等职业能力。

（二）方法能力

方法能力是指从事职业活动所需要的工作方法、学习方法等方面的能力，包括收集信息、独立学习、解决问题、制订计划、制定决策、质量控制和管理等方面掌握和理解的能力。方法能力是从业者对学习方法和工作方法掌握和理解的能力，核心是"学会学习"，它要求从业者具有"再学习"的能力。社会是不断发展变化的，要求我们必须不断调整自身以适应社会的发展，因此，这种"再学习"的能力是不断充实自己、适应社会的法宝。方法能力要求个体具备科学的思维模式，强调合理性、逻辑性、创新性。它是人的基本发展能力，是个体在职业生涯中不断进取的重要手段，也是职业教育培养创新精神和创业教育的具体表现。

（三）社会能力

社会能力是指从业者在从事职业活动时适应社会、融入社会的能力，即所需要的社会行为能力，包括工作中的人际交流、劳动组织能力、群体意识和社会责任心等，强调积极的人生态度、对社会的适应性和行为的规范性，核心是"学会共同生活"。人是社会的人，我们存在于社会中，就必然和社会中的其他个体产生联系，处于一定的社会关系中，这种社会能力决定了个体是否能够融洽地和周围人相处，能否以一种健康的心理融入其中，是从业者非常重要的一种能力，甚至决定从业者的专业能力和方法能力能否正常发挥。

综上所述，职业能力是指从事某种职业必须具备的，并在该职业活动中表现出来的各种能力的总和。职业能力不是单一的能力，而是各种能力相辅相成的有机整体。职业能力不仅包括技能，还包括了胜任工作所需的条件，例如思想品德、科学文化基础、人文素养、专业能力、身心健康等，只凭某一种孤立的能力要素是难以完成职业活动的。

三、职业态度

人们常说，态度决定高度，眼界决定境界，境界决定未来，职业人对待职业的态度，最终会决定个体在职场中是否具有发展的空间。其中，踏实是职场中一种优秀的品质，是职场人士的基本职业态度。

踏实是指切实、不浮躁，内心安定、安稳的意思。应该说，踏实是我国自古以来的文化积淀形成的一种民族精神。踏实精神排斥虚妄，拒绝空想，鄙视华而不实，追求充实而有活力的人生，在今天，这种踏实的精神在各行各业中依然闪耀着光芒。如今，社会的发展瞬息万变，各种竞争非常激烈。作为一名职场人，要想在职场中取得一定的发展空间，就要学会踏实。

踏实是成功的起点。踏实就是要首先从小事做起，工作中无小事，任何惊天动地的大事都是由一件件的小事构成的，聚少成多，聚小成大，凡事都有一个过程，从一点一滴做起，才能做好工作中的事情。踏实也要从细节做起，天下大事，必作于细，重视细节，体现着认真负责的态度。具有强烈的责任感，就会用如履薄冰、如临深渊的态度对待每一项工作，尽心竭力。重视细节，彰显着严谨细致的工作作风，重视细节，同时也是一种本领和才能。无论从业者从事何种工作，细节其实检验一个人是否具有敏锐的眼光，是否具有于细微之处洞察事理的头脑，体现着从业者是否具有精益求精的执着追求。

如何能做个踏实的人呢？首先，要把工作当作一种快乐，我们常有这样的感受，一个人工作的时候精神愉悦，那么工作的状态就好，如果工作的时候感到束缚，那么精神状态就会感到压抑，进而影响工作状态，在工作中很难取得成绩。所以，我们要善于在平凡的工作中发现社会价值，找到快乐。其次，不要频繁跳槽。初入职场的毕业生，都充满激情和幻想，有着做事的激情和冲动，有时也有不切合实际的理想和抱负，所以，对初入职场的新人来说，还没有被大家所了解和认识，也就很难被委以重任，新人和单位之间都会存在一个磨合期，彼此需要足够的空间和时间去适应和认识对方。因此，初入职场，尤其是对于刚毕业的大学生，先别急着跳槽，需要在基层岗位上经受住锻炼，最后把自己打磨成"珍珠"。

合作是一个永恒的主题，从刚刚懂事起，我们就已经作为社会中的人开始了与人相处，与人合作。当我们步入职场，便开始了更大范围的交往与合作。现代社会，社会分工越来越细，没有一个单一的公司或个人能够拥有他所需要的全部资源并完成所有的事情，合作能力已成为促进社会发展与个人进步的重要能力之一。对社会来讲，社会成员之间精诚合作，同舟共济，有助于实现又好又快发展；对个人来说，与他人的合作可以为个人发展创造必要条件和更大的空间。

（一）加强性格修养

性格有先天因素，修养则靠后天养成。增强合作能力，既要不断发现和矫正自身性格中不利于与他人合作的地方，也要不断提高修养，养成正确的为人处世态度。应勤于自省，正确认识自己性格方面的不足，增强改造性格缺陷的自觉性。一是努力提高文化素养。勤读书、读好书，以知识拓宽视野、开阔心胸、陶冶情操。二是积极进行自我矫正。发现有"不合群"的倾向，就要注意多与外界接触，多与同事交流，积极参加集体活动；发现有自高自大的问题，就要注意多发现别人身上的优点和长处，学会谦虚谨慎、尊重别人；发现有说过分话的习惯，就要多一些设身处地的换位思考，注意把握言谈举止的分寸，从而在不断砥砺性格、提高修养的过程中增强合作能力。

（二）强化合作意识

善于与人合作，既是一种可贵品质，也是一种实际能力。同级之间、上下级之间都要强调合作。上下级之间的合作，既体现在上级对下级的关心与尊重，也体现在下级对上级的配合与负责。作为领导，既要充满自信，又不可狂妄自大，应主动了解和理解下级，学会欣赏他们的聪明才智，帮助他们克服缺点和不足，努力增强自己的亲和力，调动下属的工作积极性；作为一般工作人员，要在工作中发挥主动性，既对上级负责也对下级负责，而不能事不关己、高高挂起，更不能相互推诿、敷衍塞责。现代社会正处于知识经济时代，团队精神在竞争中越来越重要，很多工作需要团队合作才能完成。只有能与他人合作的人，才能获得生存空间；只有善于合作的人，才能赢得发展。

（三）锻造优秀品德

优秀品德是合作能力得以升华的保障。优秀品德的内容包括三个方面，一是增强集体意识，在社会化大生产中，个人是集体中的个人，没有集体就没有个人，没有集体的进步就没有个人的发展，因而要把个人的利益统一到集体的利益之中。二是尊重同事，虽然人的能力有大小、分工有不同，但在人格上大家都是平等的，既不能妄自菲薄，也不能妄自尊大。只有尊重别人，才能得到别人的尊重和支持。三是看淡名利，在团结合作方面出现的问题，很多都是由名利引起的。在名利问题上不宜花费过多精力，而应经常换位思考互谅互让。大家长期在一个单位工作，难免会有些磕磕碰碰，处理这些问题的诀窍就是大事讲原则、小事讲风格。

职业能力的提高是用人单位对毕业生的要求。面对这样的目标和要求，职业能力究竟如何培养，这既是高等教育关注的热点，也是难点。职业能力从来不是孤立的个体，而是一个有机的整体，是劳动者知识、技能和态度等诸多因素综合发挥作用的结果，任何一种孤立的能力要素都难以完成职业活动。因此，高等院校培养学生职业能力和学生进行自我培养、自我提高的时候，应考虑提高学生职业能力构成的各种基本能力要素。

第四节　职业心理和职业适应

职业心理是人们在择业、就业、失业及重新选择等职业活动过程中，对周围环境的一种认知、情感、态度。职业心理与职业活动如影随形，每个人的职业活动都是在心理的支配和调节下进行的。健康的职业心理，是有效进行职业活动的基础。大学生终将走向社会，开始自己的职业生涯，职业心理将影响他们的生活态度、生活方式以及价值取向。掌握职业心理的要素，可以使学生正确实现自我定位，能够激发自我，挖掘自身潜力，为成功打下坚实的心理基础。

一、择业心理问题分析及调适

良好的心理素质不仅可以使大学生在择业期间保持良好的心态，还可以使大学生适时调整自己的行为，促进其顺利就业。为了适应职业需要，大学生除了做好知识能力、职业道德等方面的准备，还应具有良好的心理素质。大学生择业的过程，是一个复杂的心理变化过程，要想获得成功，没有充分的心理准备，没有良好的竞技状态是不行的。

（一）大学生在择业中面临的压力

随着社会的进步、经济的发展，竞争越来越激烈，这种竞争归根结底是人才的竞争。因此，在日趋激烈的人才争夺战中，用人单位千方百计地争取学历层次高、综合素质好的优秀人才，加之近年来毕业生人数迅速增加，社会对人才的需求标准越来越高。面对激烈的择业竞争，学历层次低、专业技能少的毕业生所承受的心理压力巨大。

在就业市场越来越开放的情况下，毕业生对职业的选择机会增多，但他们所学的专业又限制了他们择业的自由。社会对不同专业毕业生的需求也呈现出几家欢喜几家愁的局面，专业需求的不平衡是造成不同专业毕业生就业情况差异明显的重要原因。

许多人为因素也使毕业生就业压力增大。如用人单位"人才高消费"的影响，大材小用、学历层次低的毕业生受歧视的现象也司空见惯，由于社会偏见导致的性别歧视，女大学生就业难等。凡此种种，扰乱了就业市场，造成就业失衡、不公，给毕业生带来很大的心理压力。

（二）职业选择中的价值趋向

目前，大学生就业不从长远发展的角度来看，而是更趋向于实惠就业。因此，部分学生缺乏艰苦创业的思想，表现在注重经济利益而非个人价值，趋向于高薪水、高地位、高层次的工作，不愿从事待遇低、地位低、层次低的工作；在就业地域方面，许多大学生向往大中城市，尤其是沿海的发达城市或者大都市，认为城镇特别是山区，社会经济发展相对落后，思想观念比较保守，缺乏发挥自己才能的环境和机遇，不愿下基层。

择业趋向商品化。由于利益观念的影响日益加剧，大学生择业主导思想的商品意识不断加强，功利色彩日益浓厚。一些大学生把物质利益作为衡量个人价值的标准，往往选择那些能迅速使自己的知识转化为金钱的单位，商品化选择正在影响当代大学生。

职业选择具有不稳定性和多向性。面对众多的需求单位，挑挑拣拣，举棋不定；一些主要面向基层就业的农、林或工科毕业生，虽能意识到基层和艰苦行业需要人、锻炼人，但又怕过艰苦的生活。一些毕业生在择业中这山看着那山高，或今天与这家签了约，明天又想要毁约。大学生择业的多向性和不稳定性，一方面对自身的就业不利，择业时左顾右盼，必定错失良机；另一方面对用人单位不利，大学生在择业时反反复复，延误单位对人才的挑选。

（三）大学生职业选择中常见的心理误区

1. 从众心理

从众心理是指个体在群体压力下，在认知、判断、信念与行为等方面与多数人保持一致，从而导致人云亦云、随波逐流的心理。

2. 自卑心理

这是一种缺乏自信心的表现。在择业问题上，自卑感强的人表现为对自己的潜能优势缺乏了解，缺乏自信心，这是大学生在求职时很容易产生的消极心理。一些毕业生习惯于看别人的长处，盯着自己的不足，这种不平等的比较必然会得出"我不行"

的结论，由于过低评价自己，总是自惭形秽，在择业过程中自己拿不定主意，犹豫、退缩、信心不足，对自己能胜任的工作不敢说"我能行"，而总是"试试看"，遇到几次求职挫折后，更是萎靡不振，自我封闭。

3. 焦虑心理

焦虑是由内心紧张、心理冲突引起的一种复杂情绪反应。毕业生择业时的焦虑心理表现在：自己的职业理想是否能实现，未来的工作岗位能否发挥自己的专业特长，选择职业失误以后怎么办等。由择业引起的心理负担沉重、紧张、烦躁不安、心神不宁，有时甚至患上神经衰弱，一提择业就忧心忡忡。面临择业时，焦虑心理几乎是人人都有的。一定程度的焦虑可以促进人们产生动力，但是太过焦虑就会对自身的心理和生理造成影响。调解焦虑心理可以多与同学和师长交流，要明白只有在经历许多现实的碰撞之后，才会有更好的前程。所以，暂时的焦虑只能使自己更泄气，还是要摆正好心态，不要焦躁。

4. 迷茫心理

很多大学生在大学学习期间没有进行职业生涯规划设计，没有接受规范的就业指导，无法给自己一个正确的职业定位和自我认知，临近毕业才意识到找一份工作很难，不知道自己想要从事什么样的工作，从而产生一种迷茫、不知所措的心理。

5. 消极依赖心理

在择业过程中，一些大学生不能主动地参与就业市场的竞争，不能向单位展示自我、推销自我、依赖自身的努力去赢得用人单位青睐，而是寄希望于学校、地方就业主管部门、家庭，或静候学校和地方的安排。有的学生缺乏独立意识，对于一个单位是否合适自己，往往不是靠自己的思考来决断，而是靠父母、师长为自己出主意。消极依赖心理，使他们在就业中处于劣势。这种心理实际上是缺乏自立意识和自主能力的表现。克服依赖心理，要从自身深处自强起来，才能走好就业之路。

二、认识自己是职业选择的基本前提

择业心理问题的产生，除了社会环境、学校教育、家庭影响等客观因素影响外，毕业生主观因素的影响也不容忽视。

（1）大学生要正确认识自我，正确认识社会，积极进行自我调适，以顺利择业。

（2）客观认识竞争，保持良好心态。良好的心态在竞争激烈的社会中是不可缺少的，每个人都有自己的优点和缺点，同时作为社会的一分子，都有自己相应的位置和不同的分工。在求职择业中遇到挫折是正常的，切不可因此自卑，面对求职失败，应该认真反思，吸取经验教训，努力争取新的机会。在对部分成功就业毕业生的调查中，绝大多数人都谈到自己在择业过程中，注重发现自身的优点或长处，并设法在应聘中突出自己，最终达到实现自我的目的。

（3）树立艰苦创业，立志成才意识。成功的事业有时会由于良好的机遇而变得一帆风顺，但是绝大多数人必须付出艰苦努力。艰苦创业、自强不息、立志成才是大学生实现自我价值的良方，大学生只有不断努力、不断进取、不断付出才能获得丰厚的回报；只有从小事做起、从具体事做起、从基层做起才能最终取得辉煌的成就和业绩。

（4）做好就业技能准备，增强就业竞争实力。大学生一进校门就要自觉把自己的专业与以后的就业联系起来，认真学习，刻苦钻研，建立合理的知识结构，掌握扎实的专业理论知识，培养自己的实践操作能力、科学思维能力、组织协调能力等，唯有如此，才能在激烈的竞争中占据有利位置。

三、适应社会走向成功

（一）实现社会角色的转换

从个体与社会的关系来看，社会是由扮演各种不同角色的人构成的。人一生要进入不同的社会位置，扮演不同的社会角色，其中最主要和最常见的有四大类，即家庭角色、性别角色、年龄角色和职业角色。社会角色对人有巨大的约束力，各种角色无不打上社会的烙印。大学生经过探索和选择，完成首次择业，从而开始了迈向社会的人生转折。如何尽快适应这一转折，顺利完成从大学生到从业者的社会角色转换，是摆在每一个大学毕业生面前的现实问题。长期的学习生活使大学生的思想观念、生活习惯、行为方式形成了一种固定的模式。这种角色模式会以其惯性被大学生带到工作岗位。由于新旧角色之间存在差别，大学生必然会出现角色冲突，造成角色的不适应，需要进行角色的转换。在角色转换过程中，也难免会出现某种心理上的波动，如因环境陌生而孤独，因条件艰苦而失落，因单位人才济济而畏惧等，这都是正常的，不必大惊小怪。重要的是保持心理的平衡，不要让不良的情绪左右自己，要有自信心。

要实现角色转换，首先，要正确认识新角色。了解新角色的性质、社会意义、工作要求、劳动条件、行业规范、职业道德、纪律等，从思想感情上重视它、接受它、热爱它。多数职业都具有一定程度的重复性、单调性，会令人感觉机械、乏味、没兴趣，而一般新职工都是被安排在基层从事一些简单的事务性的工作，只有当你适应了，并展示了自己的能力后，才有可能被安排从事一些复杂而富有创造性的工作，因此，作为新人，需要脚踏实地地认真磨炼自己，使自己适应工作。

其次，要迅速扮演新角色。根据岗位工作的需要，通过向老职工请教和自学，补充必要的实践知识和实践技能，勤恳实干，尽快熟悉有关业务，提高工作质量和效率，力求早日胜任本职工作。

再次，要改变过去的生活习惯，通过对新角色的定位来规范自己的行为，培养新角色行为方式。

最后，要对新单位的各项规章制度、政策规定有所了解，还要了解单位机构设置的整体架构，一方面需要自己遵守和执行，另一方面可以加深对新岗位的认识，还有助于对未来的发展做出初步的评估。

（二）顺利度过适应期

人的社会角色转换过程实际上就是人的社会适应过程。任何社会生活中的个体，只有经过对复杂的社会环境、社会文化和社会规范的观察、认知、模仿、认同、内化等一系列的学习和实践过程，才能达到对社会的能动适应。适应的实质，就是社会化。

由于就业者的理想、价值观、业务素质、个性特长、生活欲求等情况各不相同，所以对新环境、新职业的适应也是因人而异的，各人有各人的侧重点，各有不同的特色。例如，有的人主要是改变生活节奏；有的人是要迅速增强实践技能；有的人须尽快熟悉行业规范；有的人是着重融洽人际关系；有的人需要转变观念、调整期望值。怎样才能顺利度过适应期呢？正确的做法是从实际出发，以积极的态度主动地去适应新环境，为此，应从下面几点做起。

1. 适应新的岗位工作

对于新就业者，应该自觉遵守单位的规章制度，约束、规范自己的日常行为，同时，要认真了解岗位工作的业务内容、背景、责任等，勤学好问，虚心请教，不断补充新知识、新技能，确保及时、准确、保质保量地完成工作。

2. 树立良好的第一印象

心理学研究表明，人与人初次接触的形象往往是非常鲜明牢固的，容易形成一种固定印象，且直接影响别人今后对自己的评价。因此，第一印象非常重要。狭义的第一印象是指新员工上班时，他的相貌、气质、穿戴、姿势等留给他人的印象；广义的第一印象还包括开始上班后一段时间的个人表现，包括个人对所承担的第一件工作任务的完成情况等。

任何事情都是由许多的小事或生活片段积累形成的，因此就业者要树立自己的形象，就要从一点一滴的小事做起。例如，上班伊始，早点来，晚点走，主动做些打水扫地之类的琐事；保持仪表端庄，穿着打扮合宜；举止文明，落落大方，热情坦诚，言而有信；尽快熟悉周围的人，与他人精诚合作，在交往中加深感情；注意卫生习惯，爱护公物等；随和而积极地参加一些日常文体活动。

对于自己独立承担的第一项工作任务，即使简单容易，也不可掉以轻心，应尽心尽力地去完成，这关系到你的工作态度、责任心以及工作能力，会给领导和同事留下很深的印象。

3. 努力建立良好的人际关系

社会心理学家安东尼·罗宾认为：人生中最大的财富就是人际关系。因此，对刚刚走上工作岗位的大学生来说，处理好工作中与领导与同事以及其他有关人员的关系，尽快融入新的人际圈，建立和谐的人际关系非常重要。

踏入工作岗位之后，与上司的关系是领导与被领导之间的关系，是下级服从上级的关系，这种关系与学生和老师之间的关系不一样，它具有共担责任又各负其责、顾全整体又注重本职的意义，而且与上司的关系往往对人的处境、经济利益和晋升带来一定的影响。因此，到了工作岗位应学会处理好与上司的关系。

如果你是在国家事业单位、企业、公司等部门工作，你作为下级，应该服从上级，首先尊重领导。一般担任领导职务的人，应该具有领导的人格和风度，他们担负上一级赋予他们的责任。因此，服从领导的工作安排，遵照领导布置的任务进行工作，是我们的职责。除特殊情况外，都应该无条件地服从上级领导对工作的分配。如果个人有意见，可以当面向领导提出，经过领导研究后，要愉快地接受任务。特别要注意防止在领导布置工作时，无理拒绝、顶撞或发生口角。学会通过正常渠道和方式反映个人的意见。我们反对在领导和上司面前奴颜婢膝、阿谀奉承，应当保持个人的自尊。对那些拿原则做交易，不讲道德，利欲熏心的人应当嗤之以鼻。

如果你是个体经营者，那么可能要与许多部门的管理人员打交道，这些部门的负责人员掌握批复文件等各种权力，你经营的各个环节要他们批准才有效，或者是来检查你经营的情况并有批评权。对这些部门人员，如果处理不好关系，会对正常经营造成困难。因此，要正确对待这些部门的人员，态度要真诚，不卑不亢，按政策、按要求合法办事、经营。

在工作岗位上，相处机会最多的就是同事。与同事相处，最重要的原则就是互相尊重、互相帮助、友好相处。既不能狂妄自大、看不起同事，也不能妄自菲薄，被别人看不起。不能随便轻视和侮辱他人，不能在背后对别人的缺点和不足妄加议论，不负责任地说三道四。如果别人真的有缺点，也应该十分谨慎地、恰如其分地提出，使别人可以接受。人们普遍喜欢态度友好、热情为他人提供帮助的人，当同事在生产、生活中需要帮忙，或遇到其他麻烦时，要主动关心，并及时热情地给予帮助，尽量多做些力所能及的事。当别人有求于自己，但自己能力有限时，也要实事求是地讲清楚，请他人理解，不要产生误会。

与同事相处，信誉很重要，自己说了的话要承认，不能自食其言。对做不到的事不要做承诺，浮夸的人不实在，得不到同事们的信任。对能做到的事可以应承，但要适当留有余地，因为对任何一件复杂的事情，制约因素都是很多的，不一定有十分把握。对同事和朋友的承诺要慎重，如果能按预期计划完成，兑现了自己的承诺是好事。但是已经承诺下来的事，你会硬着头皮去做，如果做不到，朋友不理解其中难处，会认为你要滑头，能做的事不做，失去对你的信任和友谊。同时，也会给自己带来很多不必要的烦恼，造成人际关系的恶化。

同事之间不可互相猜忌，要坦诚相待。同事有了进步或提升了职位，应真心表示祝贺，并向人家学习，切不可妒忌他人。听到他人对自己议论，不要盲目发火，先冷静下来分析一下，人家说得有没有道理，如果有道理，就应该看成是对自己的帮助，要尽快改正；如果是一般的小事，可以不去理睬；如果属于诬陷，可以找有关领导评理，严重的甚至可以诉诸法律，不过，这种情况极少。

由职业特点决定的工作性质，可能会与各种不同的工作对象打交道，与这些在业务上有往来的人接触，也要十分注意搞好人际关系。良好的人际关系能促进人的身心健康，一个人如果身处在相互爱护、关系融洽的人际氛围中，一定会心情舒畅、精神愉快；良好的人际关系有助于事业成功，如果大学生从业伊始就注意建立良好的人际关系，主动交往，热情待人，豁达处事，尽快与所在集体融为一体，就可以顺利打开局面，形成一个如意的工作环境。社会是不断变化的，也要求我们要不断调整和改变自己的观念、态度、习惯、行为等以适应社会发展变化不断提出的新要求。

（三）谋求进一步发展

1. 立足岗位，艰苦奋斗

现在，很多大学毕业生不屑于从事最基层的基础工作，抱怨工作累、抱怨环境艰苦、抱怨大材小用，不热爱基层岗位。其实，岗位是成才的舞台，是一个人施展才华取得成就的场所，只有立足岗位，脚踏实地，专心本职工作，干一行，钻一行，才可能在敬业中体现自己的价值。那些好高骛远、急功近利者，有可能获得暂时的小利，但绝不可能取得长久成功。

2. 播种积极，收获成功

著名的成功学家希尔曾说："人与人之间只有很小的差异。但这种很小的差异往往造成了很大的差异。"这种很小的差异是什么？就是心态。这个很大的差异是什么？就是成功与失败。如果我们认真观察一下就会发现，那些做出突出贡献的政治家、企业家、科学家无一不是具备积极的心态的，然而走向失败或无所事事的人，也大都具有一种消极的心态。所以，一个人的心态好坏，关键时刻可直接关系到一个人事业的成功与失败。

3. 面对困难，充满信心

在人生的道路上，难免会遇到各种意想不到的困难。人类生存和发展的历程，就是不断战胜困难取得胜利的历程。存在困难是很正常的事情，太顺利的人生反而不能显现真正的价值。有些困难此时为困难，但从更长远的眼光来看，反而对自身更有好处，也不觉得是困难了。因此，只要保持乐观的心态，理性地分析，缜密地思考，果敢地行动，一切困难都会过去，而战胜困难的过程也正孕育着成长的快乐和成功的喜悦。

4. 面对挫折，越挫越勇

虽然屡遭挫折，却能够坚强地、百折不挠地挺住，这就是成功的秘诀。人生总会遇到这样那样的挫折，关键是对待挫折的态度。挫折对有些人来说，可能会从此一蹶不振，而对另一些人来说，挫折却会激发其斗志，走向成功。

敢于抓住机会、善于抓住机会，是面对机遇的正确态度，但是，抓住机遇的关键是当机遇降临的时候我们已经做好了准备。爱因斯坦说：机遇只偏爱有准备的人。这里的"有准备"，既有心理的准备，也有知识、能力、素质的准备。

评估你所在班级的班委团队合作能力

请依据你的观察和体会，判断你所在班级的班委团队是否具有下述特征，如果是则在表 5-1 的恰当位置打钩。

表 5-1　班委团队合作能力评估表

班委团队	几乎总是	几乎总不是
1. 所有团队成员都对团队目标有着共同的理解和责任心		
2. 团队成员互相支持并互相给出建设性意见		
3. 团队成员感受不到由于遵从团队绩效和行为标准而产生的压力		
4. 不同意见可以被接受，而不会为了取得一致意见而被压制		
5. 团队成员之间有着频繁的人际互动		
6. 团队承担了做重要决策的责任		
7. 团队拥有公开的沟通渠道，所有团队成员都能发出自己的声音		
8. 团队成员有机会对恰当的技能进行不断的学习和培训		
9. 每一位团队成员都享受公平的待遇		
10. 团队成员在没有团队领导指令的情况下也会互相支持和帮助		
11. 奖励和认可与个人和团队绩效都有关		
12. 团队中的各种任务已经划出了清晰的角色和责任		

回答"几乎总是"得 1 分，回答"几乎总不是"得 0 分。分数越高，则证明你们班委团队的工作效能越高。

班级召开全体会议，对此项测评进行讨论，回顾以往的活动，总结优点，寻找不足，并找出改进方法。

第六章
职业决策

名人名言

选择职业是人生大事，因为职业决定了一个人的未来。铁匠锤打铁砧，铁砧也锤打铁匠；海蛤的壳在棕黑深邃的海洋里变成，人的心灵也受到生命历程的染色，只是所受的影响奥妙复杂，不易为人觉察而已。所以说，选择职业，就是选择将来的自己。

——罗素

人生的道路虽然漫长，但紧要处常常只有几步，特别是年轻的时候。

——柳青

学习目标

1. 了解职业生涯决策的概念
2. 理解影响职业生涯决策的因素
3. 熟悉职业生涯决策的风格类型
4. 掌握职业生涯决策的方法与步骤

案例导入 ▶▶▶

理性决策的三位好友

郭卫、周晓洁、赵玉芬（均为化名）是来自同一所中学的三个好朋友，大家相约一起考上了某院校，转眼就到了大三的就业季，她们均成为求职大军中的一员。

会计专业的郭卫向美国咨询公司、证券公司、四大会计师事务所和宝洁等著名跨国企业都投递了简历，并且非常幸运地得到了深造名额和某知名会计师事务所的聘用意向书。尽管知名会计师事务所是许多会计专业毕业生的首选，但有着更高追求的郭卫希望自己有更高的职业生涯起点，因此经过一番思考，最终选择了继续深造。

周晓洁的专业是财务管理，她在得到某世界500强企业在广州办事处的聘用意向书的同时，也收到了公务员的录用通知书。经过与家人商量，她认为自己作为女生，公务员工作要比外企工作更稳定，更符合家人的愿望，因此她做出了成为公务员的选择。

她们的好朋友赵玉芬也同样不逊色，在与美国知名会计师事务所签约后，也收到了国内某银行的聘用意向书。这让她非常犹豫：美国知名会计师事务所与银行都属于非常有吸引力的财经类行业，不同的是前者是外企，薪水高但工作压力也较大；后者是国企，薪水虽比不上前者，但工作相对稳定且有较好的福利保障。在老师、同学及亲友们的分析下，她最终放弃了外企，选择了国企银行。

第一节　职业决策内涵

在职业生涯发展中，常常会突然遇上岔路，我们往往会犹豫不决，不知道选哪条路会更好。

最好的办法是尽可能多地收集信息，来判断哪条路看上去更正确一些，更有可能指向我们的目的地，然后大胆地走下去，在走的过程中再不断探索、不断调整。有些人会不断走入一条条岔路，直到最终到达一处完全没有预料的地方；而另一些人会在对自己的需要和前方情况有进一步的了解后，才折回原先的岔路处选择那条"没有走的路"。

一生中，你可能有很多机会处在这样的"岔路口"上，比如选择专业，毕业后找工作，寻找伴侣，寻求事业发展的机会，等等。随着时间的流逝，这些选择形成了一种模式，最终使你成为独一无二的个体。

一、职业生涯决策的含义

（一）广义的职业生涯决策

职业生涯决策是指为确定职业所进行的提出问题、搜集资料、确定目标、拟定方案、分析评价、检查监督、最后选定等一系列认知活动，如图 6-1 所示。用生物学里的概念比喻就是不断地同化和顺应，不断地接收来自外部和自身的信息并加以整合，内化为自身的一部分，再以执行选择的形式投诸外部世界，进行新一轮的纳新、整合。

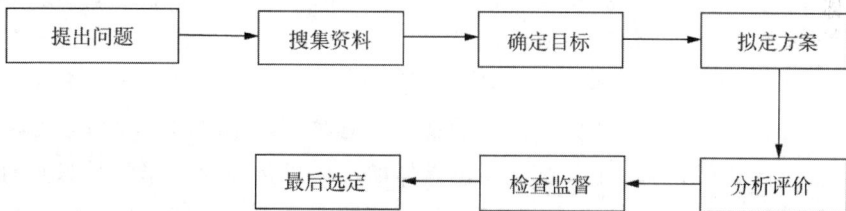

图 6-1　广义的职业决策

（二）狭义的职业生涯决策

把决策理解为广义决策过程中的一个环节，即从几个备选职业方案中选择一个的"确定"环节，通俗地说就是"拍板"。具体来讲，是指为达到一定的目标，从两个以上的可行方案中选择一个合理方案的分析判断过程，是决策者经过各种考虑和比较之后，对应当做什么和应当怎么做所作的决定。

可见，狭义的职业决策由三部分组成：①明确目标；②确定可选方案；③挑选最终方案。即使是最微不足道的决策也依从这种模式。假如某天天气炎热，让你感到口干舌燥，迫切希望来一瓶橙汁，于是你来到学校超市，从冰柜中拿起一瓶橙汁，付了钱就开始畅饮。你感觉整个过程中并未多加思索，可实际上，你所做出的决策也包括了以上三个组成部分：①明确了自己的目标（解渴）；②将橙汁确定为一个可选方案；③最终选择了该方案。

对于大学生来说，职业决策的核心在于根据自身特点和社会需要做出合理的职业方向抉择，即进行职业定位的过程。这个方向确定的过程包括我们前面所说的职业生涯起点、职业生涯路径的选择与确定。看似是一个点的选择，其实涉及对于自我的了解、对于职业世界的认识和体验，因此，职业决策的过程是一个整合的过程。我们所讨论的职业决策，是指在了解自我和外界之后，从几个方案中确定一个环节，是狭义的职业决策过程。

二、职业决策的特点

职业决策首先是一种决策，它与其他决策一样具有以下要素：第一，有一个必须做出决策的个体。这个个体具有做出决策的权利，同时个体的性格、价值观、成长的经验以及能力可能会对决策产生影响。第二，有几个可供选择的方案。在计划经济体制下，个体对于就业的地点和职业没有选择的空间，这也就不存在职业决策的问题，而现在可供选择的职业越来越多，使得职业决策越来越必要。第三，决策者有某种标准来比较和评价不同的方案。同样的职业，对于某个人来说是一个好职业，而对于另一个人来说却是一个梦魇，这是因为每个人评价职业优劣的标准是不一样的。

职业决策除了以上一些与其他决策相同的要素，还有一些自身的特点。首先，通常可供选择的方案数量是巨大的，比如教育领域中的专业、大学的数量，职业领域中的行业、岗位，乃至具体职业方向的数量都是巨大的。其次，每个选择方案都存在大量的信息，因为多数职业都有职业内的变化，比如同样是医生这个职业，还有各科医生的分别。对所有的职业都有深入了解，则是一个不可能完成的任务。再次，必须以细致的方式描述出职业特征和个人偏好的特点。有些职业尽管名称比较相似，但工作的内容可能会有很大差异。尤其对于一份具体的工作更是如此，需要对职业的培训时间、工作环境、自主程度、收入、人际关系类型等有全面的了解。最后，一些重要人物（父母、配偶、朋友）以及职业咨询师会影响个人的决策过程。职业选择并不是一个个人事件，它会对周围的人产生一定的影响，同时他人的意见和建议也会对个人的决策产生影响。

职业选择的过程是先由少变多，再由多变少的过程。就像梭子一样，中间大，两头小（图 6-2）。为什么需要中间的扩大，因为很多人在工作了十多年之后才发现有一份职业很符合自己的兴趣，但这时候再想调整就非常有难度了。如果在工作的早期多对比、多选择，那么找到的职业会更加适合自己。

图 6-2　职业选择过程

三、职业生涯决策的原则

（一）择己所爱

兴趣是最好的老师，是成功之母。调查表明，兴趣与成功的概率有着明显的正相关性。从事一项你所喜欢的工作，工作本身就能带给你一种满足感，你的职业生涯也会由此变得妙趣横生。

（二）择己所能

任何职业都要求从业者掌握一定的技能，具备一定的能力条件。而一个人一生中不能将所有技能都全部掌握，所以在进行职业选择时必须择己所能，选择能最大限度地发挥自己价值的工作。在做职业决策的时候，一定要清晰地认识自己，包括自己的个性特点和能力特征，也包括自己的生理素质、教育背景和职业效能，目的在于发现自己真正适合干的工作。

（三）择世所需

社会的需求在不断演化着，旧的需求不断消失，新的需求不断产生。新的职业也在不断产生。但是，择业时要考虑到特定的环境条件和时代要求，不能脱离社会现实、孤立地追求"自我设计"，否则，要么就产生"天下无用我之地"的感觉，要么则做出错误的选择。

（四）择己所利

职业是个人谋生的手段，其目的在于追求个人幸福。所以，在择业时，首先应考虑的是自己的预期收益——个人幸福最大化。明智的选择是在由收入、社会地位、成就感和工作付出等变量组成的函数中找出一个最大值。这就是职业生涯决策时的收益最大化原则。

人伟大是因为目标伟大

一位哲学家到一个建筑工地分别问三个正在砌筑的工人："你在干什么？"

第一个工人头也不抬地说："我在砌砖。"

第二个工人抬了抬头说："我在砌一堵墙。"

第三个工人热情洋溢、满怀憧憬地说："我在建一座教堂！"

听完回答，哲学家马上就判断出了这三人的未来：

第一个眼中只有砖，他一辈子能把砖砌好就很不错了；第二个眼中有砖，心中有墙，好好干或许能当一位工长、技术员；唯有第三位必有大出息，因为他有"远见"，他的心中有一座殿堂。

第二节　职业决策方法与步骤

随着社会职业的发展变迁，现代人择业的自主性越来越强。如何根据企业的需求和个人的特质选择对应的行业和职业，是现在的求职者不得不面对的问题。职业决策中，较为常用的方法与工具有以下几种。

一、5W法

5W法就是要解决与职业规划相关的五个具体问题：

第一个问题："我是谁？"（Who am I?）自己进行一次深刻的反思，比较清醒地认识自己的优点和缺点，并一一列出来。

第二个问题："我想干什么？"（What do I want?）检查自己职业发展的心理趋向。每个人在不同阶段的兴趣和目标并不完全一致，有时甚至是完全对立的。但随着年龄的增长和经历的积累而逐步固定，并最终锁定自己的终身理想。

第三个问题："我能干什么？"（What can I do?）全面总结自己的能力与潜力。一个人的职业定位最根本的还是要归结于个人能力，而职业发展空间的大小则取决于自己的潜力。对个人潜力的了解应该从对事物的兴趣、做事的耐力、判断力以及知识结构是否全面、是否及时更新等方面去认识。

第四个问题："环境支持或允许我干什么？"（What can support I?）要综合主观和客观两方面的因素来看。客观环境包括本地的经济发展、人事政策、企业制度、职业空间等；主观环境包括同事关系、领导态度、亲戚关系等。有时我们在职业选择时常常忽视主观因素，没有将一切有利于自己发展的因素调动起来，从而影响了对自己职业切入点的决定。

第五个问题："自己最终的职业目标是什么?"（What can I be in the end?）明晰了前面4个问题，就会从各个问题中找到对有关职业目标有利和不利的条件，列出自己想做又能够做的职业目标，那么自然就有了一个清楚明了的框架。

最后将自我职业生涯计划列出来，建立个人发展计划书档案，通过系统的学习、培训，实现就业理想目标：选择一个什么样的单位；预测自我在单位内的职务提升步骤，个人如何从低到高逐级而上；预测工作范围的变化情况，不同工作对自己的要求及应对措施；预测可能出现的竞争，如何应对，分析自我提高的可靠途径；预测发展过程中会出现的偏差；如果工作不适应或被解聘，如何改变职业方向。

二、SWOT 决策法

（一）SWOT 决策分析法的形成

SWOT 决策分析法又称为态势分析法，是由美国旧金山大学的管理学教授韦里克于 20 世纪 80 年代初提出来的，是一种能够较客观而准确地分析和研究个人或组织现实情况的方法。SWOT 四个英文字母分别代表优势（strength）、劣势（weakness）、机会（opportunity）、威胁（threat）。从整体上来看，SWOT 可以分为两部分：第一部分为 SW，主要用来分析内部条件；第二部分为 OT，主要用来分析外部条件。SWOT 决策分析法通过分析内部的优势和劣势，发现外界的机会和威胁，从而做出决策。

SWOT 分析是职业生涯决策过程中的一种关键技术。我们可以利用这种技术更准确地进行自我评估，更清晰地认识自己的生涯机会，从而能就社会就业市场的状况和个人的情况做出最佳的决策。

（二）SWOT 决策模型的操作程序

SWOT 分析法被引入职业生涯决策领域后，不但受到了使用者的普遍欢迎，而且逐渐形成了简洁、直观的 SWOT 决策模型。使用 SWOT 决策模型，应遵循以下几个步骤。

1. 评估自己的优势和劣势

每个人都有自己独特的天赋和能力。首先，在优势分析和劣势分析的开始阶段，我们可以回想自己喜欢做的事情，尝试列举一些具体的词汇来描述自己，出现频率较多的特征词汇就构成了我们主要的优点和缺点。其次，我们可以借助一些职业测评工具来帮助自己客观地认识自我，或者请教他人帮助诊断，如同学和老师的评语等，这些都是有价值的信息反馈，还可以求助于职业辅导专家。

2. 找出外部的机会和威胁

不同的人和行业（包括这些行业里不同的企业）都面临着不同的外部机会和威胁，所以找出这些外界因素可以帮助你成功地进行职业生涯规划和今后的求职分析，因为这些机会和威胁会影响你的第一份工作和今后的职业发展。请列出自己感兴趣的一两个行业（比如保健、金融服务或者通信），然后认真地评估这些行业所面临的机会和威胁。

3. 做出职业生涯决策

根据对自我和外界环境的分析，选择自己所从事的职业。构建一个 SWOT 分析模型，列出从学校毕业后最想实现的四至五个职业目标。根据优势、劣势、机会和威胁，确立最符合自己实际的职业生涯发展目标。请时刻记住：必须竭尽所能地发挥出自己的优势，使之与行业提供的工作机会完满匹配。因为职业选择正确与否，直接关系到人生职业发展的成败。

4. 制订职业行动计划

在完成 SWOT 分析后，便可以制订相应的行动计划。制订计划的基本思路是：发挥优势，克服劣势，利用机会，化解威胁。运用系统分析的方法，将各种因素相互匹配起来加以组合，可得出可选择的对策，这些对策包括以下几种。

（1）WT 对策：考虑劣势和威胁因素，使这些因素都趋于最小。如成绩不好，就必须以后更努力学习；某种职业需要丰富的实践经验，就要多参加实习和社会活动。

（2）WO 对策：考虑劣势和机会因素，使劣势趋于最小，机会趋于最大。如专业水平不够高，但某种职业需要复合型人才，那么可以加强培养自己的综合素质。

（3）ST 对策：考虑优势和威胁因素，努力使优势趋于最大，威胁趋于最小。如拥有丰富的专业知识和技能，但在同专业学生中不算太突出，就要发现自己的优势，增强竞争力。

（4）SO 对策：考虑优势和机会因素，努力使这些因素都趋于最大。如对某职业兴趣比较浓厚，在这个职业领域又有较广泛的人际关系网络，则应抓住机会展示自己的才能。

表 6-1 总结了 SWOT 分析模型的这一过程。

表 6-1　职业生涯决策的 SWOT 分析模型

SWOT 分析		
内部个人因素	优势：你可以控制并且可以利用的内在积极因素 我最优秀的品质有哪些？我学习了什么？我曾经做过什么？最成功的经历是什么？	劣势：你可以控制并努力改善的内在消极因素 我的性格弱点是什么？我有哪些失败的经历？我欠缺的经验有哪些？

续表

SWOT分析		
外部环境因素	机会：你不可控制，但可利用的外部积极因素 社会大环境有利于所选职业发展吗？你所向往的企业在本行业中的地位与发展趋势如何？哪些人可能对自己的职业发展起到帮助作用？	威胁：你不可控制，但可以弱化的外部消极因素 专业领域的发展有限吗？就业形势是否严峻？同专业的大学生竞争者实力如何？具有丰富技能、经验的竞争者是否更有优势？
总体鉴定 （评估你制定的生涯发展目标）		
职业行动计划		

三、决策平衡单法

（一）决策平衡

1. 决策平衡的内涵

决策平衡是指在决策实践中，一般难以如古典决策理论所主张的那样求得绝对最优解，决策者只能在各种因素之间做出权衡，寻求一个在折中协调的基础上大致平衡的结果，并且这个"平衡点"随着决策对象和决策环境的动态变化而不断变动。

2. 决策平衡的方法

决策者通常要在以下几个方面做出平衡：

（1）不同目标与准则之间的平衡。

（2）不同时间之间的平衡。

（3）效益与代价以及风险之间的平衡，效益好必然伴随代价高、风险大。

（4）局部与整体之间以及局部的彼此之间的平衡。

📖 **阅读**

日本尼西奇公司在初期仅有 30 余名员工，生产雨衣、游泳帽、卫生带、尿布等橡胶制品，但订货不足，经营不稳，企业有朝不保夕之感。公司董事长多川博从人口普查中得知，日本每年大约出生 250 万名婴儿，如果每个婴儿用两条尿布，一年就需要 500 万条，这是一个相当可观的尿布市场。多川博决心放弃尿布以外的产品，把尼西奇公司变成尿布专业公司，集中力量，创立名牌，成了"尿布大王"，资本仅 1 亿日元，年销售额却高达 70 亿日元。这个实例说明为了适应市场的需要，在权衡各种因素后，经营者选择了适应市场的需要而进行新产品的开发。

（二）决策平衡单

1. 决策平衡单的内涵

"决策平衡单"经常被应用于问题解决模式和职业咨询中，用于协助咨询者系统地分析每一个可能的选项，判断分别执行各选项的利弊得失，然后依据其在利弊得失上的加权计分排定各个选项的优先顺序，以执行最优先或偏好的选项。

2. 决策平衡单的主体框架与要素（图 6-3）

（1）自我物质方面的得失。

（2）他人物质方面的得失。

（3）自我赞许与否。

（4）社会赞许与否。

（5）相关要素。

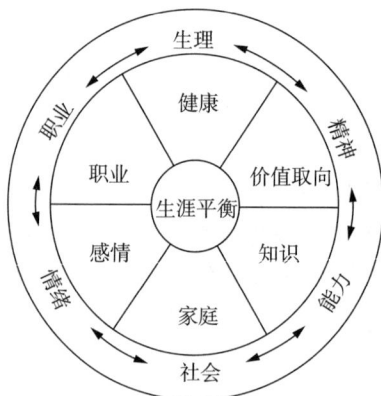

图 6-3　决策平衡单的要素

3. 职业决策平衡单

很多人在遇到职业选择问题时都会感到困惑迷茫，因为每个决策都对我们的人生起着至关重要的作用。与其在茫然中挣扎，不如拥有一个正确科学的方法，恰当地权衡得失。职业决策平衡单，可以帮我们更好地进行有效的决策。

职业决策平衡单模板，如表6-2所示。

表6-2　职业决策平衡单

序号	考虑项目 （加权范围1～5倍）	第一方案		第二方案		第三方案	
		得（＋）	失（一）	得（＋）	失（一）	得（＋）	失（一）
1	适合自己的能力						
2	适合自己的兴趣						
3	符合自己的价值观						
4	满足自己的自尊心						
5	较高的社会地位						
6	带给家人声望						
7	符合自己理想的生活形态						
8	优厚的经济报酬						
9	足够的社会资源						
10	适合个人目前处境						
11	有利于择偶以建立家庭						
12	未来有发展性						
	合　计						
	得失差数						

填表方法：

第一步：在第一行列出所有选择。

第二步：在"考虑项目"一列中，根据个人关注的内容，填入在选择中需要考虑的因素。

第三步：将表的各项加权计分。

注意：每个项目的得分或失分，可以根据该方案具有的优势（得分）、劣势（失分）来回答，计分范围1～10分。

给每个"考虑项目"赋予权重：重要性因人、因时、因地不同。对于此刻的你，可以根据考虑项目的重要性与迫切性，给它们乘上权数，加权范围1～5倍。

第四步：合计每个方案的优点总分和缺点总分，正负相加，算出客观的得失差数。

注意：根据自己的真实想法作答，方可正确评估每个方案对自己的重要性。

📖 **阅读**

刘萍的"生涯平衡单"

刘萍，女，21岁，某学院中文系大三学生。乐观、外向、健谈、热情、喜欢结识新朋友，人缘好；较敏感，对人和事通常都有细致的洞察力；擅长写作，学业成绩优秀，多次获得奖学金；喜欢独立作决定，责任感强。

最大的职业理想是成为白领精英。

刘萍的测评结果：MBTI的人格类型是 ESFJ，霍兰德职业兴趣量表的结果是社会型，价值观量表中显示她看重的是职业中的社会交往，认为工作的目的和价值在于能和各种人交往，建立比较广泛的社会联系和关系。

因此，她想从事跟人打交道的工作，最好能运用自己的中文写作特长。经过考虑后，她觉得中学教师、行政秘书和人力资源专员这三种工作都可以作为自己的考虑。而她父母的意见是女孩子做中学教师工作稳定，也更有精力照顾家庭，希望她从事这种稳定的工作。

究竟哪一种职业更适合自己的发展和生活的平衡，她难以做出决定。于是她使用了平衡单方法帮助自己进行职业选择（表6-3）。

A：中学教师　B：行政秘书　C：人力资源专员

表6-3　刘萍的职业生涯决策平衡单（原始分数）

考虑因素		第一方案（中学教师）		第二方案（行政秘书）		第三方案（人力资源专员）	
		得（＋）	失（－）	得（＋）	失（－）	得（＋）	失（－）
个人物质方面	1. 优厚的经济报酬	5		4		7	
	2. 较高的社会地位	6		3		6	
	3. 足够的社会资源		－1	3		5	
个人精神方面	4. 符合自己的兴趣	8		4		8	
	5. 符合自己的能力	6		5		6	
	6. 符合自己的价值观	7		3		8	
	7. 符合自己理想的生活形态	7		4		7	
	8. 未来有发展空间	3			－2	8	
他人方面得失	9. 他人物质方面的得失	6			－1	4	
	10. 他人精神方面的得失	5			－2		－1
合计		53	－1	26	－5	59	－1
总分		52		21		58	

刘萍列出了 10 个考虑因素，其中 1～3 为个人物质方面的得失，4～8 为个人精神方面的得失，9 为他人物质方面的得失，10 为他人精神方面的得失。

对于三个职业方案——中学教师、行政秘书、人力资源专员，刘萍认为，"中学教师"符合自身兴趣的程度为 8，"行政秘书"为 4，而"人力资源专员"为 8；符合自身能力的程度分别为 6、5、6；而对于三个职业的未来发展空间，刘萍认为"行政秘书"后劲不足，给了 -2，"人力资源专员"在该因素上得分最高，为 8。依此类推，考虑完所有因素后，刘萍得到了三个职业方案的总分，人力资源专员得分最高，成为刘萍的首选职业。

刘萍考虑的 10 个因素对于她的重要性是各不相同的，因此下一步刘萍把各个因素的重要性也考虑在内，给予一定的权重。与上一步得到的分数相乘，得到每个方案加权后的分数（见表 6-4）。

如刘萍认为符合兴趣这个因素非常重要，于是赋予了最高权重"5"，与三个职业方案加权后的得分（8、4、8）相乘，得到了各个职业方案在该因素上的最终得分 40、20、40。以此类推，考虑完所有因素后，加权后总分最高的职业方案仍然是"人力资源专员"。

表 6-4　刘萍的职业生涯决策平衡单（加权分数）

考虑因素			第一方案（中学教师）		第二方案（行政秘书）		第三方案（人力资源专员）	
			得（＋）	失（一）	得（＋）	失（一）	得（＋）	失（一）
个人物质方面	1. 优厚的经济报酬	×3	15		12		21	
	2. 较高的社会地位	×3	18		9		18	
	3. 足够的社会资源	×4		-4	12		20	
个人精神方面	4. 符合自己的兴趣	×5	40		20		40	
	5. 符合自己的能力	×4	24		20		24	
	6. 符合自己的价值观	×5	35		15		40	
	7. 符合自己理想的生活形态	×3	21		12		21	
	8. 未来有发展空间	×5	15			-10	40	
他人物质方面	9. 带给家人声望	×2	12			-2	8	
	10. 有利择偶以满足父母要求	×2	10			-4		-2
合计			190	-4	100	-16	232	-2
总分			186		84		230	

第三节　职业决策中的阻碍与应对

一、大学生职业生涯阻碍因素维度

我们将职业生涯阻碍因素分为父系和子系两大维度。父系维度包括背景与环境因素、社会与人际因素、心理与态度因素3个维度；子系维度包括性别因素、生理条件、竞争条件、学校院系、民族宗教、熟人影响、人际网络、家庭负担、方向选择、信息探索、特质表现、环境适应、求职准备等13个维度。

父系与子系维度之间的关系详见表6-5，各项维度得分情况如表6-6所示。

维度平均分代表了阻碍因素的作用的大小，平均分值越高表明阻碍因素越显著。标准差代表了受访者的两极分化程度，标准差值越大表明受访者两极分化程度越严重。

表 6-5　维度关系表

父系维度	子系维度	维度描述
背景与环境因素	性别因素	因为性别的不同而影响了个人职业生涯发展
	生理条件	因为某些生理条件，如外貌、年龄、身体健康程度等限制了个人发展
	竞争条件	因为竞争条件处于劣势而对职业生涯发展造成不良影响
	学校院系	因为学校院系的知名度以及所学专业而对职业生涯发展造成不良影响
社会与人际因素	民族宗教	因为所属民族、宗教信仰而对职业生涯发展造成不良影响
	熟人影响	因为重要的人，如父母、亲友及师长对自己的影响而限制了个人发展
	人际网络	因为人际关系网络的数量和质量缺乏，影响了个人发展
	家庭负担	因为家庭经济条件或必须承担的某些家庭责任而影响了自己的职业发展
心理与态度因素	方向选择	发展方向不明确，对曾选过的方向感到后悔或面临几个方向不知何去何从
	信息探索	对有关行业或职业的消息了解不充分，同时也不知道从何处获得这些信息
	特质表现	个性方面阻碍自己发展的因素，如内向、悲观等
	环境适应	不愿意离开自己熟悉的环境工作，对新环境的适应能力差
	求职准备	求职前准备不充分或不知道如何准备

表 6-6 维度平均分表

维度类型	平均分	标准差	维度类型	平均分	标准差
总分			人际网络		
背景与环境因素			家庭负担		
性别因素			心理因素与态度因素		
生理条件			方向选择		
竞争条件			信息探索		
学校院系			特质表现		
社会与人际因素			环境适应		
民族宗教			求职准备		
熟人影响					

二、阻碍职业生涯规划决策的五大因素

职业生涯规划的决策制定非常重要，这些重大的生活决定在很多年里都会保持影响。然而，做出决策的过程对某些人而言非常困难，尤其是在一些特定的情况下。什么东西会阻碍我们进行有效的决策呢？下面列出其中最常见的一些因素，对这些事情的意识和觉察，能够帮助你采取必要的行动而逐渐接近决策的成功。

（一）缺乏信息基础

回想一下：也许你今天已经做出了一系列小的决策，一些生活中的决定。我该穿什么衣服？想吃什么？该在什么时候打电话给朋友？每种决定都要对自我和周围信息进行核查。例如，决定今天要穿什么衣服，就可能要评估一下当时的感受，感觉是冷还是热？也许还得参考一下天气预报，考虑今天有哪些活动，需要与什么人见面等。

职业生涯规划的决策也是如此，需要考虑到你的职业价值观、天赋、兴趣、个性等自我情况，以及你在职业、家庭、个人生活方面的各种选择。这些东西构成了你的决策信息基础。缺乏信息基础进行决策，就像医生不进行诊断就开药，是盲目的、鲁莽的，将严重损害生涯决策的有效性。俗话说，没有调查就没有发言权，就是这个道理。

（二）缺乏制订决策的知识和技能

我们发现，有些人似乎有很好的自我认知，对自己的各种选择也很了解，但却做出了糟糕的职业规划决策。他们总是在不断地尝试"纠正错误"。还有一些人，做了大量职业测试来了解自己的兴趣、天赋等个人特质，用了大量时间，但依然做不出决策。他们不能对各种信息进行加工，从而做出一个选择。在以上情况中，尽管他们为了解自我和职业知识付出了努力，但都无济于事，因为他们缺乏如何制订决策的知识和

技能。

（三）个人状态

要做出有效的生涯决策，我们就必须保证我们在决策时身体、情绪和精神都处在巅峰状态。就像我们正在进行比赛，我们需要以良好的状态作为参赛准备，这样才能发挥出最高的水平，增大获胜的机会。如果疲惫不堪，或者紧张焦虑，或者无法集中精力进行职业规划决策，那么最终的表现肯定不理想。这个道理听起来非常简单，但职业规划师们发现，那些在生涯决策中感觉困难的人，通常没有处于良好的决策状态下。

（四）家庭和人际影响

无论你的年龄多大，家庭成员以及与重要人物的关系，都会干扰有效决策的生成。对于年轻人，问题可能来自家长；对于稍年长一些的，问题可能来自配偶、情侣或者孩子。

（五）社会因素

从宏观上看，社会的、经济的、历史的和文化的力量，都能干扰个人有效决策的制定。同一范围的人都面临国家经济转型、性别等问题，年龄歧视也可能阻碍你的教育或就业选择，从而使你的生涯决策变得更复杂。

综上所述，以上 5 个方面的情况都会使职业规划决策变得困难，有效的决策者应该逐渐发展出一套策略，用以克服阻碍因素。

三、大学生职业生涯阻碍因素的应对措施

职业生涯规划决策是一种问题解决活动。你对有关职业问题的解答，如同你对数学问题或科学问题的解答一样。你的职业生活质量是以你怎样进行职业决策和怎样解决职业问题为基础的。学习生涯决策技术中的 CASVE 循环，可以帮助你提高这方面的能力。

（一）沟通

在这个阶段，我们收到了关于职业理想与现实之间存在差距的信息。这些信息可能通过内部或外部交流途径传达给我们。内容沟通包括情绪信号，例如不满、厌烦、焦虑和失望，还有身体信号，如昏昏欲睡、头痛、胃部疾病等。外部沟通包括父母对你的职业规划的询问，同事、朋友对你的职业评价，或者杂志上关于你的专业正在逐渐过时的文章。

这是意识到自己需要做出选择的阶段。在这个阶段，我们通过各种感官和思考充分接触问题，发觉存在一个差距已不容忽视。

（二）分析

在这个阶段，问题解决者需要花时间去思考、观察、研究，从而更充分地了解差距，了解自己有效地做出反应的能力。好的生涯决策者阻止用冲动行事来减少在沟通阶段所体验的压力或痛苦，因为他们知道，这是无效的，甚至可能令问题恶化。他们会弄清楚，要解决这个问题需要了解自己的哪些方面，了解环境的哪些方面，需要做些什么，为什么自己有这样的感受，家庭会怎么看待自己的选择等问题。

这是了解自己和自己的各种选择的阶段。在这一阶段，生涯问题解决者通常会改善自我知识，不断了解职业世界和家庭需要。简单来说，在分析阶段，生涯决策者应尽可能了解在第一阶段出现差距的原因。

分析阶段还需要把各种因素和相关知识联系起来，例如，把自我知识和职业选择联系起来；把家庭和个人生活的需要融入职业选择中。

（三）综合

主要是综合和加工上一阶段提供的信息，从而制订消除差距的行动方案。其核心任务是确定自己可以做什么来解决问题。

这是一个扩大并缩小选择清单的过程。首先，尽可能多地找到消除差距的方法，发散地思考每一种办法，甚至采用"头脑风暴"进行创造思维。然后，缩小有效方法的数量，通常缩减到3～5个选项，因为这是我们头脑中最有效的记忆和工作容量就是这个数目。

（四）评估

评估阶段将选择一个职业、工作或大学专业。

第一步是评估每一种选择对生涯决策者和他人的影响。例如，如果选择了服兵役，这一选择将会给自己、伴侣、父母、孩子等重要他人带来什么影响？每一种选择都要从对自己和对他人的代价和益处两个方面进行评价，并综合物质上和精神上的因素。

第二步就是对综合阶段得出的选项进行排序。将能够消除差距的最好的选项排在第一位。次好的排在第二位，依此类推。此时，职业规划决策者会选出一个最佳选项，并且做出承诺去实施这一选择。

（五）执行

这是实施选择的阶段，把思考转换为行动。很多人都觉得在执行阶段制订行动计划是令人兴奋的和有价值的，因为他们终于可以开始采取积极行动去解决问题了。

（六）再循环

CASVE循环是一个不断重复的过程，在执行阶段之后，生涯决策者又回到沟通阶段，以确定已经选取的选择是不是最好的，是否能最有效地消除理想与现实之间的差距。

CASVE 决策技术，无论是对解决个人职业规划问题，还是解决团体问题都是非常有用的。用系统的方法思考这 5 个步骤，能够提供一个有用的工具，使你成为一个更有效率的人。

📖 案例分析

她为什么频繁跳槽

李小姐，23 岁，2020 年某高校国际贸易专业毕业，文字功底较强，有很好的写作能力和口头表达能力。在校期间，一直担任教授助理，并且独自寻找了一个加盟项目，在家乡担任整个城市的代理商。因为这些经历，李小姐在毕业时对自己的期望较高，不甘心在大公司从底层做起，而是想进入一家规模不大但是有发展前途的公司，可以一开始就受到重用，以最快的速度成长，然后自己创业。

工作仅三个年头的李小姐，至今为止已先后跳槽五次，行业涉及房地产、化妆品、教育咨询、传媒等，所从事的具体工作也涉及服务、营销、策划、编辑等多个岗位。简要经历如下：

2020 年 9 月—2021 年 1 月，某知名房地产公司，任物业主任，主要工作职责就是处理投诉之类的事宜。工作非常清闲稳定，福利待遇也比较让人满意。但是李小姐认为该工作没有挑战性，并且发挥空间很小。

2021 年 2—6 月，某合资化妆品公司，任品牌经理。该公司老板对李小姐极为器重，李小姐认为进入该公司后可以大施拳脚。开始时，李小姐信心百倍，编写了一整套的企业文书、招商方案、对外合同、与客户谈判技巧等。但渐渐发现，老板的经商风格非常保守、吝啬，谈判往往因为极小的折扣或非常小的利润分配而耽搁下来，甚至不欢而散。并且所有的产品都是在作坊式的小型加工厂里贴牌生产，产品质量得不到保障。本来是想和公司一起成长的李小姐觉得前途渺茫，最后不顾老板的挽留，毅然辞职。

2021 年 7—9 月，某台资教育机构，主要销售知名英语教材。该公司有点类似于保险公司，非常注重对员工的培训，甚至用独特的企业文化实现对员工思想的控制。有点理想主义的李小姐正是被该公司表面上热情奋进的氛围所吸引，接受了这份没有底薪只有提成的工作。可以说，李小姐在这家公司工作得非常出色，身为新人的她第一周的业绩就高居榜首，深受上司的器重和同事的欢迎。但工作一段时间以后，这里高负荷的运作让她的身体严重透支，难以继续支撑下去，并且上司对其他业绩较差员工态度冷酷，这使她对公司的企业文化产生了怀疑，最终在上司和同事的一片惋惜声中离开了该公司。

2021年10月—2022年3月，某咨询策划公司，任销售公关经理、编辑。在该公司工作期间，李小姐编写了四本营销方面的书籍，策划了一些与报社等其他媒体的合作项目，招聘并培训了多名业务员。以往的工作波折、轻率的跳槽经历造成的"后遗症"在此时慢慢表现出来，李小姐发觉自己变得越来越害怕与客户沟通，在公司内部召开业务会议时，她可以很轻松地指导业务员解决工作中遇到的难题，自己却不愿意或者说恐惧与客户交流，有时候她逼着自己去面对客户，其实也可以沟通得很好。但这种恐惧感或者说是交流的障碍，让李小姐非常困扰，却又难以克服。她向老板提出不想再从事营销工作，但有重要项目的时候，老板还是要委派她去。由于无法调整好自己的心态，李小姐又一次选择了辞职。

2022年4月至今，李小姐在一家杂志社担任记者。与先前的辗转奔波和业绩压力相比，这里的环境轻松了很多，也让李小姐从紧张的心理状态中解放了出来。但这份工作真的能让李小姐找到一种归属感吗？

回想两年左右的从业经历，常常让李小姐觉得有很多的困惑和迷茫，比起刚毕业的时候，她甚至更找不到自己的发展方向。从一开始全心希望去做一份有挑战性的工作，对营销有着满腔的热情和向往，到后来对营销的恐惧、抗拒、厌恶，李小姐到现在都解释不了自己的心理变化，也不知道该如何去调整。李小姐的性格具有两面性：在一个活跃的集体里她会非常活跃，在一个安静的集体里她会比别人更沉闷。在上司及同事的器重、鼓励下，她会工作得非常出色；而如果觉得自己不受重视，她可能会很快意志消沉，直至选择逃避。她本不喜欢太过安逸的工作，为了挑战自己、提升自己，她换了一份又一份的工作，却感觉自己好像还在原地，目前的状况让她失去了方向，不知道该何去何从。

解析：

从案例中我们可以看出，李小姐是一个有一定能力的人，对人际关系敏感。但她对自己缺乏足够的了解和理性的评价，是一个典型的理想主义者，当美好的理想遇到残酷的现实时，她表现出了失望与逃避，再加上她不喜欢受制度和人束缚的个性，显然不太适合从事要求细致、琐碎、事务性强的工作。从她的工作简历及表现来看，她性格外向，比较活泼，善于与人交往，有较强的人际沟通能力；自信、主动，有自己的想法，并希望去实现，但目标不太清晰，想法较多，因而可能耐心不足；喜好灵活、变化，情绪较易受环境的影响。这些特质表明，也许她更适合从事培训师、营销策划记者、人力资源等方面的工作，也可以选择自己创业。她需要进一步明确自己的目标，才能在各种可选择的职业中做出更明智的决策，从而减少择业换工作的盲目性，避免频繁的、盲目的跳槽，尽快进入人生的职业累积与稳定期。

实践训练

摘桃子

路边有一片桃园，假如你可以进入桃园摘桃子，但只许前进不许后退，只能摘一次，要摘一个最大的，你会怎么办？请选出你的答案。

A. 对视野内的桃子进行比较，形成一个大概的标准，再根据这个标准选择最大的桃子。

B. "我感觉这个大！"就摘这个了。

C. 去问看桃园的人，让他告诉我什么样的最大，或者问旁边的人什么样的最大。

D. 先别管了，走到最后再说吧。

E. 稍微比较，迅速摘一个。

学生自我思考，看看自己会选择哪一种做法。

学生6人一组，互相讨论自己的想法，从中总结出在决策风格上的不同，并回答以下问题。

请回想迄今为止你人生中所做的三个重大决定，按以下几部分予以描述并将其写在纸上：

（1）当时的目标或情境是什么？

（2）你所拥有的选择是什么？

（3）你做了什么样的选择？你做出选择的依据是什么？

（4）现在的你对当时的选择有什么评价？

在完成对三个重大决定的描述后，再综合分析一下：上述三个事件中的决策有什么共同之处？从中可以看出你在做决策时有什么特点？

第七章
职业生涯规划的制订与实施

名人名言

人类经常把一个生涯发生的事，撰写成历史，再从那里看人生，其实，那不过是衣服，人生是内在的。

——罗曼·罗兰

学习目标

1. 理解职业生涯规划书的概念及作用
2. 了解职业生涯规划书撰写的基本要求
3. 熟悉职业生涯规划书撰写时常出现的问题
4. 了解职业生涯规划的评估与调整的相关内容
5. 熟悉职业生涯规划的实施过程

案例导入 ▶▶▶

两个拉琴的人

迈克尔是一个喜欢拉琴的年轻人，他刚到美国时，为了生计，只好到街头拉小提琴卖艺来赚钱。非常幸运，迈克尔和一位认识的琴手一起抢到了一个最能赚钱的好地盘，即一家商业银行的门口。

过了一段时间，迈克尔通过卖艺赚到了不少钱。他和那位琴手道别，因为他想进入大学进修，也想和琴艺高超的同学相互切磋。于是，迈克尔将全部的时间和精力投入到提高音乐素养和琴艺中……

10年后，迈克尔有一次路过那家商业银行，发现了昔日的老友——那位琴手仍在那"最赚钱的地盘"拉琴。当那个琴手看见迈克尔出现的时候，很高兴地问道："兄弟啊，你现在在哪里拉琴啊？"迈克尔回答了一个很有名的音乐厅的名字，但那个琴手反问道："那家音乐厅的门前也是个好地盘，也很赚钱吗？"他哪里知道10年后的迈克尔，已经是一位国际知名的音乐家，他经常应邀在著名的音乐厅中登台献艺，而不是在门口拉琴卖艺。

第一节　职业生涯规划书的制订

一、职业生涯规划书的概念及作用

职业生涯规划书，是指付诸书面的职业生涯规划过程，是职业生涯规划的浓缩与集中体现。

如何撰写职业生涯规划书是大学生职业规划与就业指导课程教学的重要内容，也是大学生进行职业生涯规划的重要环节。

职业生涯规划书对大学生的成长具有积极的促进作用。首先，撰写职业生涯规划书，能够不断地促使自我思考，自我审视，从而客观、自觉地认识自我。其次，当把自己的职业目标以职业规划书的形式制定出来之后，我们就能够明确自己的前进方向，把握将来。最后，撰写职业生涯规划书，能培养大学生自我管理、自我学习的能力，进而培养自身良好的综合能力。

二、职业生涯规划书的基本类型

职业生涯规划作为个人发展计划，具有鲜明的个性，在写作上没有统一的格式，只要能反映职业生涯规划的内容、符合自身要求就可以了。职业生涯规划书的类型主要有文本式、表格式、条列式和复合式等。

（一）文本式

文本式职业生涯规划书没有固定的模板，具有创作的空间，其规划的依据是：一是要让自己信服，二是要有可执行性。一般情况下，文本式规划书要包括职业理想、自我认识、职业及环境认识、职业目标、实施方案及遇到障碍的对策等内容。这种职业生涯规划书能对个人的职业生涯做出详细、完整、全面的分析与阐述。文本式职业生涯规划书又分为自我规划五步法、三段式分析法和阐述法三种。

（二）表格式

表格式职业生涯规划书主要包括两部分，即表头和规划内容栏（参见表7-1）。表头是规划人的基本信息，内容栏以呈现目标和实施要点为主，内容不是固定不变的，可以根据个人情况进行调整。这种规划书是不完整的，它只是相当于一份完整的职业规划书的方案实施部分，它仅有最简单的目标、分段实现时间、职业生涯机会评估和发展策略等几个部分，适合日常使用。

表 7-1　表格式职业生涯规划书

姓名		性别	
年龄		学历	
所学专业			
职业选择		流动意向	

人生目标：

　　岗位目标：

　　职务（职称、技术等级）目标：

　　收入目标：

　　社会影响目标：

　　重大成果目标：

　　其他目标：

人生观简要文字说明：

实现人生目标的战略要点：

　

长期目标：

　　岗位目标：

　　职务（职称、技术等级）目标：

　　收入目标：

　　社会影响目标：

　　重大成果目标：

　　其他目标：

人生观简要文字说明：

实现长期目标的战略要点：

　

中期目标（通常在 2 年以上）：

　　岗位目标：

　　学习（成绩）目标：

　　能力目标：

　　资格目标：

　　就业目标：

实现中期目标的战略要点：

短期目标（通常在 1 年以上）： 　　岗位目标： 　　学习（成绩）目标： 　　能力目标： 　　资格目标： 短期内完成的主要任务及拟采取的措施： 有利条件： 主要障碍及其对策： 可能出现的意外和应急措施：
职业生涯规划人（签字）： 　　　　　　　　　　职业生涯规划日期：　　　年　　　月　　　日

（三）条列式

条列式虽然能够罗列出个人职业生涯规划的主要内容，但大多只是做简单的表述，没有详细的材料分析和评估，文章虽精练但逻辑性和说理性不强，不太符合完整的职业生涯规划完整文案。

（四）复合式

复合式即综合运用表格式和条列式的优点，使规划书具有较好的适用性。但复合式的规划书结构比较复杂，不太好设计，设计不好则容易给人凌乱的感觉。

三、职业生涯规划书撰写的基本要求

（一）资料翔实，步骤齐全

收集资料有多种途径，可以通过访谈、从报刊图书中摘抄、上网下载等方式获取资料，要尽可能注明资料的出处，并多运用图表数据来说明问题，以提高资料来源的可信度和说服力，步骤主要分为以下四步：第一步，分析需求，分析条件及目标设定；第二步，分析阻碍和可行性研究；第三步，设计方案和提出（改变）计划；第四步，制订详细的实施计划和措施。

（二）论证有据，分析到位

要了解有关的测评理论和知识，认真审视并思考自己的测评报告并对照自我认识与测评结果的异同，分析与测评结果形成差距的原因，从而确定自我评估结果，达到"知己"；要厘清自己所处的地理环境（包括居住的地方、喜欢的地方、亲朋的意见等），明确自己的最大兴趣是什么、最喜欢与之共事的人的类型、最重视的价值与目标、最喜欢的工作条件是什么，再通过当前环境评估（社会影响、家庭影响、学校因素、就业形势等）和当前社会环境分析（组织环境分析、技术的发展、经济的兴衰、政策法规的影响等）来确定自己的职业方向，做到说理有据，层层深入。

（三）言简意赅、逻辑严密

语言朴实简洁，用词精练准确，行文流畅，条理清楚，这是最基本的写作要求。撰写时还应密切注意整篇文章的结构和重心之所在。职业生涯规划书一般包含对职业规划的认识、对自我的剖析、对所学专业的认识、对职业方向的探索及确定目标并制订计划这五方面的内容。在对这些内容进行分析阐述时，必须紧紧围绕职业目标这条主线来展开，从而体现文章论述的逻辑性和连贯性，要将重点放在自我评估、环境评估、目标实施上。职业生涯规划是对自己将来的规划，这个规划只有建立在对自我和职业充分认识的基础上才能体现出它的科学性和可行性。

（四）目标明确，合理适中

撰写职业生涯规划书应围绕论述的中心展开，职业生涯目标不能过于理想化，应"择己所爱""择己所长""择世所需""择己所利"。职业生涯规划书撰写是否成功，在很大程度上取决于有无正确适当、切实可行的目标。

（五）分解合理，措施具体

目标分解、实现路径选择要有理论依据，而且备用路径之间要有内在联系性。目标组合要注意时间上的并进、连续，功能上的因果、互补作用，全方位的组合要涵盖职业生涯、家庭生涯、个人事务等方面。

（六）格式清晰，图文并茂

做到内容完整、格式清晰、版面美观大方、创意新颖，文如其人，不能有错别字。

四、职业生涯规划书的基本内容

职业生涯规划书主要包括扉页、目录、正文三部分。

（一）扉页

1. 标题

标题包括规划者的姓名、规划年限，如"××大学毕业后的五年规划"。写清规划者的姓名，是强调规划者的主导心态。写清规划年限，是为了说明规划是阶段性的还是终生性的。规划年限不分长短，可以是半年、三年、五年，甚至二十年，视个人的具体情况而定。建议大学生规划年限为三至五年。

2. 个人资料

个人资料包括姓名、性别、出生日期、学校、院系、电话、电子邮箱等。

3. 时间

时间包括规划的起始日期、终止日期、年龄跨度、撰写时间。其中，起始日期可以详细到年月日，终止日期写到年就可以了。最好写上年龄跨度，如从 20 岁到 25 岁，目的是提醒规划者，人的生命周期是单向的和不可逆的，强调时间的紧迫性。具体写作可参考表 7-2。

表 7-2　扉页

大学毕业的五年规划			
个人资料			
姓名：	性别：	出生日期： 年 月 日	
学校：	院 系：		
电话：	电子邮箱：		
起始日期：	终止日期：	年龄跨度：	
撰写时间：	年 月 日		

（二）目录

为了阅读的方便，目录就是将正文部分的内容提炼后列出来，具体写作可参考表 7-3。

表 7-3　目录

总论（引言）
一、自我探索
兴趣
能力
性格
价值观
自我探索小结
二、外界探索
家庭环境分析
学校环境分析
社会环境分析
职业环境分析
外界探索小结

续表

三、职业定位
SWOT 分析
职业生涯目标
职业生涯发展策略
职业生涯发展路径
具体路径
四、计划实施表
五、评估调整
评估的内容
评估的时间
调整的原则
备选方案
六、结束语

（三）正文

正文包括引言、自我探索、外界探索、职业定位、计划实施、评估调整与结束语。正文中自我探索、外界探索、职业定位、计划实施、评估调整是职业生涯规划书的重点内容。

1. 自我探索

职业规划是一个自内而外的过程，即首先要厘清自己期望达成的生涯目标是什么，自己具有哪些职业特质，然后去寻找、调适自己的生涯发展行动。这里的"内"一般包括了解自己的兴趣、能力、性格、价值观、优劣势等内容，具体写作可参考表 7-4。

表 7-4　自我探索

结合人才测评报告以及××分析方法，我对自己进行了全方位、多角度的探索。
1. 职业兴趣——喜欢干什么
我的人才素质测评报告中，职业兴趣前三项是××型（×分）、××型（×分）和××型（×分）。我的具体情况是……
2. 职业能力——能够干什么
我的人才素质测评报告结果显示，××能力得分较高（×分），××能力得分较低（×分）。我的具体情况是……
3. 性格——适合干什么
我的人才素质测评报告结果显示……，我的具体情况是……
4. 职业价值观——最看重什么
我的人才素质测评报告结果前三项显示是××取向（×分）、××取向（×分）和××取向（×分）。我的具体情况是……

续表

5. 胜任能力——优劣势是什么
我的优势能力：
我的弱势能力：
……
自我探索小结：

2. 外界探索

通过对自我特征的分析，我们对"知己"已经有了一定的把握，接下来就是"知彼"的层面了。主要包括家庭环境分析、学校环境分析、社会环境分析、职业环境分析，并进行外界探索小结。具体写作可参考表 7-5。

表 7-5　外界探索

参考人才素质测评报告建议以及通过××等途径和方法，我对外界进行了较为系统的探索分析。
1. 家庭环境分析
如经济状况、家人职业、家庭社会关系网、家人期望等以及对本人的影响。
2. 学校环境分析
如学校特色、专业学习、实践经验等。
3. 社会环境分析
如就业形势、就业政策、竞争对手等。
4. 职业环境分析
行业分析（如××行业现状及发展趋势，人业匹配分析）
职业分析（如××职业的工作内容、工作要求、发展前景，人岗匹配分析）
企业分析（如××单位类型、企业文化、发展前景、发展阶段、产品服务、员工素质、工作氛围等，人企匹配分析）
地域分析（如××工作城市的发展前景、文化特点、气候水土、人际关系等，人城匹配分析）
外界探索小结：

3. 职业定位

职业定位包括 SWOT 分析、职业生涯目标、职业生涯发展策略、职业生涯发展路径及具体路径等内容。具体写作可参考表 7-6。

表 7-6 职业定位

综合第一部分（自我分析）和第二部分（职业分析）的主要内容得出本人职业定位的 SWOT 分析结果：

SWOT 分析		外部环境分析（O−T）	
		机会（O）	威胁（T）
内部环境 分析（S−W）	优势（S）	优势机会策略（S−O）	优势威胁策略（S−T）
	劣势（W）	劣势机会策略（W−O）	劣势威胁策略（W−T）

结论

职业生涯目标	举例：五年后在××行业达到××职位
职业生涯发展策略	举例：进入××类型的组织（到××地区发展）
职业生涯发展路径	举例：走专家路线（管理路线等）
具体路径	举例：××员—初级××—中级××—高级××

4. 计划实施

"生涯是你采取行动或者不采取行动的结果"，所有的思考只有变成行动才是有意义的。计划实施，是指在职业生涯规划书中，对如何实现自己的职业生涯发展目标制订一个详细而又切实可行的行动计划和策略方案，包括计划名称、时间跨度、总目标、分目标、计划内容、策略和措施等。具体写作可参考表 7-7。

表 7-7　计划实施

计划名称	时间跨度	总目标	分目标	计划内容（参考）	策略和措施（参考）	备注
短期计划（大学计划）	2017 年—20××年	如大学毕业时要达到……	如大一要达到……大二要达到……或在××方面要达到……	如专业学习、职业技能培养、职业素质提升、职业实践计划等	如大一以适应大学生活为主，大二以专业学习和掌握职业技能为主，或为了实现××目标，我要……	大学生职业规划的重点
中期计划（毕业后五年计划）	20××年—20××年	如毕业后第五年时要达到……	如毕业后第一年要达到……第二年要达到……或在××方面要达到……	如职场适应、三脉（知脉、人脉、钱脉）积累、岗位转换及升迁等	省略	大学生职业规划的重点
长期计划（毕业后十年或以上计划）	20××年—20××年	如退休时要达到……	如毕业后第十年要达到……第二十年要达到……	如事业发展，工作，生活关系，健康，心灵成长，子女教育，慈善等	省略	方向性规划

详细执行计划如下：
本人现正就读大学×年级，我的大学计划是……

5. 评估调整

职业生涯规划是一个动态的过程，必须根据实施结果的情况和相应变化进行及时评估与调整。主要包括评估内容、评估时间、调整原则、备选方案，具体写作可参考表 7-8。

表 7-8　评估调整

1. 评估内容
职业生涯目标评估（是否需要重新选择？）假如一直……，那么我将……
职业生涯路径评估（是否需要调整发展方向？）当出现……的时候，我就……
实施策略评估（是否需要改变行动策略？）如果……，我就……
其他因素评估（身体、家庭、经济状况以及机遇、意外情况的及时评估）

续表

2. 评估时间 　一般情况下，定期（半年或一年）评估规划； 　当出现特殊情况时，我会及时评估并进行相应调整。 3. 调整原则 4. 备选方案

五、文本式职业生涯规划书的撰写

（一）五步法（5W法）

对于许多大学毕业生来说，职业生涯规划也许是一个比较模糊的概念，但只要你对自己有一个基本认识，同时掌握一定的方法，你也能对自己进行职业生涯规划、为自己的职业生涯发展画一个蓝图。许多职业咨询机构和心理学家进行职业咨询和职业规划时常常采用5步法模式，即关于5个"What"的归零思考的模式：从问自己是谁开始，然后顺着一路问下去，共有5个问题：

（1）What are you?

（2）What you want?

（3）What can you do?

（4）What can support you?

（5）What you can be in the end?

回答了这5个问题，找到它们的最高共同点，你就有了自己的职业生涯规划。

第一个问题："我是谁?"

应该对自己进行一次深刻的反思，有一个比较清醒的认识，将优点和缺点一一列出来。在这个问题中主要是找出你的人生坐标，你的核心竞争力，拿自己的长处和别人竞争。

第二个问题："我想做什么?"

这是对自己职业发展的一个心理趋向的检查。每个人在不同阶段的兴趣和目标并不完全一致，有时甚至是完全对立的。但会随着年龄和经历的增长而逐渐固定，并最终锁定自己的终生理想。在这一问题中找出自己的职业理想。"在跳下水之前，你必须先看见对岸!"

第三个问题："我能干什么?"

这是对自己能力与潜力的全面总结，一个人职业的定位最根本的还是要归结于他的能力，而职业发展空间的大小则取决于自身的潜力。对于一个人潜力的了解应该从几个方面着手去认识，如对事的兴趣、做事的韧性、临事的判断力以及知识结构是否全面、是否及时更新等。

第四个问题："环境支持或允许我做什么？"

这种环境支持在客观方面包括本地的各种状态，比如经济发展、人事政策、企业制度、职业空间等，人为主观方面包括同事关系、领导态度、亲戚关系等，这两方面的因素应该综合起来看。有时我们在做职业选择时常常忽视主观方面的东西，没有将一切有利于自己发展的因素调动起来，从而影响了自己的职业切入点。而在国外通过同事、熟人的引荐找到工作是最正常也是最容易的。当然，我们应该知道，这和一些不正常的"走后门"等歪门邪道有着本质的区别。这种区别就是这里的环境支持是建立在自己的能力之上的。

第五个问题："自己的最终职业目标是什么？"

明晰了前面 4 个问题，就会从各个问题中找到对实现有关职业目标有利和不利的条件，列出不利条件最少的、自己想做又能够做的职业目标，那么自然就有了一个清楚明了的框架。

（二）三段式分析法

三段式分析法的模式包括自我分析、目标确定、实施策略。其中，自我分析是对自己的优势、劣势进行分析，以认识自己；目标确定是根据自己的条件确定职业目标；实施策略是制订为达成职业目标的行动措施。

（三）阐述法

阐述法是在分析自己的条件、对职业的认识、对自己职业目标的定位中，说明自己的职业生涯规划和依据。这种以"记叙"方式所作的职业生涯规划，是规划者的内心思考与分析，有较强的可信度，但应该注意保持结构层次的清晰度及完整性。

第二节　职业生涯规划的原则与步骤

一、职业生涯规划的原则

处于不同职业生涯发展阶段的人，所面对的环境要求不同，自身素质积累不同。因此，个人的职业生涯规划，应根据其规划时所处的阶段、职业发展现状而进行。大学生正处于职业的学习、准备和起步阶段，与已工作过一段时间的职业者的职业生涯规划相比较，大学生的职业生涯规划有其自身的特点，也有其不一样的职业生涯规划原则。

（一）目标导向原则

何为目标？在一定的时间内达到具有一定规模的期望值即为目标。目标导向行为是一个选择、寻找和实现目标的过程。

（二）可行性原则

要使自己的职业生涯具有可实现性就必须做到：一是根据自己的价值追求、性格、兴趣和特长等实际情况来规划；二是必须和社会的职业需求、行业需求相吻合。把握社会对人才需求的动力，以社会需求作为出发点和归宿，这样的职业生涯规划才有现实性和可行性。职业生涯规划还必须与所学专业相结合。大学生在进行职业生涯规划时，应以所学专业为依据，如果所选非专业，那么在参加工作后得重新补课，这将在无形中增加自己的负担。不根据自身特点制定的职业生涯规划，永远只是纸上谈兵，发挥不出自己的特长和潜能。而无视社会需求则将会使自己的职业生涯规划变成空洞的自我表现设计。

（三）时间要求原则

由于职业生涯发展具有阶段性特点，职业生涯规划的目标和行动就必须划分到不同的时间段去完成。而且每个规划目标都要有两个时间坐标，一个时间坐标是开始的时间，另一个坐标是预期实现的时间。如果没有明确的时间限定，就很容易使职业生涯规划陷入无限期的空谈之中。

大学生活是一个完整和固定的阶段，其在时间维度上有一个标准的划分方法，即大学的学制为大学生活的起止时限。职业生涯规划中最现实、最典型的是中期规划，其规划年限一般是与学生的毕业年限相同的。大学生处于职业的准备阶段，其职业生涯规划的实施策略主要是了解和探索职业，完成与未来可能从事职业相关的学习、培训任务，提高职业生活的基本能力和素质，行动计划必须与其本身的学习任务和校园活动密切联系。

职业生涯规划，其最根本也最现实的目标是初次就业成功，能拥有一个与自己的兴趣、爱好、能力等相匹配的职业岗位。比如，规划自己毕业后进入某大公司的人力资源部门。职业生涯规划的阶段目标可以十分明朗。比如，一年级应该达到什么要求，二年级应该完成什么计划，毕业年要实现什么目标，等等。

（四）与社会需求相结合的原则

职业生涯规划还应遵循职业生涯规划与社会需求相结合的原则。把握社会对人才需求的动力，以社会需求作为出发点和归宿，这样的职业生涯规划才具有现实性和可行性。

二、职业生涯规划的步骤

职业生涯规划是一个周而复始的连续过程，其基本步骤包括：清晰个人生涯愿景；自我评估；评估环境；确定职业发展目标；设定职业生涯发展路线；制定弥补差距的行动方案；实施、评估与调整。

（一）清晰个人生涯愿景

在为自己制订职业发展规划的时候，需要弄明白这样一个问题——"自己到底想过一种什么样的生活？"个人生涯愿景是个人发自内心的，一生最热切渴望达成的结果，它是一种期望的未来或意象。由于人在一生中要扮演多个角色，因此生涯愿景是多方面的。总的来说，个人生涯愿景主要包括以下几个方面的内容。

1. 自我形象

你希望成为什么样的人？假如你可以变成你向往的那种人，你会有哪些特征？

2. 有形财产

你希望拥有哪些物质财产？希望拥有多大的数量？

3. 家庭生活

在你的理想中，你未来的家庭生活是什么样子？

4. 个人健康

对于自己的健康、身材、运动以及其他与身体有关的事情有什么期望？

5. 人际关系

你希望与你的同事、家人、朋友以及其他人拥有什么样的关系？

6. 工作状况

你理想中的工作环境是什么样子？取得什么样的成就？

7. 社会贡献

对社会做出什么样的贡献？

8. 个人休闲

期望拥有什么样的休闲生活？

（二）自我评估

自我评估相当于内在条件评估。自我评估的目的是认识自己、了解自己。因为只有认识了自己，才能对自己的职业发展做出正确的选择，才能选定适合自己发展的职业生涯路线，才能对自己的职业生涯目标做出最佳抉择。自我评估的内容包括自己的兴趣、特长、性格、学识、技能、智商、情商、思维方式、思维方法、道德水准以及社会中的自我等。这部分内容可以借助职业心理测评来实现，更多的是在实际生活中体验。

（三）评估环境

评估环境相当于外在条件评估。职业生涯环境的评估，主要是评估各种环境因素对自己职业生涯发展的影响。每一个人都处在一定的环境之中，离开了这个环境，便无法生存与成长。所以，在制订个人的职业生涯规划时，要分析环境条件的特点、环境的发展变化情况、自己与环境的关系、自己在这个环境中的地位、环境对自己提出的要求以及环境对自己有利与不利的影响等。只有对这些环境因素充分了解，才能做到在复杂的环境中避害趋利，使职业生涯规划具有实际意义。

（四）确定职业发展目标

确定职业发展目标是指期望在职业发展道路上达到一个什么样的位置，简单地说就是做到什么职位。说到职业发展目标，有人可能会说"我的目标是事业有成"，这不是目标，仅是美好愿望而已；有人可能会说"我的目标是成为优秀的人力资源工作者"，这也不是目标，仅是职业发展方向而已；还有的人可能会说"我的目标是成为优秀的机械工程师"，这就是看得见摸得着的职业发展目标了。

职业发展目标的设定，是职业生涯规划的核心。一个人事业的成败，很大程度上取决于有无正确适当的目标。没有目标如同驶入大海的孤舟，四野茫茫，没有方向，不知道自己即将走向何方。职业发展目标是以自己的最佳才能、最优性格、最大兴趣、最有利的环境等信息为依据而设定的。通常可分为短期目标、中期目标、长期目标和人生目标。短期目标一般为一至二年，短期目标又分日目标、周目标、月目标、年目标；中期目标一般为3～5年；长期目标一般为5～10年。

（五）设定职业生涯发展路线

个人现在所处的位置与总体目标总是有距离的（距离的大小要视总体目标的远大而定），个人不可能一步就能达成总体目标。要完成总体职业发展目标，就必须将总体目标进行分解，分解成一个一个阶段目标逐步完成。图7-1是某同学为自己设定的职业发展路线。

大学生毕业后，主要有5条出路：就业、升学、参军、自主创业和出国留学。选择的出路不一样，大学生涯规划的侧重点也是不一样的。怎样在升学和就业之间做选择，可能是很多同学难以抉择的问题。到底是升学还是就业，要综合考虑多方面的因素。最根本的原则是，选择一条最能帮助自己快速实现职业发展目标的出路。

大学学习

↓

小企业人力资源一般员工

2~3年

在职读MBA　　　在职读人力资源管理专业研究生

3年

著名公司人力资源部员工

1~2年

人力资源经理助理

1~2年

人力资源专员

1~2年

人力资源主管

3~5年

人力资源经理

6年

人力资源总监

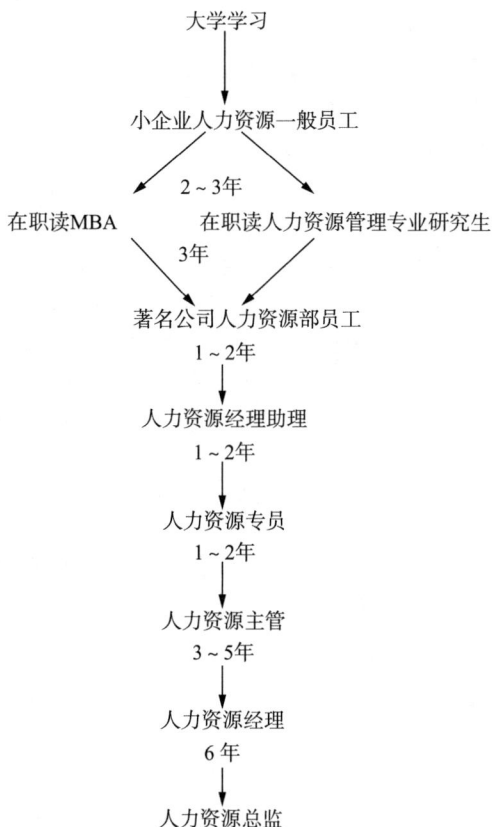

图 7-1　某大学生的职业生涯发展规划路线

（六）制订弥补差距的行动方案

职业生涯每次质的飞跃，都是以学习新知识、获取新技能为前提的。为了顺利达成目标，个人首先需要对达成目标所要求的条件进行分析，然后对照自己找出差距，并找到弥补差距的具体办法。比如，为了弥补在组织管理能力上的差距，是通过参加教育培训班还是当学生干部自我锻炼？差距找出了，弥补差距的具体办法也找到了，接下来就要用表格的形式制作一份弥补差距的具体方案，从而将内容明确下来（见表7-9）。

表 7-9　某大学生弥补差距的行动方案

一	知识方面	能力方面
达到的效果	1. 通过 CET－6 2. 提高英语听说能力 3. 每门专业课程不低于 85 分 4. 对经济学、管理学有所了解	1. 提高领导和组织能力 2. 与专业老师、同学建立良好的关系 3. 锻炼社会实践能力 4. 锻炼口头和书面表达能力

一	知识方面	能力方面
具体措施	1. 早上 7 点出门读英语半小时，晚上练习听力半小时，做六级试题 2. 每周五去英语角 3. 定期看英语电影（两周一次） 4. 课前预习，课堂认真听讲，积极思考，课后复习整理 5. 阅读专业书籍 2～6 本 6. 选修经济学、管理学公选课	1. 多与专业老师、周围同学交流 2. 积极参加青协组织的社会实践活动 3. 课堂积极发言，会上勇于发表意见 4. 报课题，撰写学术论文

（七）实施、评估与调整

"心动百次不如行动一次"，规划好固然重要，但更重要的是将规划付诸实施并取得成效。在实施的过程中，还要对职业生涯规划进行评估与调整，从而使规划更加符合自身情况和社会需求，让它变得更加行之有效。

1. 评估与调整的程序

（1）重温生涯目标。

①经常回顾构想和行动计划。

②把构想和任务方案存入电脑，或贴在床头等可以经常看见的地方，时刻提醒自己。

③当做出一个对生活和工作极其重要的决定时，须慎重考虑构想和行动计划，并确保该决定与本意相符。

④常常自问：正在做的是最想做的事吗？自己真的适合做这个职业吗？能如期完成既定目标吗？是否将重心放在了最重要的地方？

（2）分析当前的实际情况与当初目标的吻合程度。

①确定现在的状况，判断实际行为效果与期望值的偏差。

②分析导致失败的原因。

（3）利用结果修正、完善目标。

①采取及时、适当的纠正措施。

②调整策略，改变行动方向。

经常自省是必要的，过程监督也十分重要，应保证至少每 3 个月检查一次工作进度。有意识地回顾得失，检查验证前期战略措施的执行效果，可以有针对性地提出解决方案，纠正分阶段目标中出现的偏差。

2. 评估要点

评估可以参照各类短期、中期预定目标和实际结果进行。一般来说，任何形式的评估都可以归结为自我素质和现实环境的适应性判断，分析自己的现状，特别是针对变化的环境，找出偏差所在，并做出修正。

（1）抓住最重要的内容。评估要抓住最重要的内容，衡量最主要的指标，以使最终的评估结果不出现偏差。

（2）分离出最新的要求。针对变化的内、外部环境，把握最新的趋势，制定最有效的策略。

（3）找到突破方向。有时候，在某一点上取得突破性的进展可使整个局面发生意想不到的改变。想一想，先前规划的策略方案，对目标的达成是否可能有突破性的影响？如何寻求新的突破？

（4）关注最弱点。管理学中有一个著名的木桶理论，即一只沿口不齐的木桶，其容量的大小，不取决于最长的那块木板，而取决于最短的那块木板。在反馈评估过程中，当然要肯定自己取得的成绩，但更重要的是要契合变化的环境，发现自己的素质与策略的"短板"，然后想办法修正，或者把这块短木板换掉，或者接补增长。唯有如此，职业生涯这只木桶才能有更大的容量。

一般来说，"短板"可能存在于下列几个方面：①观念差距。观念陈旧往往会造成策略的失误，导致行动失效。②知识差距。按照实施策略，积累的知识可能不够，需要不断学习。③能力差距。环境在变化，对人的能力的要求也在不断变化。此一时期通过种种努力，某些能力得到了提高，但彼一时期可能又会出现新的能力差距，需要不断加强。④心理素质差距。很多时候，我们没有取得预期的进步，并不是因为规划得不够好，或者措施不够得当，而是因为心理素质不够好。一个人职业生涯的发展过程，必然是心理素质的增强过程。

3. 调整要点

抓住评估要点后，就要根据评估的结果进行目标和策略方案的调整了。调整的内容包括：职业的重新选择；职业生涯路线的再次选择；阶段目标的调整；实施措施与行动计划的变更等。

通过反馈评估和调整，应该达到以下目的：

（1）对自己的强项充满自信（我知道我的强项是什么）。

（2）对自己的发展机会有一个清楚的了解（我知道自己什么地方还有待改进）。

（3）找出了关键的有待改进之处。

（4）为这些有待改进之处制订了详细的行为改变计划。

（5）以合适的方式答复那些给予反馈的人，并表示感谢。

（6）实施计划，确保能取得显著的进步和成就。

总之，职业生涯规划是一个持续动态的过程，有效的职业生涯规划需要不断地、反复地修正职业生涯目标，反省策略方案是否恰当，以适应环境的改变，同时作为下一轮规划的参考依据。

三、职业生涯规划书撰写时常出现的问题

近两年大学生职业生涯规划书的写作质量不断提高，但也存在着不少问题，比较常见的问题主要有以下 6 个方面。

（一）现实发展与未来职业生涯目标选择不统一，逻辑性不强

主要表现在：没有把自己过去做过的和现在正在做的而且与未来的职业生涯发展目标有密切关系的"亮点"展示出来。特别是不少同学的职业生涯规划书前后不连贯，缺乏逻辑性，虽然前面用了许多笔墨来论证，却无法让人看过之后自然地得出其职业生涯选择是合适的结论。

（二）对目标职业及其所处行业的认识不到位，分析不透彻

大多数同学在分析社会环境和就业形势时，只是针对当前我国的就业形势及大学生的就业形势泛泛而谈，而对自己的目标职业及所处行业的特点、要求及面临的形势分析不够或不到位。

（三）个人素质测评结果与职业生涯发展目标选择之间的联系不够紧密

既然个人素质测评是个人职业生涯规划的重要依据，那么，个人素质测评结果与职业生涯发展目标选择之间应该有比较密切的逻辑联系。现实中，有些同学在撰写职业生涯规划书时，不知道如何处理个人素质测评结果，无法把个人素质测评结果与职业生涯选择的论证过程融合在一起。

（四）目标选择不够客观、明确

问题主要表现为：有的同学的职业生涯目标模糊不清，因而在职业生涯规划书中一会儿希望自己成为一名公务员，一会儿希望自己成为一名人民教师……有的同学的职业生涯目标定得太大，这部分同学过于自信，心有多大，目标就有多大，结果往往难以成功。目前，比较多的同学属于第二种，目标都是要做总经理、总设计师、科学家……似乎目标不光辉灿烂就不是一份好的职业生涯规划书。

（五）行动策略和职业发展路线描述不当

行动策略和职业发展路线描述不当主要表现在：过于简单，不够清晰、明了；变成了工作日程表，过于繁杂。而更多的规划书是过于繁杂。对于一份职业生涯规划书而言，描述的应该是相对宏观、长远的规划，没有必要把每天的安排都写进去。

（六）对评估调整部分重视不够，甚至是草草收场，以致虎头蛇尾

职业生涯规划书中的"评估与调整"部分就像演员在戏台上演戏时的收场。一名

优秀的演员在收场时一定是不慌不忙、有板有眼、毫不含糊的，否则，前面的戏演得再好，观众也会觉得有些失望，甚至喝倒彩。然而，有些同学在撰写职业生涯规划书时，对论证过程非常重视，却忽视了结尾的"评估与调整"。

第三节　职业生涯规划的评估与调整

一、评估与调整概述

（一）评估与调整的含义和内容

俗话说："计划赶不上变化。"我们周围的社会环境是在不断变化的，并且在职业生涯规划执行过程中有许多不确定因素存在，这些因素有些是可以预测的，而有些因素是难以预测的，这会使我们生涯规划执行的结果与原来制定的生涯目标与规划有所偏差，这就需要对职业生涯目标与规划进行评估并做出适当调整，以更好地符合自身发展和社会发展的需要。

有效的职业生涯设计还要不断地反省，不断地修正。职业生涯规划的反馈与修正过程是个体对自己不断认识的过程，也是对社会不断认识的过程，是使职业生涯规划更加完善的手段。所以，职业生涯规划的评估与调整是在实现职业生涯目标的过程中，根据实际情况自觉地总结经验教训，修正对自我的认知和定位，弄清自己喜爱并适合从事什么职业，使职业生涯规划、目标更加适应职场的要求，更加适应环境的变化，为下一轮生涯规划做出参考。

（二）评估与调整的必要性

在制定职业生涯规划时，由于对自身和外界环境都不十分了解，最初确定的职业生涯目标往往都是比较模糊或抽象的，有时甚至是错误的。经过一段时间工作以后，有意识地回顾自己的言行得失，可以检验自己的职业定位与职业方向是否合适。这就需要在实施中不断根据反馈进行职业生涯规划修正，使之更符合当时的社会发展，并能充分认识与了解相关的环境，评估环境因素对自己职业生涯发展的影响，分析环境条件的特点、发展变化情况，把握环境因素的优势与限制，结合本专业、本行业的地位、形势以及发展趋势，对生涯目标与策略等进行取舍与调整。只有在自觉地总结经验教训、评估职业生涯规划的基础上，个人才可能修正对自我的认知；通过评估与调整，才可能极大地增强个人实现职业目标的信心。

另外，在进行职业生涯规划时，由于个体自身和外部环境的不同，对未来目标的设定也就有所不同，一个人不可能对外部环境了如指掌，也不可能完全了解自己的所有潜能，这就需要我们在职业发展道路上，根据自身因素和外部环境的变化以及实施过程中所得到的各种反馈信息，不断地对职业生涯规划进行调整。

因此，评估与调整是职业生涯规划的重要环节，也是保障生涯规划能否实施的关键环节，只有通过评估与调整，才能保证目标的合理性和措施的有效性，也才能最终促使生涯目标的实现。

（三）评估与调整的内容

1. 自我条件重新评估

自我条件重新评估是指在实践的基础上，重新认识、分析自我，找到自己的不足和优势，进一步对物质自我、社会自我、心理自我进行比较、分析。

2. 生涯机会重新评估

生涯机会重新评估是指结合现实的社会、经济、行业及组织环境来分析自己未来的发展空间和可能性。

3. 职业生涯目标重新修正

职业生涯目标重新修正是指根据上面两项的重新评估结果，以及现有的情况，重新考虑职业生涯目标是否与自己的人生目标相一致，是否更符合现在的自己，是否更符合社会的现有需求和发展。

4. 职业生涯路线重新调整

根据调整后的职业生涯目标，重新选择职业生涯的路线，即从什么方向上实现自己的职业目标。

5. 生涯实施策略的变更

重新调整、变更生涯实施策略，进一步发掘自己的优点和特长，弥补自身的不足。

反馈修正不仅是职业生涯规划的最后环节，更要确立新一轮的目标，开始下一个职业生涯规划的循环。

（四）评估与调整的意义

（1）评估与调整的目的，是纠正最终目标与阶段职业目标的偏差，保证职业生涯规划的有效性，使通向最终目标的职业生涯道路一路畅通，更快更好地实现自己的人生目标。

（2）通过职业生涯规划的评估与调整过程，可以自觉地总结经验和教训，评估职业生涯规划，修正对自我的认知。

（3）通过评估与调整，可以纠正最终职业目标与分阶段职业目标的偏差，保证职业生涯规划的行之有效。

（4）通过评估与调整可以极大地增强自信心，从而促进生涯目标的实现。

（五）评估与调整的原则

1. 评估适度性

评估应该适当，不能矫枉过正。既不要过高地评估自己已取得的成绩，也不能因为某些挫折而过分悲观。过高的评估往往使自己脱离现实，意识不到自己的条件限制，甚至自傲狂妄，由自信走向自负；过低的自我评估，往往忽视自我的长处，缺乏自信，过于自卑。过高或过低的自我评估，对自己都是不公正的，对自己重新选择职业都将产生极为不利的影响。

2. 全面性

评估与调整应当全面。既要看到自己的优点和特长，又要看到自己的缺点和不足；既要对自我某一方面的特殊素质进行具体评估，又要对其他各个因素的整体素质进行综合评估；既要考虑到全面的整体因素，又要考虑到其中占主导地位的重点因素。反之，任何一种片面的、孤立的、不分主次的评估，显然都不可能全面而正确地反映自己的整体素质状况。

3. 客观性

评估与调整还应当掌握客观性的原则。尽管是自己对自己进行观察、分析和评价，但毕竟需要以客观事实作为基础和依据。要努力克服和排除自身因素的限制及干扰，才有可能使自我评估与调整趋于客观和真实。

4. 发展性

评估与调整时，应以发展变化的眼光看待原先制定的职业生涯规划的目标和策略。世间万物都不可能是静止不变的，包括自我条件、生涯目标、生涯实施策略、生涯机会等，我们不但应当对自己的现实素质、现有的生涯目标、生涯实施策略、生涯机会等作出适当、全面、客观的评价，而且应当着眼于未来的发展变化，预见性地进行评估与调整。

二、评估与调整的办法

职业生涯规划反馈与修正是职业生涯规划中的一项重要环节，可以通过 PDCA 循环法方法实现。

PDCA 是计划（plan）、执行（do）、检查（check）、行动（action）的首字母大写组合。PDCA 循环法可以运用到职业生涯管理活动中，职业生涯规划的整个过程也可以分为计划、执行、检查与行动 4 个步骤。不同的步骤之间紧密相连，形成封闭的循环链条。当一个 PDCA 循环完成时，下一个 PDCA 循环又会开始，从而为职业生涯管理提供一个长期的、持续的支持与反馈活动。

（一）计划

一个职业生涯成功的人，在其每个职业阶段中应该都有明确的目标，才能一步一个脚印，从低阶职位迈向高阶职位。刚毕业的大学生对其第一份工作肯定有他的憧憬，但是造化常常弄人，一个看似好的计划结果并不一定能成功。计划的制订必须符合实际情况，不能太高也不能太低，太高了打击士气，太低了起不了激励作用，不利于自己进一步成长。如何才能制订一个好的计划呢？首先要对自己有个全面正确的认识，即所谓的知己知彼百战不殆。我们仍然用 SWOT 方法来分析。

我们在进行职业规划的时候同样可以借用 SWOT 方法来分析检查自己的技能、能力、职业、喜好和职业机会。如果对自己做个细致的 SWOT 分析，那么，就会很明了地知道自己的优点和弱点在哪里，并且会仔细地评估出自己所感兴趣的不同职业道路的机会和威胁所在，在此基础上制订的计划就一定能够做到有的放矢。

（二）执行

好的计划归根到底在于执行，对于"行"，从古至今有很多的说法：言行一致、讷于言而敏于行，说的就是"行"的重要性。行动贵在坚持，这其实是非常困难的一件事，也就是常言讲的"说着容易，做着难"，许多人都懂得这一点，但能持之以恒坚持下来的人很少。执行不能坚持，很大的原因在于当初制订的计划不切实际，比如自己本身的长处在销售，但偏偏希望在技术方面有所发展，这会让自己非常痛苦，在追求技术的道路上也不能走得更远；再比如一个程序员职业生涯的头两年要求自己熟练掌握多种高级语言，这本身执行起来就有困难。因此，对职业生涯的某一阶段，我们所制定达成目标的行动必须是让我们感觉到快乐的，有兴趣的，同时也是比较合理的，那我们才能坚持到底。

另外，执行这一步对于刚刚就业的社会新人来说不是问题，却是处于事业、职业徘徊期的人最难迈出的一步。有无数人每天会产生无数的想法要改变自己的生活状态，羡慕别人的成功，又不停地对自己说，要是我在他那个位置上也会怎样怎样。需要指出的是，只有规划，没有行动是永远达不到彼岸的。不惧风险、排除风险、立即行动才能使你拥有理想中的工作和生活。

（三）检查

检查计划实施的结果与目标是否一致。对于检查，需要确定时间点和标准两个因数。通常某阶段生涯规划的大目标下可能分好几个子阶段，其中每一个子阶段都可以作为一个检查点。检查的标准以当初设定的计划为标的，如果完成了计划，那么执行就是成功的，相反就不成功。

每个有志于掌握自己命运的人，在工作一个阶段后，都会拿现在的自己和过去的自己、拿自己和别人、拿现状和理想进行比较，总结反省一下自己今天所做到的与自己的理想还差多远，也可以了解一下自己的选择和努力是否让自己满意。通过不断的"自检"及时发现问题、解决问题，是走向进步不可缺少的反省过程。

（四）行动

这一步骤是在对以往行动的结果进行检验的基础上，纠正错误，调整方向。对于检查不成功的目标进行判断，是计划有问题还是执行有问题，如果计划有问题，就应当调整计划进入一个新的PDCA循环；如果执行有问题，应该分析自己在时间、精力、金钱上的投入是否不足，方法上有没有问题。比如子计划中的学习计划没有成功，就得分析花在学习上的时间是否足够、参加专业的培训是否必要、资料是否充足、学习方法是否合理等。深入挖掘导致执行不成功的因素，找到原因后针对问题点加以改进，然后进入下一个PDCA循环。周而复始，直到职业生涯有一个更好的发展。

📖**阅读**

以现在的职业发展理论解读诸葛亮的"职业生涯规划"

东汉末年，群雄逐鹿，人杰辈出，长期隐居南阳草庐的诸葛亮一出山就投靠了当时最为势单力薄的刘备集团，并终生为其奔走效力。在为刘备集团做出杰出贡献的基础上，诸葛亮实现了个人事业的成功——这归根结底取决于诸葛亮近乎圆满的职业选择规划。

首先，诸葛亮的个人职业发展定位非常清晰。诸葛亮自幼胸怀大志，始终以春秋战国时期两位著名的谋臣管仲、乐毅为个人楷模，立誓要成为杰出的谋略大师，为光复汉室贡献力量。

其次，从应聘对象选择上看，诸葛亮也独具慧眼。曹操已经统一了半个中国，实力雄厚，最有资格挑战全国的统治权，孙权只求偏安自保，而势力最为弱小的刘备集团却快速成长，具备与曹操、孙权三足鼎立乃至在此基础上一统天下的可能性。

诸葛亮之所以看好刘备集团，原因在于：第一，刘备始终坚持光复汉室的理想，并在全国赢得了相当一批支持者——这与诸葛亮的个人价值观吻合；第二，刘备品性坚韧、顽强，敢于与任何强大的敌人对抗；第三，刘备为人宽厚谦和，团队凝聚力超强；第四，刘备是汉朝皇室后裔，具备名正言顺继承大统的资格。以上条件是其他人难以模仿和替代的。此外，还有一个非常重要的原因，到赤壁之战前夕，曹操与孙权两大集团都已经人才济济，颇具规模，诸葛亮若去投奔，最多也就是一名中层管理人员，而刘备集团当时主要由一些武将构成，高级参谋人才奇缺，诸葛亮完全有可能被破格提拔进入最高领导层。

再次，在应聘准备和应聘实施方面，诸葛亮更是做得登峰造极。在个人推销方面，诸葛亮通过躬耕陇亩，给外界留下踏实肯干的印象。此外，诸葛亮在与外人言谈中每每自比管仲、乐毅，一方面宣传了个人的卓越才能，另一方面也表明了他对和谐双赢的君臣关系的向往。最终，诸葛亮的个人才能和求职意向等重要信息通过各种渠道传到了刘备那里。

在应聘临场发挥方面，诸葛亮通过逻辑严谨的精彩表述，充分展现了个人对国内军事、政治形势以及刘备集团未来战略全面、深入的思考，令刘备对其大为叹服。此后，刘备始终奉诸葛亮为上宾，全部重大决策都要与其协商探讨，甚至在临终之时还有托孤让位之举。诸葛亮对刘备也始终忠诚一心，鞠躬尽瘁，深厚的君臣情谊是刘备集团后来事业蓬勃发展，最终与曹操、孙权三足鼎立的重要因素。

诸葛亮若非有正确的职业选择能力，很可能就会湮没在历史的尘埃之中，永不为世人所知。然而积极进取且颇有心计的诸葛亮通过在职业选择上的完美谋划，彻底改变了自己的命运。

三、大学生职业生涯规划的评估与调整

大学生在职业生涯规划过程中，无论是社会、组织环境，还是自身，都会经常发生各种各样的变化，其中很多变化是事先难以预测的。这些不确定因素的存在可能会使实际结果偏离原来的规划目标，这就要求我们应时时注意内外环境的变化，不断地审视自我，不断地调整自我，不断地修正策略和目标，这个过程就是大学生职业生涯规划的评估与调整的过程。

大学生进行职业生涯评估与调整的根本目的就是让自己时刻保持最佳状态，在通向最终目标的生涯道路上跨越障碍，走得直、走得快、走得稳，谋求可持续的发展。因而进行职业生涯评估要遵循优势和差距两条主线来进行。

（一）大学生职业生涯规划评估与调整的内容

大学生要使职业生涯规划行之有效，就需要对规划进行反馈与修正。修正的内容包括：自我重新分析；职业生涯目标的修正；职业生涯路线和职业的重新选择；实施措施与计划的变更等。

为了对自己的职业生涯规划做出有效的修正与评估，我们通常要更深一层地回答下述问题：

（1）这个工作将给我提供一个测试自我的机会吗？我真的能干这项工作吗？我能顶住有关的真实情况所造成的压力吗？我将如何应付这个工作给自己带来的焦虑和紧张？我擅长这项工作吗？我喜欢它吗？

（2）人们认为我值得这么干吗？我有机会展示自己的长处吗？我能做出一定的贡献吗？我的才能会受到赏识吗？

（3）我会取得一种均衡生活吗？我有时间满足家庭和个人的乐趣吗？职业会向我提出力不从心的要求吗？

（4）我在组织中的成员资格会符合自己的理想、强化个人的自我意向吗？我会为自己与这种职业或组织结构融为一体而感到骄傲吗？

当然，职业生涯规划一旦制定，就不要轻易改变，在遇到一些不确定因素的影响时，我们一般只对短期规划和中期规划做些调整，人生规划与长期规划的调整一定要慎重。

（二）大学生职业生涯规划的调整对策

1. 树立成功意识

在职业生涯规划中，大学生成功的愿望非常重要，只有愿意成长、希望成才、渴望成功的人才有可能自觉地规划自己的人生，并走向成功。

2. 积极参加探索、实践、实习

自我探索、自我规划、自我成长、自我完善的理念至关重要，在这种理念指引下，大学生才能够积极、主动地投入各种成长活动中去。

社会实践和职位实习是大学生了解社会的有效途径，通过社会实践和职位实习，大学生能够对社会的政治、经济发展趋势有直观的了解和理解，对社会、对人才的素质要求有直接的认识，有利于大学生根据社会需要有计划地塑造自己，避免了学习的盲目性。通过职位实习，大学生还能够更加清楚社会职业分类和职位变化，清楚不同职位对自己的意义所在，有利于大学生在就业过程中正确定位，顺利毕业、成功创业。

3. 做好成长规划并积极参加训练

大学生在大学阶段的成长是顺利就业、成功创业的基础，合理地规划自己的大学生活，制订切实可行的大学期间成长计划对每一位大学生而言都非常必要。有计划地成长会加快大学生在校期间的成长速度，有利于职业竞争力的快速提升。大学生要尽可能多地参加各种层次的成才、成长培训和训练，从而不断提高自己各方面的能力。

4. 寻求有效帮助

在必要时寻求有效支持和帮助。这些支持和帮助可以来自亲朋好友，也可以来自老师、学校，还可以来自一些专业机构的专门人员。

第四节　职业生涯规划的实施

要实施个人职业生涯规划，最重要的是要做好并实施好大学阶段的大学生涯规划。未来有很多不确定的因素是我们很难以把握和控制的，但是对自己的大学生涯确实是可以把握的：把握了现在，把当前的事情做好了，未来职业发展目标的实现也就水到渠成了。

一、大学生涯目标的确定

大学生涯最常见的目标是就业、升学、参军、自主创业等。

（一）顺利就业

除了继续升学，大多数学生还是直接进入职场参加工作，可以说就业是在校大学生最主要的目标。

2020 年有 874 万大学生毕业，2021 年有 909 万大学生毕业，2022 年有 1076 万大学生毕业，而 2023 年将有 1174 万大学生毕业，毕业生人数持续增加。每年 10—12 月是高校应届毕业生求职的第一个高峰期，各种校园招聘会、人才交流会上都可以看到他们匆忙的身影和急切的眼神。由于大学生工作经验不足、所学专业单一、面试经验欠缺等因素，"天之骄子"的光环逐渐褪去，大学毕业生的平均起薪越来越低。这种情况使很多刚迈入大学校门的学子也不禁为自己毕业后的出路担心。为了顺利就业或在激烈的竞争中有一席之地，越来越多的大学生采用以下方式拓展就业渠道。

1. 参加职业资格考试，获得求职第二块"敲门砖"

参加职业资格考试是现在大学生比较热衷的"充电"方式之一。有很多大学生把职业资格认证视为大学毕业证之外的第二块"敲门砖"。所以各种各样的考试报名、辅导信息充斥校内的海报栏，有公务员考试辅导、报关员资格考试辅导班、会计职称考试、雅思英语辅导班等，而且每种考试的报名费、辅导费，动辄几千元。然而为给自己找到更好的出路，很多大学生抱着"东方不亮西方亮"的态度，报考很多培训辅导班，毕业时拿了很多证书，然而真正有用处的并不多。因此，专家建议，大学生不要盲目去参加各种职业认证考试，要有计划，结合自己的专业和职业发展目标考取相关职业资格证书。

2. 辅修第二专业，增加就业砝码

很多大一新生在入学时就有了很强的忧患意识，希望在本专业之外掌握更多技能、更多知识，以提升自身的就业能力。网络教育时间、地点的灵活性成为大学生掌握更多知识的很好的方式。大一新生选择就读网络大学，利用课余时间攻读完相关课程，到毕业时可以拿到两个国家承认的毕业证书。网络大学要求学生有较强的学习能力和自制能力，在选择时要因人而异，同时应该选择应用范围广的专业，如英语、管理等。

辅修则更被大学生广泛青睐。不高的学费，双休日上课，公共课免修，毕业时拿双证，还可以跨校辅修，所有这些条件，都很让人动心。

3. 利用课余时间打工，积累工作经验

众多用人单位在招聘员工时，常常会要求"有从事某某工作经验两年（或三年）以上"。这道门槛对于应届毕业生来说，是无法逾越的。所以，在校大学生应及早做准备，利用课余时间打工积累工作经验，这也是提高自己竞争能力的一种手段。但有部分大学生一味追求工作经验，不光是课余时间出去打工，甚至在上课的时间也逃课去兼职。专家建议，学生还是应以学习为主，自己的兼职时间和学业课程安排一定不能起冲突，要分清主次，在不耽误自己学业的前提下进行社会实践。

4. 参加职前培训，掌握求职技巧

很多学生的基本功很扎实，但就是过不了面试的"临门一脚"，因此大学生在平时应加强求职技巧方面的知识积累。目前，学校就业指导中心和一些职前培训机构都提供如面试技巧、职位描述、行业知识等方面的培训。

随着高等教育大众化的到来，高端岗位的就业压力也随之增大。大学生必须多方面提高自己的竞争能力。每一位学生都应根据自身的条件和优势，找到适合自己的"充电"方式，再利用这个优势在市场竞争中找到适合自己的位置。

（二）升学深造

深造正在成为大学毕业生的热门话题。究竟是就业，还是升学，我们暂且不去细究，在高校中存在许多同类人的见解。也许他们的切身体会，会给那些打算升学、就业或依旧举棋不定的人一些启示。

二、有效实施大学生涯规划

成功的人和不成功的人就差一点点。成功的人可以无数次修改方法，但决不轻易放弃目标；不成功的人总是变换目标，却从不或很少改变方法。在职业生涯发展的道路上，只要不放弃目标，每一次挫折、每一次失败都是有价值的。

大学生涯发展必须有目标，而且目标不能随便改变，但这不等于说大学阶段的发展目标就一定不能改变。就业也好，升学也好，创业也行，都是走向成才，不存在哪个高级哪个低级，哪个合理哪个就一定不行。确定这些目标的依据是多方面的，既有来自个人的因素，如兴趣、能力、性格、价值观等，也有来自家庭的因素，如家庭经济状况、父母期望值等，更有来自学校与社会的因素，如学校层次、专业发展前景、社会政治经济形势等。

三、克服大学生涯规划实施中的阻力

在目标的实现过程中不可能总是一帆风顺的，面对挫折与失败，有的人越战越勇，有的人却晕头转向。为什么会有这么大的区别呢？究其原因，在于不同的人分析与解决问题的能力不一样。对目标实现过程中的阻力进行分析是很有必要的，大学阶段目标实现的阻力主要有以下几种情况。

（一）目标设置不合理

比如说某大学生在大学期间，既想学习成绩一流又想当个好的学生干部，既想恋爱成功，又想打工赚钱，这显然是不太可能的。以上目标如果分割成阶段性目标倒是可以实现的。

就业、创业均可以作为大学期间的发展目标，但必须具体与现实。如选择先就业，那就要想清楚去什么地方就业、在什么行业就业、从事什么职位与性质的工作、希望拿多少工资等。如打算毕业后自主创业那就必须积累经验、学会分析市场行情、制订创业计划等。

目标没有对错之分，适合的就是最好的。如果选定的目标不合理，那就已经失败了一半。

（二）制订目标的当事人缺乏执行力

执行力相当于心理学中所说的毅力。曾有人说："毅力就是为了梦想去敲天堂的大门，频繁大声地敲，最后终于如愿以偿。因为天堂被你打扰得烦不胜烦，但求让你闭上嘴，于是你成功了。"范仲淹在吃不饱、穿不暖的艰苦条件下，却能坚持读书，最后还当上了宰相，他靠的正是毅力。

有人总是在别人的成就和荣耀面前哀叹自己起步太晚，其实每一位马拉松参赛者都明白，迟个三步五步，甚至十步百步也不算晚，关键是能否坚持到终点。判断人生道路上的这场胜负，取决于用毅力换来的成绩，正如判断一棵果树的优劣，是看它结的果实是否丰硕，而不是苛求它的叶子是否葱郁。成功者常常用毅力去书写迷人的胜利传奇。

（三）目标实现的外在条件不具备或者发生改变

从哲学的层面上讲，目标实现的内在条件相当于内因，外在条件相当于外因。

所谓内因即内部矛盾，是指事物内部各要素之间的对立统一关系。如种蛋产出时

已经发育成多细胞的胚胎，胚胎本身存在着同化与异化、遗传与变异的矛盾。外因就是事物的外部矛盾，是指一事物同其他事物之间的对立统一关系。如没有适宜的温度，种蛋中的胚胎就无法正常发育，种蛋还是种蛋，而时间过长，胚胎就会死亡，就更谈不上孵出小鸡来。可见，种蛋与温度之间是既对立又统一的关系，即鸡蛋变小鸡过程中的外部矛盾。

事物在各种外部条件的影响下，其内部矛盾着的双方的力量处在此消彼长的不断变化之中，一旦矛盾双方的力量对比发生根本性的变化，便会引起双方地位的相互转化，于是新矛盾取代旧矛盾，新事物取代旧事物。

在鸡蛋孵化小鸡的发展过程中，种蛋是内因，适宜的温度是外因。种蛋和适宜的温度对于由鸡蛋孵化出小鸡的发展过程来说，都是同时必备的，缺少任何一方都不可能孵出小鸡来。可见，事物的发展是内因和外因共同起作用的结果，矛盾是事物发展的动力。

外在条件虽然有不可控制性，但它毕竟要通过内部条件才能起作用，人是有主观能动性的，人们不仅可以利用与改造外部条件，还可以创造条件实现目标。

案例分析

有想法没做法的小张

小张是电子商务专业的学生，在找工作的时候比较有针对性，她的求职方式是海投简历，也面试过很多企业，但是小张始终不想真正进入它们之中的任何一家企业工作，因为没有进入工作的状况，没有动力，也认为没有好的机会。

小张曾经做过三个月的清闲网站的编辑工作，但是小张认为自己想要找有挑战性的工作，想要从事与人打交道的工作，因此，她又想做销售，因此她的目标就是进入国企，成为优秀的销售人员，但是在面试的道路中，却屡战屡败。

当有人问她为何一定要到国企工作做销售时，她坦言说："因为特别看重企业的文化，国企没有太大的工作压力，也不急于出成绩，可以对个人进行长期的培养。"

解析：

从本案例中不难发现，小张对于自己即将扮演的工作角色缺乏足够的认识，没有足够强烈的体验感觉。虽然她明确知道自己想要做销售，但是对于销售的一些具体要求没有具体的定位和规划。每个人在求职的过程中，都需要对自己有个规划和目标，并按照自己的规划一步步实现最终的目标，这样才能保证自己的持续发展。

实践训练

描绘制作自己的生命线

在白纸上画一条直线，这条直线的长度代表了你的生命的长度。思考一下：你期待自己活到多少岁？将直线的一端视为你生命的开始，另一端写上你期待可以活到的年龄。在这条生命线中找到你现在的年龄点，并标记下来，写下现在的年龄。

回顾你过往生命历程中的重大事件，在直线上方写出两到三件对你有积极影响的事件，并在直线的相应位置上标明年龄，在直线下方写出两到三件对你有消极影响的事件，并在直线的相应位置上标明年龄。

思考一下这些事件对你的影响，即它们如何使你成为今天的你。

将你希望在未来完成的事情或目标标注在生命线上，并标上预计的年龄，然后认真思考你准备如何去努力达成这些目标。

参考文献

［1］ 文厚润，张斌．大学生就业实用教程［M］．北京：高等教育出版社，2013.

［2］ 吴伟伟，郭晓霞．大学生就业指导［M］．北京：经济科学出版社，2016.

［3］ 庄明科，谢伟．职业素养入门与提升［M］．北京：北京理工大学出版社，2009.

［4］ 康军，张波，王志强．就业前心理培训与指导［M］．北京：中国物资出版社，2011.

［5］ 王德炎．大学生就业指导案例［M］．西安：西安交通大学出版社，2010.

［6］ 刘明耀，曹金凤，陈强．职业生涯规划与就业指导案例解析［M］．北京：电子工业出版社，2015.

［7］ 李志强，杨琳琳，宋文琼．大学生心理健康与就业指导［M］．长春：东北师范大学出版社，2013.

［8］ 曾杰豪．大学生就业指导［M］．北京：经济管理出版社，2010.

［9］ 胡琼妃，刘定巧．大学生职业生涯规划与就业指导［M］．北京：中国人民大学出版社，2017.

［10］ 潘恒曦，杨一波．决胜职场——大中专学生就业指导［M］．北京：清华大学出版社，2010.

［11］ 王宝华．职场潜规则［M］．南昌：百花洲文艺出版社，2012.

［12］ 耿保荃，姚继琴，杨华．大学生就业指导［M］．南京：东南大学出版社，2014.

[13] 李志，吴元佑．高职大学生就业指导 [M]．北京：人民交通出版社，2007．

[14] 惠太望．大学生就业指导 [M]．北京：北京航空航天大学出版社，2011．

[15] 干旭，李立明．高职大学生就业指导 [M]．北京：科学出版社，2007．

[16] 秦自强，王刚．大学生就业指导新编 [M]．北京：北京大学出版社，2010．

[17] 朱江．大学生就业指导 [M]．北京：中国人民大学出版社，2015．

[18] 袁国，谢永川．高职大学生就业指导实用教程 [M]．北京：北京理工大学出版社，2016．

[19] 宁云涛，张悦，赵天宇．大学生就业与创业指导 [M]．北京：化学工业出版社，2016．

[20] 林咏君，谭炯玲．大学生就业指导与实训 [M]．北京：北京邮电大学出版社，2016．

[21] 谢珊．新编大学生职业生涯规划与就业指导 [M]．北京：中国轻工业出版社，2017．

[22] 黄赤兵．大学生就业指导 [M]．厦门：厦门大学出版社，2015．

[23] 顾雪英．当代大学生职业生涯规划 [M]．北京：高等教育出版社，2011．

[24] 刘瑞晶．职业生涯规划理论、案例与实训 [M]．北京：中国人民大学出版社，2015．

[25] 赵慧娟．大学生职业生涯规划 [M]．北京：北京大学出版社，2014．

[26] 王丽，朱宝忠．大学生职业生涯规划训练手册 [M]．北京：北京理工大学出版社，2014

[27] 高兴盛．大学生职业生涯规划 [M]．武汉：湖北科学技术出版社，2014．

[28] 宋移安．大学生职业生涯规划与就业指导 [M]．武汉：武汉理工大学出版社，2017．

[29] 陈胤，郭寒宇，陶美成．大学生职业生涯规划 [M]．武汉：武汉大学出版社，2009．

[30] 陈建．职业生涯规划理论与实践 [M]．北京：航空工业出版社，2014．

[31] 刘明生．大学生职业生涯与发展规划 [M]．北京：中国农业出版社，2016．

[32] 袁国，谢永川．高职大学生职业生涯规划实用教程 [M]．北京：北京理工大学出版社，2015．

[33] 侯远滨，王日升．大学生职业生涯规划 [M]．哈尔滨：哈尔滨工程大学出版社，2016．

[34] 蒋超五．大学生职业生涯规划 [M]．北京：中国人民大学出版社，2014．

[35] 孙昀．大学生职业生涯规划 [M]．北京：高等教育出版社，2015．

[36] 彭贤，马恩．大学生职业生涯规划活动教程 [M]．北京：北京交通大学出版社，2010．

［37］ 王艳，刘洁．大学生职业生涯规划与就业指导［M］．天津：天津大学出版社，2014.

［38］ 朱爱胜，鲁鸿志．大学生职业生涯规划［M］．北京：机械工业出版社，2015.

［39］ 冯函秋．大学生职业生涯发展与规划［M］．北京：科学出版社，2018.

［40］ 陈清义．大学生职业生涯规划与就业指导［M］．南京：东南大学出版社，2015.

［41］ 曾浩，杨军．大学生生涯发展规划与求职导读［M］．北京：科学出版社，2020.

附　录

附录一　气质类型测试

　　《气质类型测试》共 60 个项目，每种基本气质类型各 15 题，按随机顺序排列。采用自陈法，要求被试者按指导语的要求回答问题。本测验共有 60 个问题，只要你能根据自己的实际行为表现如实回答，就能帮助你确定自己的气质类型，但必须做到：①回答时请不要猜测题目内容要求，也就是说不要考虑应该怎样，而只回答你平时怎样，因为题目答案本身无所谓正确与错误之分。②回答要迅速，不要在某道题目上花过多时间。③每一题都必须回答，不能有空题。④在回答下列问题时，你认为很符合自己情况的，记 2 分，较符合自己情况的，记 1 分，介于符合与不符合之间的，记 0 分，较不符合自己情况的，记 -1 分，完全不符合自己情况的，记 -2 分。

　　1. 做事力求稳妥，不做无把握的事。

　　2. 遇到可气的事就怒不可遏，想把心里话全说出来才痛快。

　　3. 宁可一个人干事，不愿很多人在一起。

　　4. 到一个新环境很快就能适应。

　　5. 厌恶那些强烈的刺激，如尖叫、噪声、危险镜头等。

　　6. 和人争吵时，总是先发制人，喜欢挑衅。

　　7. 喜欢安静的环境。

8. 善于和人交往。

9. 羡慕那些善于克制自己的人。

10. 生活有规律，很少违反作息时间。

11. 在多数情况下情绪是乐观的。

12. 碰到陌生人觉得很拘束。

13. 遇到令人气愤的事，能很好地自我克制。

14. 做事常有旺盛的精力。

15. 遇到问题常常举棋不定，优柔寡断。

16. 在人群中从不觉得过分拘束。

17. 情绪高昂时，觉得干什么都有趣；情绪低落时，又觉得什么都没有意思。

18. 当注意力集中于一物时，别的事物很难使我分心。

19. 理解问题总比别人快。

20. 碰到危险情景时，常有一种极度恐怖感。

21. 对学习、工作、事业怀有极高的热情。

22. 能够长时间做枯燥、单调的工作。

23. 符合兴趣的事情，干起来劲头十足，否则就不想干。

24. 一点小事就能引起情绪波动。

25. 讨厌做那种需要耐心、细致的工作。

26. 与人交往不卑不亢。

27. 喜欢参加热烈的活动。

28. 爱看感情细腻，描写人物内心活动的文学作品。

29. 工作学习时间长了，常感到厌倦。

30. 不喜欢长时间谈论一个问题，愿意实际动手干。

31. 宁愿侃侃而谈，不愿窃窃私语。

32. 别人说我总是闷闷不乐。

33. 理解问题常比别人慢些。

34. 疲倦时只要短暂的休息就能精神抖擞，重新投入工作。

35. 心里有话，宁愿自己想，不愿说出来。

36. 认准一个目标就希望尽快实现，不达目的，誓不罢休。

37. 同样和别人学习、工作一段时间后，常比别人更疲倦。

38. 做事有些莽撞，常常不考虑后果。

39. 老师和师傅讲授新知识、技术时，总希望他讲得慢一些，多重复几遍。

40. 能够很快忘记那些不愉快的事情。

41. 做作业或完成一件工作总比别人花的时间多。

42. 喜欢运动量大的剧烈体育活动或参加各种文艺活动。

43. 不能很快地把注意力从一件事转移到另一件事上去。

44. 接受一个任务后，就希望把它迅速解决。

45. 认为墨守成规比冒风险强些。

46. 能够同时注意几件事物。

47. 当我烦闷的时候，别人很难使我高兴起来。

48. 爱看情节起伏跌宕、激动人心的小说。

49. 对工作抱着认真严谨、始终一贯的态度。

50. 和周围人们的关系总是相处不好。

51. 喜欢复习学过的知识，重复做已经掌握的工作。

52. 希望做变化大、花样多的工作。

53. 小时候会背的诗歌，我似乎比别人记得清楚。

54. 别人说我"出语伤人"，可我并不觉得这样。

55. 在体育活动中，常因反应慢而落后。

56. 反应敏捷，头脑机智。

57. 喜欢有条理而不甚麻烦的工作。

58. 兴奋的事常常使我失眠。

59. 老师讲新概念，常常听不懂，但是弄懂以后就很难忘记。

60. 假如工作枯燥无味，马上就会情绪低落。

评分规则：

把每题得分填入下列题号中并相加，计算各栏的总分。

胆汁质：2　6　9　14　17　21　27　31　36　38　42　48　50　54　58　（　　）
多血质：4　8　11　16　19　23　25　29　34　40　44　46　52　56　60　（　　）
黏液质：1　7　10　13　18　22　26　30　33　39　43　45　49　55　57　（　　）
抑郁质：3　5　12　15　20　24　28　32　35　37　41　47　51　53　59　（　　）

解释：

1. 如果某类气质类型得分明显高出其他三种，均高出 4 分以上，则可定为该类气质。如果得分超过 20 分，则为典型型；如果得分在 10～20 分，则为一般型。

2. 两种气质类型得分接近，其差异低于 3 分，而且又明显高于其他两种，高出 4 分以上，则可定为两种气质的混合型。

3. 三种气质得分均高于第四种，而且接近，则为三种气质的混合型，如多血质—胆汁质—黏液质混合型或多血质—黏液质—抑郁质混合型。

4. 如果四种气质类型分数皆不高且接近（低于 3 分），则为四种气质的混合型。

多数人的气质是一般型的气质或两种气质的混合型，典型气质或多种气质的混合型的人并不多。

附录二 职业能力自测

请根据自己的实际情况，回答下列每一个问题，并根据你的实际情况进行选择：第一个括号表示"强"，第二个括号表示"弱"。

第一组

1. 善于表达自己的观点 （　　）（　　）

2. 阅读速度快，并能抓住中心内容 （　　）（　　）

3. 清楚地向别人解释难懂的内容 （　　）（　　）

4. 对文章的字、词、段落的理解、分析和综合的能力 （　　）（　　）

5. 掌握词汇量的程度 （　　）（　　）

6. 你读书期间的语文成绩 （　　）（　　）

总计次数 （　　）（　　）

第二组

1. 目测能力（如测量长、宽、高等） （　　）（　　）

2. 解应用题的速度 （　　）（　　）

3. 笔算能力 （　　）（　　）

4. 心算能力 （　　）（　　）

5. 使用工具（如计算器、算盘等）的计算能力 （　　）（　　）

6. 你读书期间的数学成绩 （　　）（　　）

总计次数 （　　）（　　）

第三组

1. 作图能力 （　　）（　　）

2. 画三维的立体图形的能力 （　　）（　　）

3. 看几何图形的立体感的能力 （　　）（　　）

4. 想象盒子展开后的平面形状的能力 （　　）（　　）

5. 想象立体物体的能力 （　　）（　　）

6. 玩拼版游戏的能力 （　　）（　　）

总计次数 （　　）（　　）

第四组

1. 发现相似图形中的细微差异的能力 （　　）（　　）

2. 识别物体的形状差异的能力 （　　）（　　）

3. 注意到多数人对忽视的物体的细节部分的能力 （　　）（　　）

4. 检查物体的细节的能力 （　　）（　　）

5. 观察图案是否正确的能力 （　　）（　　）

6. 善于改正计算中的错误的能力 （　　）（　　）

总计次数 （　　）（　　）

第五组

1. 快速而正确地抄写资料（诸如电话号码、姓名、日期等）的能力（　　）（　　）

2. 发现错别字的能力 （　　）（　　）

3. 发现计算错误的能力 （　　）（　　）

4. 发现图表中的细小错误的能力 （　　）（　　）

5. 在图书馆很快地查找编码卡片的能力 （　　）（　　）

6. 持久的工作能力（如较长时间地进行抄写资料） （　　）（　　）

总计次数 （　　）（　　）

第六组

1. 操作机器的能力 （　　）（　　）

2. 玩电子游戏或瞄准打靶的能力 （　　）（　　）

3. 运动中身体的协调和灵活性 （　　）（　　）

4. 手指的协调性（如打字、珠算等） （　　）（　　）

5. 打球（如篮球、排球、乒乓球、羽毛球等）的姿势与水平 （　　）（　　）

6. 身体平衡的能力（如走平衡木等） （　　）（　　）

总计次数 （　　）（　　）

第七组

1. 灵活地使用手工工具（如榔头、锤子等） （　　）（　　）

2. 灵活地使用很小的工具（如镊子、缝衣针等） （　　）（　　）

3. 弹乐器时手指的灵活度 （　　）（　　）

4. 动手做一件小手工艺品的能力 （　　）（　　）

5. 很快地削水果（如苹果、梨等） （　　）（　　）

6. 修理、装配、拆卸、编织、缝补一类活动的能力 （　　）（　　）

总计次数 （　　）（　　）

第八组

1. 善于在陌生的场合发表自己的意见 （　　）（　　）

2. 去新场所并结交新朋友的能力 （　　）（　　）

3. 口头表达能力 （　　）（　　）

4. 与人友好交往并协同工作的能力 （　　）（　　）

5. 帮助别人的能力 （　　）（　　）

6. 做别人的思想工作的能力 （　　）（　　）

总计次数 （　　）（　　）

第九组

1. 组织集体活动的能力 （　　）（　　）

2. 在集体活动或学习中，经常关心他人的情况 （　　）（　　）

3. 在日常生活中能经常动脑筋，出点子 （　　）（　　）

4. 冷静、果断地处理突然发生的事情 （　　）（　　）

5. 在工作中你认为自己的工作能力 （　　）（　　）

6. 解决朋友与同事之间的矛盾的能力 （　　）（　　）

总计次数 （　　）（　　）

职业能力自测记分

现在请根据每组回答的"强"或"弱"的总次数，填写下表：

组别	相应的职业能力	强（次数）	弱（次数）
第一组	言语能力		
第二组	数理能力		
第三组	空间判断能力		
第四组	察觉细节能力		
第五组	书写能力		
第六组	运动协调能力		
第七组	动手能力		
第八组	社会交往能力		
第九组	组织管理能力		

职业能力自测结果

在"强"（次数）栏中找出两个数字最大的组，这两个组所表示的就是你在职业能力上最强的两个方面，然后你可以按照下面的分析，看到你所适宜从事的职业有哪些；反之你也可以在"弱"（次数）栏找出两个数字最大的组，这两个组所反映的职业能力对你来说最弱，你不应该从事要求这两方面职业能力强的职业。

1. 第一组：言语能力

你具有对词、句子、段落、篇章的理解能力，以及善于清楚而正确地表达自己的观念和向别人介绍信息的能力。你最适宜从事的职业有：外销员、商务师、导游、演员、导演、编辑、播音员、节目主持人、教师、律师、审判员等。

2. 第二组：数理能力

你能迅速而准确地运算，并具有在快速准确地进行计算的同时，进行推理、解决应用问题的能力。你最适宜从事的职业有：会计、银行职员、保险公司职员、税务员、审计员、统计员、自然科学家、计算机工程师等。

3. 第三组：空间判断能力

你具有对立体图形以及平面图形与立体图形之间关系的理解能力，包括能看懂几何图形，对立体图形的三个面的理解力，识别物体在空间运动中的联系，解决几何问题。你最适宜从事的职业有：技术员、工程师、服装设计师、艺术家、家具设计师、建筑师、摄影师、家电维修专家、自然科学家、军官、司机等。

4. 第四组：察觉细节能力

你对物体或图形的有关细节具有正确的知觉能力，对于图形的明暗、线的宽度和长度能进行区别和比较，而且可以看出其细微的差别。你最适宜从事的职业有：技术员、工程师、电工、房管员、咨询师、运动员、教练员、导演、图书馆员、会计，银行职员、保险公司职员、审计员、统计员、编辑、播音员、自然科学家、计算机工程师等。

5. 第五组：书写能力

你具有对词、印刷品、账目、表格等材料的细微部分正确知觉的能力，善于发现问题和正确地校对数字的能力。你最适宜从事的职业有：教师、公务员、社会科学家、秘书、打字员、编辑、银行职员、咨询师、经理、记者、作家等。

6. 第六组：运动协调能力

你的眼、手、脚、身体能够协调地做出准确的动作和运动反应，手能跟随眼所看到的东西迅速行动，具有正确控制的能力。你最适宜从事的职业有：运动员、教练员、演员、工人、农民、服装设计师、家具设计师、美容师、电工、司机、服务员、导游、医生、护士、药剂师、导演、警察、战士等。

7. 第七组：动手能力

你的手、手指、手腕能迅速而准确地活动和操作小的物体，在拿取、放置、调换、翻转物体时进行精巧运动和腕的自由运动。你最适宜从事的职业有：医生、护士、药剂师、运动员、教练员、自然科学家、工人、农民、技术员、工程师、服装设计师、家具设计师、艺术家、美容师、售货员、服务员、保育员、摄影师、演员、导演、战士等。

8. 第八组：社会交往能力

你善于进行人与人之间的相互交往、相互联系、相互帮助、相互作用和影响，具有协同工作和建立良好的人际关系的能力。你最适宜从事的职业有：采购员、推销员、公共关系员、外销员、商务师、编辑、调度员、经理、服务员、房管员、导游、咨询师、银行信贷员、税务员、审计员、保险公司职员、演员、导演、教师、社会科学家、公务员、秘书、警察、律师等。

9. 第九组：组织管理能力

你擅长于组织和安排各种活动，具有协调人际关系的能力。你最适宜从事的职业有：调度员、导游、教练员、导演、教师、经理、公务员、商务师、保育员、咨询师、税务员、律师、秘书、警察等。